ОТ ВЪЗМОЖНОТО КЪМ ДЕЙСТВИТЕЛНОТО

Философски, исторически и методологически
проблеми на научното познание

Contributions to the European History of Ideas

Volume 2

A Multilingual Series edited by

YVANKA B. RAYNOVA
Bulgarian Academy of Sciences / Institute for Axiological Research (Vienna)

The Series is supervised by the Department of History of Philosophical and Scientific Ideas of the Institute of Philosophy and Sociology of the Bulgarian Academy of Sciences in Cooperation with the Institute for Axiological Research (Vienna)

ISSN 2960-4052

Contributions to the European History of Ideas
Vol. 2

ИВАНКА РАЙНОВА (Съст.)

ОТ ВЪЗМОЖНОТО КЪМ ДЕЙСТВИТЕЛНОТО

Философски, исторически и методологически
проблеми на научното познание

Юбилеен сборник в чест на
акад. Азаря Поликаров (1921-2000)

Axia Academic Publishers
◆ Vienna ◆

Bibliographic Information of the German National Library
The German National Library lists this Publication in the German National Bibliography; detailed bibliographic data is available in the internet: http://dnb.dnb.de

Published with the Support of the Institute for Axiological Research, Vienna

Yvanka B. Raynova (Ed.): From the Possible to the Real. Philosophical, historical and methodological Problems of Scientific Knowledge (Bulgarian Edition)

Original Title: От възможното към действителното. Философски, исторически и методологически проблеми на научното познание

Cover Design © Axia Academic Publishers

© Axia Academic Publishers
Vienna 2022
Printed in Germany

ISSN 2960-4052
ISBN 978-3-903068-33-9

https://www.axiapublishers.com

СЪДЪРЖАНИЕ

III. Глава

НАУЧНО ПОЗНАНИЕ, ЦЕННОСТИ И РЕЛИГИЯ

IV. Глава

ИСТОРИЯ НА НАУЧНИТЕ ИДЕИ

УВОД

Иванка Райнова

ЗА ФИЛОСОФСКИЯ ПРИНОС НА АЗАРЯ ПОЛИКАРОВ И ДИСКУСИИТЕ ОКОЛО РЕЦЕПЦИЯТА МУ

Настоящият юбилеен сборник е съставен от статии, изнесени първо в по-кратък вид като доклади на проведената на 7 и 8 октомври 2021 г. конференция с международно участие по случай 100 годишнината от рождението на акад. Азаря Поликаров. Конференцията бе организирана от секция „История на философските и научните идеи" на Института по философия и социология на БАН. Решението за организирането на това научно мероприятие не бе взето случайно, а се дължи на факта, че един от основните приоритети на звеното е изследването на приноса на българските учени за развитието на философските и научни идеи както в национален, така и международен план. На тази тематична област са посветени основните планови проекти на секцията, като в момента се провежда и индивидуален изследователски проект[1] върху творческия път на акад. Поликаров, в синхрон с който бе осъществена и двудневната юбилейната конференция.

---

[1] Става въпрос за проекта на Пламен Дамянов „Присъствие на академиците Георги Наджаков и Азаря Поликаров в българската и световната наука". Дамянов, който в студентските си години е писал дипломна работа под ръководството на Азаря Поликаров, бе пряк инициатор на конференцията и член на организационния комитет, заедно с Татяна Батулева и Иванка Райнова.

1. Към дискусията за философския принос на Поликаров

Длъжна съм да отбележа, че проведената през 2021г. конференция, както и настоящият сборник не са прецедент, а продължение на вече създалата се у нас традиция за указване на почит към големия български учен. Тази традиция беше положена със статията на Иванка Апостолова по случай 70 годишнината на акад. Поликаров, публикувана в *Списание на Българската академия на науките* (Апостолова 1992), и продължена със сборника по случай 75 годишнината от рождението му *Issues and Images in the Philosophy of Science: Scientific and Philosophical Essays in Honour of Azarya Polikarov*, съставен от Дмитри Гинев и Роберт Коен (Ginev/Kohen 1997), с юбилейната конференция и сборник *В памет на академик Азаря Поликаров*, под съставителството на Иванка Апостолова (Апостолова 2001), както и с честването по случай 90 годишнината на акад. Поликаров в Софийския университет на 2 декември 2011 г.[2] От последното тържествено събитие, което вероятно не е имало претенциите за широка строго академична конференция, бяха публикувани два доклада във *Философски алтернативи* (виж Стефанов 2012 и Гурова 2012). Тъй като от интерес тук са именно начините на рецепция на приносите на юбиляра, тук ще се спра по-подробно на един от докладите – „За Поликаров в и извън България" на Лилия Гурова, която подлага на критика недостатъчното отчитане у нас на приносите на Азаря Поликаров.

1.1. За „кривото огледало" на оценките на Поликаров в България

Основната теза на Лилия Гурова е, че за разлика от „кривото огледало", поднесено ни у нас, оценките за Поликаров, направени извън България, се отличават коренно и, че те са, които ни

---

[2] Виж https://azarjapolikarov.wordpress.com

представят неговия действителен научен ръст. Аргументите, които тя привежда за обосноваване на тезата, са следните.

Ако някой незапознат с делото на Поликаров потърси информация за него и се обърне напр. към *Уикипедия*, той няма да разбере „нищо по същество" за приноса му към българската философия, подчертава Гурова, защото там само се споменава, че се е занимавал с философия, логика и методология на познанието и е създал т. нар. дивергентно-конвергентен метод за решаване на научни проблеми. Освен това, в библиографията са пропуснати публикациите му на чужд език (Гурова 2012, 111). За жалост, нещата не стояли по-добре и в специализираната литература. В издадения през 2008 г. юбилеен сборник *Шест десетилетия академична философия. История, етапи, поколения, парадигми, проблеми, дискусии* (Проданов 2008), Поликаров бил цитиран само два пъти, там също липсвали позовавания на публикациите му в чужбина и бил споменат във връзка с една полемика между него и „известни наши физици", разгоряла се на страниците на сп. *Философска мисъл* през 1953 г. В тези няколко реда неговото участие било представено по-скоро в негативна светлина и сведено до неговите обвинения в идеализъм на въпросните физици. Стряскащо е, отбелязва Гурова, че тази картина е „много далеч от това, което Поликаров реално е направил за философията в България", доколкото са пропуснати някои от най-важните му приноси, като напр. споровете му с Тодор Павлов върху теорията за отражението и определението на материята, довели до едно неортодоксално преосмисляне на тези основни философски проблеми (пак там, 113).

В противовес на това „премълчаване (или непознаване) на важни факти от интелектуалната биография на един от най-изтъкнатите представители на българската философия" (пак там, 116), Гурова привежда оценките за Поликаров на Асен Игнатов и Робърт Коен. Тя се спира по-специално на две статии на Асен

Игнатов от 1976 г., където анализирайки състоянието на философията в България той отбелязва, че наред с огромното усърдие, с което се практикува ортодоксалния марксизъм-ленинизъм в България, се забелязват и прояви на „умерен ревизионизъм", към които причислява и дебатите на Поликаров с Тодор Павлов.

Асен Игнатов специално отбелязва интелигентността на автора (Поликаров) и прави много важната бележка, че споровете между „догматици" и „ревизионисти" в рамките на диалектическия материализъм често възпроизвеждат дебати, характерни и ' за „некомунистическото мислене" (...) Отбелязва специално „научната критика" от страна на Поликаров, на онези аспекти от официалната диалектико-материалистическа философия, които имат „мистично-спекулативен характер", като причислява Поликаров към онези български философи, които „са си извоювали идеологическа свобода" и от които могат да се очакват ценни постижения в близките години. (пак там, 114-115)

Друг ценен източник на „външни оценки за делото на Поликаров" е за Гурова споменатия по-горе юбилеен сборник *Issues and Images in the Philosophy of Science: Scientific and Philosophical Essays in Honour of Azarya Polikarov*, издаден от Дмитри Гинев и Робърт Коен в поредицата *Boston Studies for the Philosophy of Science*. За оценката на Поликаров тя посочва главно външни показатели, като напр. участието на 22 видни учени със статии и приложение с подробен списък на публикациите на Поликаров на различни езици. С цел да не остане с тези по-скоро формални показатели и да засили значението на самия акт на уважение, тя привежда следния цитат от увода на Робърт Коен: „През многото различни в политическо, икономическо и културно отношение периоди в България той [Поликаров] запази своята рационална човечност и научно любопитство. Той бе прекрасен учител и завършен критичен философ, изследващ концептуалните и исторически превратности във физиката в модерните времена, както и научните политики, които подкрепят или заплашват човешкия живот през тези десетилетия" (пак там, 116).

Така направените съпоставки дават основание на Гурова да заключи в края на статията си, че „разминаването в оценките, които Поликаров получава в собствената си страна и извън нея, едва ли говори добре за цялостното ни отношение към собствената ни философска история" и, че „докато реконструираме и оценяваме философското минало, на което сме непосредствени наследници не като професионалисти, а водени от разнопосочни лични, политически или други пристрастия, ние продължаваме да възпроизвеждаме най-лошите страни на това минало" (пак там). Последната остра забележка, която е същевременно апел за едно по-отговорно отношение към сторено от видните български учени, е от особено значение за всички, които се занимават с история, било то на философията, на науката или на обществото. И в този смисъл аз ще си позволя да преразгледам отново въпроса с рецепциите на Поликаров у нас и зад граница.

1.2 Кое всъщност е криво в „кривото огледало"?

Понятно е, че Лилия Гурова е била засегната от начина на представяне и непредставяне на делото на Поликаров. И няма съмнение в това, че следва да се посочват и тематизират съществени пропуски, касаещи нашето философско и културно наследство, когато се установят такива, и да се пледира за повече обективност и безпристрастност. Но същевременно, тези пропуски следва да се търсят на правилното им място, без да затъмняват сторено от други колеги за изтъкването на значението на философското дело на Поликаров.

11

Гурова с основание отбелязва липсата в *Уикипедия* на книгите на Поликаров, публикувани на чужд език. Но тъй като този пропуск не е изправен и до ден днешен[3] и то в една медия, в която всеки може да пише и да редактира когато си поиска, пита се към кого всъщност е адресиран този укор? Не е ли това задача именно на неговите ученици, последователи, колеги, тоест на специалистите в областта на философия на науката? Така че, при добро желание статията би могла по всяко време да се поправи и обогати, както и сайта за него, който не ни дава кой знае каква информация[4].

Гурова е права и за това, че в сборника *Шест десетилетия академична философия. История, етапи, поколения, парадигми, проблеми, дискусии* приносът му за развитието на философията на науката всъщност не е отчетен по подобаващ начин, въпреки че там има специална глава, озаглавена „Философия на науката – история, традиции, тематика“, където става въпрос за ръководената от Поликаров секция „Философия и естествознание“, а също и за тематиката, в която той се е вписал в национален и международен мащаб. Там именно е следвало да се отдели по-специално място на академичната му дейност и философскометодологическите му приноси. Но колкото и кардинален да е този пропуск, сборникът *Шест десетилетия академична философия* не е нито единственият, нито най-представителният източник на информация за делото на видния ни учен. Защо е пропуснат напр. юбилейния сборник *В памет на академик Азаря*

---

[3] Виж статията в Уикипедия: https://bg.wikipedia.org/wiki/Азаря_Поликаров
[4] Виж https://azarjapolikarov.wordpress.com/. Причина за това е може би фактът, че създаденият от Иван Колев е имал за цел главно публикуване на програмата на честването на 90 годишния юбилей на Поликаров и най-обща информация за него, но така или иначе понеже няма друг сайт, може да се помисли за обновяването на информацията или за създаването на нов.

Поликаров (Апостолова 2001а), в който самата Гурова участва със статия (Гурова 2001) и от който любознателният читател би получил по-обстойна информация, а не само едно „криво огледало, в което коне и кокошки изглеждат съизмерими по големина" (Гурова 2012, 114)? Не трябва също така да се забравя и обстойното интервю на Ерика Лазарова с акад. Поликаров, проведено през 1995 г. и влязло в т.нар. „Златен фонд на българската наука" (Лазарова 2012). Аз ще се върна по-нататък специално на този документ, но тук не мога да не спомена, че той е от особена значимост, доколкото ни предоставя самооценката на Поликаров, неговата саморефлексия както върху творческите му достижения, така и върху неосъществените възможности в международен план.

Що се отнася до приведените оценки на Асен Игнатов за Поликаров, не е трудно да се покаже, че те съвсем не са чак толкова ласкателни. Ако се анализира по-обстойно неговата статия „Philosophie der Arriergarde. Die Auseinandersetzungen zwischen Dogmatikern und Revisionisten in Bulgarien" (Ignatov 1976a), ще се види, че Игнатов разбира под „философия на ариергарда" не просто и не само изостаналостта на българската философия от западната, но и нейната изостаналост по отношение на марксизма-ленинизма в останалите страни на тогавашния социалистически блок, включително и от Съветския съюз – родината и центърът на правоверната марксистко-ленинска линия, където според Игнатов е „възможна появата на такива оригинални философски произведения, каквито в България изобщо са немислими" (пак там, 28). Тази изостаналост бива обяснена, накратко и според мен прекалено повърхностно, чрез драматичната история на българския народ, преминал през мъки и бедност, в хода на която се бил оформил един „груб" и „прозаичен" национален манталитет. Игнатов подчертава:

Български и чуждестранни изследователи бяха учудени от липсата на мистика, еротика и фантазия във фолклора и най-общо в националната картина на света. В този смисъл, *всяка духовна рафинираност се оказва невъзможна*. Тази *духовна примитивност* доста улесни разпространението и победата на съветската философия след установяването на комунистическата власт. (пак там, курсивите са мои – И.Р.)

Допотопната съветска версия на марксизма-ленинизма, която била възприета в България през първите години на комунизма, претърпяла според Игнатов съществени промени след 20-ия партиен конгрес на КПСС (1956 г.), когато и в България започнало оживление на философския фронт. Но изводите от тази на пръв поглед позитивна тенденция се оказват далеч не похвални:

Ако сравните резултатите от това развитие сега (1975) с началната точка (1956!), положителните промени изглеждат много големи. Но ако се сравни и сегашното ниво дори с нивото на мислене в централноевропейските народни демокрации или Югославия (да не говорим за Запада!), става ясно, че *българската философия е доста изостанала и е в разрез с духа на новаторството*. (пак там, курсивът е мой – И.Р.)

Именно в контекста на така разбрания ариергардизъм, който се намира очевидно в синхрон с постулираните от Игнатов национални черти на „примитивизъм" и липса на „духовна рафинираност", биват схематично очертани и различните течения в българския марксизъм-ленинизъм. Игнатов разграничава тук три групи философи: *догматици* (най-вече Тодор Павлов, Гиргин Гиргинов, Стойко Попов, Тодор Стойчев и др.), *умерени ревизионисти* (Добри Спасов, Азаря Поликаров, Петър Митев, Кирил Дарковски, Елка Панова, Кирил Нешев, Кирил Василев, Исак Паси и др.) и *истински ревизионисти*, окачествени още като *дисиденти и свободомислещи* (Нарцис Попов и Желю Желев). От тази схема се вижда ясно, че Азаря Поликаров макар и да е причислен към групата на „най-способните“ измежду умерените ревизионисти, съвсем не попада в групата на *истинските* ревизионисти, тоест на политическите и интелектуалните дисиденти, какъвто е за Игнатов напр. „смелият критик на Ленин Желю Желев“ (пак там). Така, докато дисидентите са характеризирани като дръзки свободомислещи мислители, умерените ревизионисти са описани като „избягващи вербален конфликт с ‚класиците‘“, и оттук, в крайна сметка като неспособни да напуснат марксистко-ленинската парадигма и да сътворят нещо принципно ново. Все пак, като позитивна тяхна характеристика се изтъква стремежът им да интегрират резултатите на частните науки в марксизма-ленинизма, както и опитът им да се завърнат към традициите на класическия марксизъм (пак там).

На този фон не е учудващо, че оценката, която Игнатов дава на Поликаров е *двусмислена*. От една страна, Игнатов оценява положително по-точния и по-диференциран прочит на Поликаров на „класиците“ на марксизма-ленинизма, в частност на Енгелс и на Ленин, както и обвързването на позициите им със съвременните данни на частните науки, въз основа на което стига до ревизия някои постановки на т.нар. догматици (Тодор Павлов и Николай Ирибаджаков) и спомага процеса на дедогматизация. От друга страна, Игнатов иронизира къде директно, къде индиректно идеологическата ограниченост на Поликаров. Тези двузначни оценки се изразяват по-конкретно в следното.

Първо, Игнатов подчертава от една страна съвестното привеждане на факти от страна на Поликаров, показващи, че дори и да съществува протоотражение в неживата материя, то не се среща навсякъде, което означава, че тезата на Тодор Павлов за „отражението като всеобщо свойство на материята“ е пог-

15

решна и, че хипотезата на Ленин за отражението си остава хипотеза. Макар Игнатов да посочва, че противоборството между Поликаровата сциентистко-материалистическа интерпретация и Павловата спекулативно-диалектическа трактовка да наподобява западните дискусии между спекулативни и природонаучни философи, тази полемика „протича не без известни куриози", доколкото и двамата философи се опитвали да засвидетелстват верността си към правоверната марксистко-ленинска линия (пак там, 35-36).

Второ, Игнатов оценява положително доразвиването от страна на Поликаров на тезата на Енгелс, според когото не само материята, но и нейните основни форми или атрибути са вечни, по посока на една концепция за вторичността на съзнанието спрямо материята. С тази концепция за вторичността на съзнанието Поликаров бил осъществил ревизия както на материализма, така и на диалектиката, като доказал, че съзнанието е вечно, макар и не навсякъде едновременно присъстващо в материята, а циклично (тоест недиалектично) появяващо се през различни периоди. Същевременно Игнатов отправя към Поликаров забележката, че е приел „за даденост тезата, че съзнанието е „продукт" на материята", което е една „метафизична" и „ненаучна теза". Така „комбинацията от космологичния циклизъм и материалистичната метафизика" довела до ограничаване на последната до микропериоди и микропространства и до суспендирането им в космически периоди и пространства в полза на един особен дуализъм на материя и съзнание като „периодичен", но постоянно повтарящ се режим на материята. Към упрека в дуализъм, Игнатов прибавя и този в хилозоизъм (пак там, 47).

Трето, Игнатов оценява на пръв поглед положително Поликаровото разработване на един „оригинален подход към критиката на буржоазната философия най-общо", базиращ се на три принципа: конфронтация на буржоазните учения с истините на диалектическия материализъм, но също така и с истините на частните науки и иманентната критика като разкриване на вътрешните логически противоречия на дадено учение. (пак там, 52). Но веднага след това посочва, че Поликаровата „цялостна ,стратегия‘ за ,борба‘ срещу ,идеализма’, *свидетелства както за интелигентността на автора, така и за неадекватното използване на собствената му интелигентност*, тъй като дадености като ,борба‘ и всички процедури, свързани с ,борба‘, като напр. ,стратегия‘ или ,тактика‘, са *неподходящи за философското мислене и екстраполират политико-практически модели върху интелектуално-духовни дейности*“ (пак там, курсивът е мой – И.Р.). Нещо повече, макар и иманентната критика да е окачествена от Игнатов като позитивен момент, той показва, че тя се намира де факто под идеологически похлупак. В тази връзка Игнатов привежда цитат на Поликаров, който, според него, с цел да се презастрахова идеологически подчертава примата на принципа на диалектическия материализъм:

> Следователно, иманентно-логическата критика на идеализма и критиката, основана на отделни научни факти и закони, не е достатъчна. За да се провежда последователно – според добре познатите мисли на Ленин (има се предвид съчинението на Ленин за значението на войнстващия материализъм/ бел. А.И.) –, е необходимо да застанем на диалектико-материалистични позиции. (пак там; цитат от Polikarov 1961, 1351)

По отношение на втората статия на Игнатов, „Vorboten der Entdogmatisierung. Neue Phänomene in der gegenwärtigen bulgarischen Philosophie“ (Ignatov 1976b), Лилия Гурова посочва, че той „причислява Поликаров към онези български философи, които са си ,извоювали идеологическа свобода‘“ (Гурова 2012, 115). И действително, като се позовава върху някои от студиите му в книгата *Science and Philosophy* (Polikarov 1973), Игнатов отбелязва: „Като цяло тази книга е пример за това, че българските философи са си спечелили известна идеологическа свобода, макар и само в някои периферни области на философията" (Ignatov 1976b, 141). Но „известна идеологическа свобода", при това „само в някои периферни области на философията", съвсем не означава пълна идеологическа независимост по всички въпроси и във всички философски области. Затова и упрекът към Поликаров в смесване на научност с ненаучни „идеологически процедури" не липсва и в тази втора статия – факт, който не следва да се премълчава. Самото заглавие на тази статия е показателно, доколкото става въпрос именно за *Vorboten* (предвестници), а не за *Boten* (вестители), тоест за *наченки* на дедогматизация, а не за действителен процес. В това изложение на българската философия Игнатов се позовава по-специално на студията „Класификация на съвременните идеалистически школи", от споменатата книга (Polikarov 1973), където Поликаров бил осъществил според него една собствена класификация, базираща се на антитезисни позиции като субективен и обективен идеализъм, ирационалистичен и рационалистичен идеализъм.

> Това, което несъмнено е положително в схемата на Поликаров, е тенденцията към нюансиране на марксистко-ленинската картина на съвременната „идеалистическа" философия. В това се изразява именно сциентиската формация на автора – който иска да философства „научно", придава особено значение на логически и детайлно точни разграничения. В същото време и тук се забелязва непоследователността на неговия подход. Защото неговата класификация остава смесица от концептуално-аналитични и чисто идеологически процедури5. Поликаров приема

---

5 На това място и по-нататък в цитата курсивът е мой – И.Р.

безкритично объърканото, неточно и неоправдано Енгел-
сово-Ленинво понятие за „идеализъм". За марксистите-
ленинисти това понятие всъщност олицетворява всички
нематериалистични течения. Това обаче е една ненаучно-
идеологическа процедура, тъй като едно философско
направление се полага като отправна точка без убеди-
телни причини, докато всички останали са струпани в
противоположна посока, която реално едва ли съществ-
вува [в този вид]. Такива дихотомии водят до трудно при-
емливи квалификации. Поликаров не успя да избегне по-
добни квалификации, противоречащи на реалното състо-
яние на нещата. Как може напр. екзистенциализмът или
философията на живота да се считат за идеалистични
(както е посочено в таблицата, отпечатана на стр. 87)?
Никой от екзистенциалистите не разбира съществуването
като идея или дори като дух, макар и последните да са
особености на притежаващия „идеи", „дух" и „съзнание"
човек. [...] Така самата Поликарова класификация се
оказва с Янусово лице (Ignatov 1976b, 140)

Според Игнатов тази двуликост произтича от това, че ма-
кар и Поликаров да е разкрил убедително „несъвместимостта
между двете съставки на диалектическия материализъм – спеку-
лативността и претенцията за научност", което бива окачест-
вено като негова основна заслуга, идеологическият постулат,
който служи за основа на въпросната класификация, се оказва
не само безкритичен, но „неточен и опростенчески" (пак там).
Тук ще спестя несъгласията си с редица оценки на Игнатов,
нещо което сторих още преди трийсет години (Raynova 1993),
но не мога да не отбележа, че той си противоречи на места и в
оценките си на Поликаров. Така напр. той иронично отбелязва,
че Поликаров бил уверен, че философски „школи могат и е осо-
бено полезно да се ‚класифицират', така както се класифицират
елементарни частици и химически елементи" (Ignatov 1976b,
139), без да си дава сметка, че с разделението на българските

философи на догматици, ревизионисти и дисиденти, той също осъществява една класификация, при това доста груба и недиференцирана. Също така, Игнатов упреква Поликаров в безкритично използване на понятието „идеализъм" и използване на ненаучни идеологически процедури, като същевременно самият той си служи с идеологически оцветени квалификации като „ариергард", без да може да обясни как така при този примитивизъм, липса на духовна рафинираност и фантазия на българите, както и на изостаналостта ни не само от западната, но и от целокупната източноевропейска философия, са се появили и сериозни учени и философи като Поликаров и още по-големи величия като самия Игнатов.

Що се отнася до Робърт Коен, неговите думи за Поликаров са не само по-положителни, но и твърде ласкателни в сравнение с тези на Игнатов. В краткия си увод към юбилейния сборник по случай 75 годишнината на своя колега, Коен описва проблемите, върху които е работил Поликаров, посочва също така и основните му произведения като хвали задълбочените му познания относно възникването и развитието на философията на науката и нейните основни проблемни области. Всичко това свидетелства за едно безспорно уважение към българския му колега, но въпреки това уводът му остава доста дескриптивен и не посочва никакви конкретни *научни приноси* на Поликаров.

В допълнение ще си позволя да отбележа, че интересът на Коен към българските философи датира още преди 1990 г. и е част от крупната му програма за спомагане на развитието на дисциплината „философия на науката" в цял свят, в частност чрез прочутите Бостънски колоквиуми и поредицата *Boston Studies in the Philosophy and History of Science*. Когато през 1994 г. Ана-Тереза Тиминиецка ме представи на него по време на прием организиран в негова чест в рамките на конгреса на Американската философска асоциация, той се оживи като чу, че идвам от България и заразправя колко важна роля е изиграла съвместната му дейност с Добрин Спасов, Азаря Поликаров и Сава Петров за сближаването между западните и марксистките философи по време на студената война. Споменавам това, защото приносът на Азаря Поликаров за един продуктивен диалог между Изтока и Запада в онези сложни времена, остава незабелязан, особено на фона на онези свидетелства, които акцентират върху Поликаровата „борба“ срещу философския и физическия идеализъм.

1.3 Към една по-цялостна картина
на рецепциите на приносите на Поликаров

За разлика от твърде двузначните оценки на Игнатов и ласкавите думи на Робърт Коен, има и други не по-малко ценни анализи на наши колеги, положили доста усилия за представянето на научната дейност и приносите на акад. Поликаров. И тези факти, ако наистина искаме да сме обективни и безпристрастни, не трябва да се игнорират, а да се изведат на преден план.

Ще припомня, че в България твърде много за Поликаров направи Иванка Апостолова, която като че ли единствена се сети за 70 годишния му юбилей, като публикува статия, в която споменава както преподавателската му дейност в Германия, така и негови публикации на различни езици (Апостолова 1992). Именно на Апостолова се дължи и първото по-широко юбилейно честване с конференция и публикуването на вече споменатия първи български сборник за Поликаров, под нейно съставителство и с неин предговор. Може само да се съжалява, че сборникът излиза от печат наскоро след смъртта на юбиляря (Апостолова 2001), без да може да го зарадва приживе.

За очертаването на теоретичните приноси на Поликаров в чужбина основна роля имат публикациите на Генчо Дончев и Дмитри Гинев. Забележително е, че още по времето на студената война Дончев публикува рецензия за книгата на Поликаров *Проблеми на научното познание от методологична гледна точка* (Поликаров 1977). Рецензията е по същество опит за възможно най-пълно представяне на главните заслуги на Поликаров по отношение на различни кръгове въпроси във философията и методологията на научното познание. А именно: изработването от страна на Поликаров на нова класификация на евристичните методи, доразвиването на дивергентно-конвергентия метод и иновативното му прилагане за решаването на различни проблеми, преодоляването на едностранчивостта на абстрактния емпиризъм и на абстрактния рационализъм чрез вътрешен немеханистичен, органичен синтез между емпиричната и теоретичната процедура, разкриването на взаимовръзката между ръководните философски идеи и основните естественонаучни теории в хода на историята на науките и др. (Dontschev 1980).

Но докато Дончев се спира само на едно произведение на Поликаров, в увода си към юбилейния сборник *Issues and Images in the Philosophy of Science: Scientific and Philosophical Essays in Honour of Azarya Polikarov* Дмитри Гинев предлага едно сбито, но доста цялостно представяне на основните му тези и приноси. Именно на Гинев, а не толкова на Коен се дължи инициирането и работата по издаването на сборника в чест на 75 годишнината на Поликаров (виж Гинев 2000)[6]. И това съвсем не е учудващо, защото Гинев е не само един от най-добрите познавачи на творчеството на Поликаров, но е публикувал в съавторство с него

---

[6] Виж Гинев 2000. Предполагам също, че някои от авторите на сборника, предимно специалистите по феноменология и херменевтика, са били поканени от самия Гинев, който – както е известно – има и реноме, и доста контакти в тези области.

статии на Запад още през 80те години на миналия век (виж напр. Ginev, D./ Polikarov, A. 1988), което само по себе си говори за определена интелектуална висота. Това се вижда и от уводната му статия, където откриваме опит за едно по-точно изложение на позициите на Поликаров и една неформална оценка на приносите му, която заслужава тук специално да се припомни.

За разлика от Игнатов, който представя позициите на Поликаров от гледище на вътрешните спорове в българския марксизъм-ленинизъм, Гинев ги ситуира, напротив, в контекста на големите международни дебати във философията и методологията на науката. Той отбелязва, че въпреки голямото разнообразие от теми и методи в неговото творчество, Поликаров е успял да създаде един хомогенен проект на философска методология на науката.

> Този проект е оказал влияние върху много философи, социолози, математици, лингвисти, психолози и експерти в областта на наукометрията и научната политика. Поликаров публикува повече от дузина значими книги с важни приноси в областта на общата философия на науката, философията на физиката, моделите на научно развитие и историята на науката. Той бе един от пионерите в прилагането на евристични методи от когнитивните науки към епистемологията. Същевременно той бе успешен инициатор в областта на научните политики, създавайки нови академични институции за метанаучни изследвания в своята страна. (Ginev 1997, xiii)

Гинев не отрича, че основата на философската методология на Поликаров е марксистка. Напротив, той подчертава, че Поликаров никога не е крил философската и политическата си принадлежност към практически ориентирания вариант на марксизма. „Същевременно" – подчертава Гинев – „той [Поликаров] отхвърли всяка метанаучна ,диалектическа философия', като напр. диалектическия материализъм (диамат), материалистическото учение за категориите и теорията на отражението. Той разобличи тези идеологически сурогати на философията като останки от метафизиката, подкрепяща идеологически политическото догматизиране на марксизма" (пак там). Поради тази причина, обяснява Гинев, официалните философски власти по времето на социализма не са признавали философската методология на Поликаров за философия, а са я обявили за „нефилософска методология на конкретни научни дисциплини" и са го считали дори за позитивист, въпреки критиките му на логическия позитивизъм.

Според Гинев, спецификата на въпросния хомогенен проект на философска методология на науката, който създава Поликаров, се състои в обхващането на съревноваващи се тенденции в така наречената „пост-метафизическа" рефлексия върху науките и съдържа пет основни характеристики.

Първата характеристика се състои в „сциентификация на философията на науката без натурализиране на епистемологията на науката" (пак там, xiv). Въпреки, че Поликаров се ръководи от възгледа, че философското изследване на науката трябва да бъде научно, той се противопоставя, според Гинев, на всяка форма на "натурализирана епистемология" и отхвърля схващането, че епистемичните свойства са редуцируеми до естествените свойства. Доколкото епистемичните свойства са въплътени в света, умствената дейност не може да бъде изолирана от контекста на околната среда, в която функционира. Макар и всяко епистемологично измерение на научната рационалност да може да бъде изучавано емпирично, философията на науката трябва да се осъществява в рамките на ненатауралистки, некаретизански изследователски „евристични програми".

Втората характеристика на проекта на Поликаров се състои според Гинев в „анти-фундационализъм без деконструиране на епистемологията" (пак там, xv). Поликаров винаги е подчертавал необходимостта от не-фундаментална епистемология, а не необходимостта от преодоляване на епистемологията като такава, отбелязва той. Търсенето на инвариантни норми, критерии и алгоритмични схеми за прилагане на епистемични процедури трябва да бъдат заменени с евристичното изследване на режимите на когнитивно съществуване в света. Но евристичната епистемология не е вид прагматизъм или "епистемологично поведение" (Рорти), а е свързана с онтологичния монизъм на Поликаров – различните начини на когнитивна въплътеност в реалния свят, макар и несъизмерими, разкриват онтологичната структура на света. Онтологията на въплътеното познание у Поликаров е алтернатива както на епистемологичния фундационализъм, така и за епистемологичния бихевиоризъм.

Тук ще отбележа, съвсем мимоходом, че тези първи две характеристики, така както ги артикулира Гинев, са в разрез с дуализма между материя и съзнание, изтъкнат от Игнатов като упрек към Поликаров.

Третата характеристика е означена от Гинев като „плурализъм без анархизъм и хипертрофия на несъвместимостта" (пак там). Според Гинев Поликаровото опровержение на каквато и да е форма на онтологичен плурализъм следва от опровержението му на семантико-онтологичната версия на тезата за несъизмеримостта. Същевременно, епистемичният му плурализъм, наречен още "мултиметодологизъм", се изразява в това, че изправен пред ситуация на решаване на проблем в определен когнитивен начин на битие в света, човекът трябва да проучи възможните алтернативи за решението на проблема., което изисква стратегия, способна да преодолее анархистичния плурализъм. Стратегията, която оттук развива Поликаров, е дивергентно-конвергентната евристика за разграничение на значението на различните системи на методологически правила, норми, стандарти и критерии относно основните епистемични проблемни ситуации в науката.

Като четвърта характеристика Гинев посочва използването от страна на Поликаров на „исторически подход без исторически релативизъм" (пак там, xvi). Поликаров, подчертава Гинев, отхвърля начина на рационално реконструиране на историята на науката на Лакатош, защото според него няма обща логика на историческата динамика на науката, която може да бъде извлечена от емпиричната история на науката. Заедно с това, той не отрича необходимостта от общ философски модел на историята на науката, издигайки тезата, че ненормативно-епистемологичната реконструкция на науката трябва да бъде изоставена в полза на евристичното взаимодействие между философската методология и емпиричната историография на науката. В контекста на това взаимодействие Поликаров поставя проблема за пролиферацията и синтеза на научните теории като исторически процеси, чието изследване ни позволява да получим една обща картина на историческата динамика на науката.

И накрая, като пета характеристика на проекта на Поликаров Гинев посочва застъпваната от Поликаров „идеологическа неутралност без утвърдителна догма" (пак там, xvi). Философската методология трябва да бъде развита според Поликаров не само като логичен и исторически анализ на когнитивната структура на науката, но и като критика на науката. Но тази критика трябва да бъде осъществена без какъвто и да е предварителен ангажимент към дадена система от идеологически ценности. В този смисъл Гинев подчертава:

> Поликаров е решителен опонент на онези марксистки философи, които изискват ‚идеологизация на философията на науката'. Поликаров основава неутралността върху не-

метанаучния характер на философския си метод. Неговото предложение за философска критика на науката не е някаква политическа критика на науката (или, по-точно казано, критика на науката като ‚скрита политика‘), както у Латур, Вулгар и редица последователи на Фуко. Освен това философската критика на науката на Поликаров не води до необходимостта от развитие на нормативна критична наука от рода на ‚критичната теория на Хоркхеймер‘ или ‚реконструктивната наука‘ на Хабермас. Тази теза трябва да бъде свързана с марксизма. Според Поликаров, марксизмът е саморефлесивна теоретична програма за разкриване на кризисни ситуации във функционирането на икономическите и политическите системи на класово структурираните общества. Тъй като тези ситуации оформят ‚идеологическото съзнание‘ на различните социални групи, важен аспект на тази [марксистка] програма е критиката на идеологията. […] В прочита на Поликаров марксизмът е просто една от съществуващите ненатуралистки (тоест евристични) научни програми. Да бъдеш марксист в социалните науки е същото като да си привърженик на външен подход в когнитивните науки или последовател на Копенхагенската интерпретация на квантовата механика. (пак там, xvi-xvii)

Позволявам си да завърша с този дълъг цитат, защото той разкрива ясно изисканата стилизация, чрез която Гинев представя „марксисткия прочит“ на Поликаров, а оттук и неговата програма за философия на науката като неидологична и дори критична към всякаква идеологизация както на философията, така и на науката. Очевидно е, че това представяне е напълно противоположно на казаното от Игнатов за Поликаров и, че с това Гинев сякаш цели съзнателно да обезоръжи подобни твърдения. Но цитатите, приведени от Игнатов, в частност твърдението на Поликаров, че иманентно-логическата критика не е достатъчна и че е „необходимо да застанем на диалектико-материалистични позиции“, показва, че Гинев неоснователно твърди, че Поликаров е отхвърлял диамата като метанаучна философия и, че е бил винаги извън всякакви идеологеми. Въпреки всичко, смятам, че истинното място на философските възгледи на Поликаров е някъде по средата на тези две крайни оценки – едната, аргументираща, че е допринесъл за идеологизацията на философията, а другата, че е бил винаги против това. Причините за това мое убеждение са следните.

Дори и не всички да сме историци на философията, когато даваме оценка на творчеството на даден автор трябва да подхождаме исторично, тоест да взимаме под внимание специфичните икономико-политически и социокултурни условия, както и идейната атмосфера, в която авторът е създал своите трудове. В конкретния случай следва да се има пред вид, че анализите на Игнатов са осъществени в средата на 70те години на миналия век, а тези на Гинев двадесет години по-късно. Споменатият цитат, приведен от Игнатов, е от статията на Поликаров „Über einige Fragen des Kampfes gegen die zeitgenössische idealistische Philosophie" („За някои въпроси относно борбата срещу съвременната идеалистична философия"), публикувана в *Deutsche Zeitschrift für Philosophie* през 1961г. Забележете, че това е началото на 60те години, когато Поликаров преподава в Лайпциг и Берлин. Възможно е в тогавашната ситуация той да е бил повлиян донякъде от силната войнствена реторика на марксистко-ленинските философи в ГДР. Но също така възможно е строгите редактори и цензури на *Deutsche Zeitschrift für Philosophie* да са му наложили едно или друго; не е тайна, че почти всички немски философи бяха сътрудници на ЩАЗИ. В тази връзка ми се струва показателно, че когато говори за преподавателската си дейност в ГДР, Поликаров си спомня с умиление за атмосферата и продуктивния обмен с неговите докторанти, но не обелва и дума за немските си колеги (виж Лазарова/Поликаров 2012, 47 и 50). Така или иначе, ако Поликаров не бе употребил тази борбена риторика и не се бе позовал на диалектическия материализъм, а се бе опитал да аргументира примата на иманентната критика и основаването на научни истини, без следване на принципа на партийността във философията, то неговата статия не само нямаше да бъде публикувана, но и самият той вероятно щеше да си навлече сериозни проблеми със ЩАЗИ и да бъде върнат на бърза ръка обратно в София[7]. Че Поликаров е знаел това много добре, се вижда от интервюто му с Ерика Лазарова, където той споделя, че са му пращали агенти да го подпитват и добавя:

> Така че мога тук, ако е уместно да кажа, че не съм, общо взето, от мъртвите риби, които са плували по течението на реката. Обикновено съм плувал срещу течението. Това оцеляване бих го обяснил с това, че аз си давам сметка за правилата на играта. Позволявал съм си повече от нормалното, но винаги съм се и ограничавал. (Лазарова/Поликаров 2012, 55-56).

В атмосферата на идеологическо дебнене и доноси, на партийни и политически интриги, респ. на наказания и уволнения, предпазните мерки на Поликаров са разбираеми и според мен те са били дори неизбежни. Вярно е, че след завръщането си от ГДР

---

[7] През 1979 г. следвах за кратко философия в университета Хумболт в Берлин и си спомням дълбокия духовен мрак и дървения, почти сталински начин на преподаване на диамат и истмат. По-късно през 1987г. като аспирант в Института по философия на БАН участвах в срещи на нашата секция „Критика на буржоазната философия" със същата секция от Института по философия на Немската академия на науките. Немските участници бяха така идеологически подковани, че дори когато оборвах с откъси от *Критика на диалектическия разум* неверните им клишета относно Сартр, те продължаваха да боравят с изкривени факти. Групата им беше ръководена от един професор, който, както по-късно разбрах, бил офицер на ЩАЗИ и навредил с доноси на свои колеги.

той получава уважение и подкрепа от Тодор Живков[8], но независимо от това, споровете му с Тодор Павлов свидетелстват за смелост и решителност за отстояване на собствени позиции – нещо, което по онова време, а дори и днес, не всеки би сторил. Предполагам също, че дълбоко в себе си Поликаров, както и други високо образовани колеги, не се е чувствал особено уютно в наложения идеологически корсет. Затова постепенно, подпомогнат от различни политически и административни промени, за които ще стане дума по-нататък, той успява да се откъсне от тази зависимост[9], което се вижда ясно от по-късните му статии и студии, публикувани на Запад в реномирани периодични издания като *Zeitschrift für allgemeine Wissenschaftstheorie / Journal for General Philosophy of Science* и *Boston Studies in the Philosophy of Science* (виж Polikarov 1978; 1993; 1995; 2003: Ginev/Polikarov 1988).

2. Самооценката на Поликаров

Важен момент при оценяването на творчеството на даден автор е неговата самооценка, разбира се при наличието на та-

---

[8] Това става с помощта на Нико Яхиел, който го представя на Живков (виж по-подр. Яхиел 2013, 392). Евгений Кандиларов пише също, че Живков се е стремил „да издигне в партийната номенклатура известни по това време учени като Азаря Поликаров (намерил реализация в ГДР), а и млади обещаващи изследователи като Николай Ирибаджаков" (Кандиларов 2003/2004, 439).

[9] Като някогашна негова студентка, а и по-късно като аспирант и научен сътрудник на ИФ на БАН, съм била свидетел на редица негови изказвания. Спомням си един негов доклад в края на 80те години, който той изнесе пред общоинститутския семинар в ИФ. Тогава той специално изтъкна значението на иманентната критика на логическите противоречия на дадено философско учение, без каквото и да е позоваване на диалектическия материализъм.

кава. До 19 век подобни самопредставяния на изминатия творчески път са били необичайни, но в съвременната философия „интелектуалната автобиография" вече се е превърнала в собствен жанр. И макар рождената дата и място на този жанр да остават неизвестни, едва ли има съмнение, че тази традиция намери някои от най-бляскавите си изяви чрез създадената през 1939г. от Пол Артър Шилп поредица *The Library of Living Philosophers*. Там едва ли някога ще се появи българско име, но може би тъкмо затова интервюто с Поликаров на Ерика Лазарова, носещо показателното заглавие „Щях да постигна повече, ако се бях родил в друга страна", е от особен интерес.

За да избегна всякакви недоразумения, ще отбележа, че интервюто не е особено добре подредено. В него липсва строга структура и съвсем не се навлиза в същността на философската проблематика, с която се е занимавал Поликаров. С други думи, то е далеч от това да бъде дори и в зачатие нещо като *интелектуална* автобиография". Но затова пък пак то ни дава определени важни сведения както за професионалния опит на Поликаров, така и за институционалната обстановка, в която е преминал творческия му път – въпроси, които са важни като контекст на изложените по-горе теоретични проблеми.

Лазарова, която изрично набляга на престижа и постиженията на Поликаров, започва с констатацията, че той е имал щастливата и рядка творческа съдба да стане член-кореспондент на 46 години. Оттук тя поставя въпроса дали самият той се чувства щастлив от постигнатото, респ. какви са били трудностите и успехите или, с други думи, с какво се характеризират различните етапи в творческата му биография. В отговора си Поликаров започва с трудностите: „Завършил съм в София Механо-електро-техническо училище, след което в България през тези години (1941–1944) нямах възможност да следвам. Ставаше въпрос

31

даже дали ще съществувам физически" (Лазарова, Е./ Полика-
ров 2012, 46). За жалост той не навлиза в никакви подробности,
така че от последната кратка фраза може само да се досетим, че
става дума за еврейския му произход. А че това е така се вижда
от края на интервюто, където той споменава, че поради Закона
за защита на нацията[10] не е могъл да следва и затова е загубил
5-6 години. Проблемът с еврейския му произход, който по мое
мнение е твърде важен, за да се разбере и личния, и професио-
налния му път, изобщо не бива повече засегнат.

След загатнатите трудности Поликаров преминава пак без
всякакво обяснение по-нататък:

> От 1946 година следвах в МГУ (Московски държавен уни-
> верситет) – във Физическия факултет. Завърших го през
> 1951 година и когато се завърнах в България, това беше
> едно от още много благоприятните за мен положения, ко-
> гато Академията търсеше научни сътрудници и аз бях един
> от първите в новосъздалия се през 1952 г. Философски ин-
> ститут. Там постъпих някъде, мисля, около април 1952 г. и
> някъде през април или май 1992 г. се пенсионирах в Ака-
> демията. 40 години вярна служба. И в този период, значи,
> съм минал, така да се каже, цялата история на Академията
> и цялото катерене по научните стълбици – от научен сът-
> рудник (тогава се наричаше младши научен сътрудник) до
> член на Академията през 1984 г. (пак там, 47).

---

[10] Антисемитският *Закон за защита на нацията*, утвърден през януари
1941 г. и отменен през 1945г., деизнтегрира лицата от еврейски произ-
ход, които не могат да бъдат приемани за български поданици и налага
оттук определени ограничения и забрани спрямо тях. Член 22 от закона
напр. гласи, че лицата от еврейски произход не могат да постъпват "в
учебно заведение, българско или чуждо, непредназначено само за евреи,
въ което се приематъ ограничено число учащи, могатъ да се приематъ
лица отъ еврейски произходъ въ размеръ, определенъ отъ Министра на
народното просвещение, и то само ако няма кандидати българи."
(https://bg.wikisource.org/wiki/Закон_за_защита_на_нацията)

Внимателният читател веднага ще се запита по какъв начин Поликаров заминава за Москва, за да следва: първо, с какви средства и второ как бива приет във Физическия факултет[11]. Моите лични догадки са, че след като става член на БКП още през 1944г., Партията, която се е нуждаела от нови кадри, които да заменят стария елит, го изпраща с държавна стипендия да следва в МГУ. Това се вижда от самото интервю, където Поликаров споменава поръчковата статия срещу физическия идеализъм, която бил написал „с голяма неохота“:

> Когато се завърнах тук, след като се дипломирах в Москва, ми се наложи (това не беше моя инициатива, но ме притиснаха с аргумента: ‚Ние те пратихме да следваш, сега ти трябва...‘) да напиша критична статия за влиянието на физическия идеализъм в нашата физика. (пак там. 52-53).

Разбираемо е, че Поликаров не е имал голям избор нито в случая със статията, нито в случая с образованието. Така или иначе, това е признание за пряката му зависимост от Партията, която ще гледа на него като на свой „кадър“. Както сам подчертава, той е бил не само „един от първите в новосъздалия се през 1952 г. Философски институт“, но и „от самия първи ден“ завеждащ секция „Философия и естествознание“ (пак нам, 52). От интервюто и в частност от по-горния цитат не става явно бързото му издигане му и в научен, и в институционален план, но и един бегъл поглед в основните дати на професионалния му растеж е достатъчен, за да се види, че малко философи в България биха могли да се сравнят в това отношение:

---

[11] От майка ми, завършила литература в МГУ, знам, че изпитите там са били много трудни и за да ги вземеш е било необходимо да си много добре подготвен по различни предмети и, разбира се, да владееш перфектно руски. Същевременно тя се възмущаваше, че някои влизали без изпити, само с бележка „от горни инстанции“.

- В началото на 1952г., половин година след завършване на висшето си образование става младши научен сътрудник и шеф на секция в Института по философия на БАН
- 1955 е избран за старши научен сътрудник
- 1956 до 1962г. е лектор, гостуващ професор и научен ръководител на дисертанти по философия на науката в университетите Лайпциг и „Хумболт" Берлин
- През 1964 г. защитава голям докторат в Москва
- Две години по-късно , 1966 г., е избран за член.-кор. на БАН
- През периода 1967-1970 г. работи като главен специалист в Отделението по философия на ЮНЕСКО в Париж
- В периода 1971-1973 г. е научен сътрудник в Университетите на Бостън и Питсбърг
- 1974 г. става лауреат на Димитровска награда
- От 1977 до пенсионирането си е Директор на Центъра за научна информация към Централна библиотека на БАН
- През 1981 получава орден "Народна република България" първа степен
- 1984 г. бива избран за академик на БАН
- През периода 1990-1991 е депутат от БСП в 7. Велико народно събрание
- 1992 г. се пенсионира в БАН

Имайки пред очи тази удивителна кариера, буди учудване, поне на пръв поглед, чувството на неудовлетворение, което Поликаров изразява още в началото на интервюто:

Сега, дали съм доволен от научната си дейност? Аз мисля, че е присъщо на научните дейци винаги да са недоволни. Колкото и да направят, те да смятат, че трябва да направят още. Това е една област, в която не настъпва задоволяване. Ако настъпваше, би трябвало големите учени, които получават Нобелови премии, след това да не се занимават повече с наука. […] Става въпрос, че всеки творец работи при дадени условия, дадени начални условия, и при тези условия именно може да се изяви по определен начин. Предполага се или може да се екстраполира, че при по-добри условия би дал повече. Сега, нашите условия си ги познаваме – те са скромни. […] ако бих имал условията, каквито имаха учените в отделни години на Запад, но може би само така си мисля, бих направил повече. Защото жаждата ми – да проучвам какво е направено, е неизчерпаема. А в България възможностите да се добираш до съответната литература са ограничени, а напоследък – съвсем ограничени. (Пак там, 47-48)

Но едва ли „скромните възможности", които споменава, се отнасят само до липсата на литература. Защото не трябва да забравяме, че Поликаров е пътувал доста по конгреси и конференции на Запад, прекарал е три години в Париж и две години в реномирани университетски среди в Бостън и Питсбърг, тоест имал е възможност и за набавяне на литература, и шансове за контакти със западни учени и институции, каквито малцина български философи са имали в онези социалистически години. Действителният проблем на Поликаров и неговата болка стават ясни едва в края на интервюто, когато Лазарова му задава експлицитно въпроса, дали по друг начин би се реализирал, ако се беше родил на Запад:

Разбира се. Между другото моят чичо, който беше заможен, беше ми обещал, че като завърша, понеже давах признаци на умно момче, ще ме изпрати в Англия да следвам. Но точно като завърших, му мина този мерак на чичо ми, парите му отидоха по дяволите и той не направи най-добрата си инвестиция. Така аз не отидох в Англия, загубих 5–6 години заради Закона за защита на държавата (като евреин) и започнах да следвам през 1946 г., вместо през 1940 г. […] Страдам, че не успях рано да попадна в един от най-добрите културни центрове тогава, когато бях в разгара на възможностите си. Защото аз на 19 години, завършвайки гимназия, публикувах първата си книга. И, трябва да ви кажа, че на Запад, като са чели мои биографии, най-много са се изумявали от този факт. Това, че имам 15 или 20 други книги (е, и други професори ги имат!), но никой от тях не е писал, не е публикувал книга, преди да е навършил 19 години.

Няма съмнение, че между университетите Оксфорд или Кеймбридж и Ломоносов има разлика. Същевременно трябва да се има пред вид, че последният също влиза в ранга на 100те най-добри университета в света[12], за разлика да речем от Софийския университет, който повечето от нас са завършили. Но вероятно, обръщайки се назад към постигнатото Поликаров си е давал сметка, че марксизмът е „умряло куче", а оттук и парадигмата, на която се основава цялото му творчество, се поставя под въпрос или най-малкото не е в духа на времето. Годината е 1995, той е вече на 74 години, и нищо чудно, разсъждавайки върху това какво от неговото дело ще остане за идните поколения, да си е мислил, че ако той бе заминал за Англия, написаното от него е щяло да бъде по-ценно, реципирано по съвсем друг начин, и е щяло да остави по-трайни следи в международен план. И това е вероятно така, но само при условие, че бе успял там да се хабилитира и да бъде избран за професор във водещ университет, където да направи сериозна научна кариера. Във всеки случай въпросът с марксизма го е занимавал и не случайно той се опитва да внесе известни корекции в прекалено негативното му представяне:

> Марксизмът не е такова монолитно ортодоксално учение, за каквото най-често се възприема, защото в рамките на

---

[12] Виж https://www.topuniversities.com/university-rankings/world-university-rankings/2022

марксизма са възможни и са реализирани и са се реализирали различни концепции. […] Ето, сега видяхте, че на масата ми е последната книга на Попър, която сам той си е подготвил. […] И докато я четох, изпитах разочарование и съжаление за такъв голям мислител-философ на нашето време, който прекалява в последните си доклади, които са напечатани тук с едно прекалено опростяване, с именно едно тотално отричане на марксизма и на Маркс. Е, разбира се, той не е длъжен да го приема, но доводите му са просто смешни. Той е измислил една нова идея, че не съществува такова явление, наречено капитализъм. Значи няма критика на капитализма, защото няма капитализъм. А комунизъм е имало. За мен това е точно обратното. Комунизъм никой не претендира, че е имало. Това беше една утопична идея, но като реалност никой никога не е говорил, че е имало комунизъм. […] Но това отклонение направих в духа на това, че Маркс си е фигура, даже ако всичко сега се развива по друг начин и ако той е опроверган. Но той за една епоха си остава една голяма фигура.(Пак там, 54) (Пак там, 54)

Прави чест на Поликаров, поне в моите очи, че не понечи да се отрече набързо от Маркс, както сториха някои други другарки и другари след 1990 г. Но така или иначе, тъгата по неосъществените възможности остава и дори замъглява донякъде постигнатите успехи, върху които той също обръща внимание, но без да се хвали или самоизтъква. В случая те са за нас по-важни, затова ще се спра на тях по-подробно, опитвайки се да ги систематизирам.

Поликаров вижда своя философски и научен принос в няколко насоки: преподавателска дейност, публикации, цитирания и организационна дейност. Изглежда, че преподавателската дейност е била изключително важна за него, защото я споменава на първо място. Като подчертава, че е пионер в областта на философията и методологията на науката в България, той отбелязва, че е създал и редица млади специалисти в тази област. Главната му гордост обаче са немските му докторанти:

[О]свен в България аз имам и цяла група, подготвени от мене млади хора в Германия – в Лайпциг, в Берлин, където бях преподавател или гостуващ професор няколко години. Там с голям замах се създаде такава специализирана катедра и се приеха още през първата година 30 аспиранта, следващата още – и така, с бързи темпове, се набраха между 150 и повече души, които и досега смятат, по немска традиция, че съм им баща на докторáта – Doktor Vater. Това е втората група от подготвени от мене хора, които се изявиха много добре. Разбира се, те отдавна са професори, завеждащи катедри. Един от моите аспиранти е академик (преди мен стана академик). (..) Та тези хора и досега се смятат за мои ученици – станали са учени благодарение на ръководството, на насоката, която съм им дал, и смятат, че това е резултат от моята дейност в тези условия, с които съм разполагал. (Пак там, 47-48)

Не по-малко важна за него е и лекционната дейност. Ръководейки се от убеждението, че чисто изследователската работа без преподавателска работа „прави изследователя малко стерилен" (пак там, 49), той пояснява, че много от идеите, които е развил, са свързани с лекционната му дейност, която го е инспирирала да доразработва определени проблеми. В тази връзка той отбелязва:

Между другото, аз смятам, че главната дейност на съвременния учен е разработването. Вече не сме в епохата на откритията, т.е. открития се правят, но това са единични неща. Двумилионната армия от учени в света не прави открития. Тя главно разработва въпросите (...) Откритията се направени в една друга епоха. Нютон открил нещо, след това друг голям учен открил нещо, но науката не се състои само от такива епохални открития. За открития дават Нобелови награди, но нобеловите носители са единици, а хилядната и милионната армия от учени главно се занимава с разработки. И в тази разработка, аз смятам, че лекционната дейност дава стимули, дава поводи да се обсъждат, разработват и доизкусуряват някои въпроси. (Пак там, 49)

Този цитат е твърде важен, защото той показва къде точно Поликаров вижда себе си. Очевидно той си дава ясна сметка, че неговото място не е сред Нобеловите лауреати, а сред „двумилионната армия" и това свидетелства за един здрав реализъм, който – не мога да не спомена – липсва у нас на доста колеги.

Като друг свой основен принос Поликаров изтъква публикационната си дейност и цитиранията, но не толкова в количествен план (както правят някои негови изследователи), а в качествен. В тази връзка той набляга на това колко важно е да се знаят езици и подчертава, че само изучаването на езици му е отнело около десетина години, в които е можел да напише „още поне пет книги повече" (пак там, 51). Без проучването на основната литература в областта, в която се работи, която излиза на няколко основни езика, не може да се прави според него истинска наука и да се постигне международен авторитет:

[М]исля, че най-добросъвестно съм проучвал световната литература поне на 3–4–5 езика и съм го отразил добросъвестно в своите работи. Може би, и затова съм станал и по-известен между колегите в света, които са били доволни да видят, че техните работи са отчетени, че се е държало сметка за тях. Пък и аз мога да кажа, че и те са ме цитирали много добросъвестно. В западни издания имам около 200 цитирания, почти толкова, колкото и в наши. Става въпрос за България, Русия и другите славянски страни, където нещата са били по-достъпни, написани на славянски езици. Мои публикации са излизали общо на 15 езика, извън българския. Така че и на Запад, и на Изток съм бил цитиран горе-долу в еднаква степен. (Пак там, 48)

Както отбелязах по-горе, Поликаров счита себе си за пионер в областта на философията и методологията на науката, но не само в индивидуален план. За свой принос той счита също така създаването на секция с колектив от елитни учени като Сава Петров, Георги Братоев и Стоян Николов.

[З]а разлика от другите секции във Философския институт, където аз работих двадесет години и където от самия първи ден бях завеждащ секция по „Философия и естествознание“, през тези двадесет години тази секция беше най-малобройната. Другите секции се стараеха да ги масовизират. Аз нямах, пък и не се стараех да направя калабалък, но когато се оказваше някой човек, който виждах, че има данни, правех всичко възможно да го вземем в института. Моята секция нарастваше най-бавно, но мисля, че най-качествено. В края на краищата ние бяхме четирима души, но всички си имаха тегло. (Пак там, 52)

Не на последно място, интервюто е важно и с това, че представя възгледите на Поликаров за същността на науката и за това какъв трябва да бъде обликът на учения, респ. научният етос. И двата въпроса са свързани с дискусията, с допускането на многозначност, а оттук и с толерантността към чуждото мнение, съзнавайки, че няма монопол на истината.

Дискусиите не са самоцел, не са основната тема на науката, но те са много важен елемент, т.е. в науката си има, така да се каже, вродена многозначност. Пътят към истината, даже когато истината е една, не е един. Да не говорим, че често пъти няма една истина, а има набор от възможности. Науката, като правило, се движи от възможното към действителното. Това е опростена схема, че ние отразяваме действителността, както отразяваме зрително, да кажем, къщата отсреща. Науката строи скеле, строи модели и чрез възможностите се доближава до реалното. Тази многозначност или множественост на възможното определя и дискусиите между различните становища за една или друга възможност. […] Един голям учен, който има много резултати, не се бои, че един резултат ще се постави под въпрос или даже ще се опровергае. Даже и в опровержението той има принос, че е дал база, на която да се изследва въпросът по-нататък. (Пак там 53)

Поликаров подчертава, че е много важно „да се води дискусията нормално", тоест само с научни аргументи, факти и логика, без намесване на лични елементи и пристрастия. А това според него е изкуство и въпрос на атмосфера, тоест на доминиране на научни интереси и научна етика. Тази атмосфера се среща в институти, където има сериозна проблематика и където колективът е обединен основно от научни интереси. При липсата на такива, започват борби и интриги, боричкане за ръководни длъжности – нещо, което би трябвало да бъде чуждо на всеки истински учен. За жалост тези неща, както и силният индивидуализъм и конкуренция са у нас често срещани феномени и всичко това пречи за създаването на здрава атмосфера и научен колектив:

В България много трудно се създава колектив – аз имам в предвид и опита на мои приятели, които цял живот залагаха да правят колектив и изпитваха само разочарование. Трудно, защото у нас полето е обширно, хората са малко и всеки гледа да си вземе един периметър, където да няма втори, който да работи в тази област, да се чувства сам, без конкуренти, което, разбира се, има обратна, отрицателна страна – сам човек трудно може да направи нещо без колектив. За мен беше много полезен периодът, когато бях в Германия и имах десетки аспиранти около себе си, част от които ръководих непосредствено. Аз им давах идеите, но и те ме обогатяваха със своите конкретни вече навлизания в съответните проблеми. Така че в колектив се работи добре, стига този колектив да е съгласуван, да има характер на оркестър, а не всеки да си свири за себе си. (Пак там, 50)

Може да се запитаме доколко тази картина продължава да отразява вярно нашата действителност и днес, четвърт век след това интервю. Дали нещо от тогава се е променило и ако да в каква насока? Така или иначе, самооценката на Поликаров е добър повод да се замислим над нас самите като учени и философи.

3. За настоящия сборник

С казаното дотук се опитах да онагледя, от една страна, различните, понякога дори коренно противоположни начини, по които философското творчество на Поликаров е било възприемано, от друга, неговата самооценка, и оттук да подчертая необходимостта от по-внимателни оценки на приносите на даден автор, както и на начина, по който неговите рецепции и импакт биват представяни.

Целта на настоящия сборник е да отбележи големия кръгъл юбилей на академик Азаря Поликаров като продължи и дообогати споменатата традиция на неговите чествания. Трябва да спомена в тази връзка, че в съвременната западна философия са се наложили два основни модела при съставянето на подобни юбилейни сборници. Когато става въпрос за крупна фигура от рода на Хайдегер или Рикьор, се канят видни специалисти и текстовете на сборника са фокусирани обикновено върху творчеството на юбиляря, предлагайки нови интерпретации на негови произведения, както и реинтерпретации от гледище актуалността им. При по-малко значим автор статиите се посвещават обикновено на дадена проблемна област, върху която той е работил и в която има съществени приноси, на които авторите съответно се позовават. У нас, а и в някои други страни без дълга традиция, често юбилейните сборници включват статии на автори с най-различни профили и на какви ли не теми, обединени от някакво повече или по-малко произволно заглавие. За да се избегне доколкото е възможно подобен резултат, още при организирането на конференцията по случай юбилея залегна идеята да се концентрира събитието върху основните философски и проблемни области, с които се е занимавал акад. Поликаров. Затова не всички статии имат пряко отношение към неговото творчество. Но както той казва : „нашите условия си ги познаваме – те са скромни" (пак там, 47), така че направили сме каквото можем.

Първата част от статиите в сборника е посветена на проблеми от областта на философията и методологията на науката. Тя е поставена на преден план, от една страна, защото изследванията в нея се отнасят непосредствено до проблеми и методи, разработени от Азаря Поликаров, а от друга, защото в нея участват негови някогашни докторанти и колеги, които са поддържали пряк контакт с него.

Като съставител аз съм подходила исторически, като съм поместила в тази рубрика на първо място статията на Димитър Цацов „Позицията на Азаря Поликаров в контекста на дебатите между догматици и ревизионисти в началото на 60-те години на XX век". В нея авторът очертава ситуацията и контекста на българската философия в края на 50те и началото на 60те години и защитаваните от Азаря Поликаров позиции в тогавашните дебати. Изследването се базира на архивен материал, по-специално на магнетофонен запис на проведено заседание на Научния съвет на Института по философия при БАН от началото на 1962 г. Чрез анализа на разгорещените идеологически дебати

Цацов убедително доказва, че „философското поведение на Азаря Поликаров е илюстрация на процеса на десталинизация в сферата на обществознанието в България", както и на вътрешната идейна трансформация в българските рецепции на марксизма.

Следващите статии представят начините на доразвиване и прилагане на дивергентно-конвергентния подход от страна на Азаря Поликаров. В статията си „Пролиферация и синтез в съвременната философия на науката: дискусиите върху фактичността на разбирането" Лилия Гурова отбелязва, че в основата на дивергентно-конвергентния подход е заложена идеята за систематично търсене на решение на даден проблем, което включва две фази: първоначално съставяне на поле на възможните решения (фаза на дивергенция) и последваща редукция на това поле (фаза на конвергенция), с цел открояване на най-доброто решение. Според Поликаров този подход може да бъде прилаган не само като евристично средство за разрешаване на актуални проблеми, но също и като схема за реконструкция на епизоди от историята на науката и философията. По-късно, уточнява тя, Поликаров заменя понятията „дивергенция" и „конвергенция" с „пролиферация" и „синтез", като вид конкретизация на подхода. Пролиферацията се разглежда от него като процес за съставяне на поле на възможни решения във фазата на дивергенция. Синтезът от друга страна е основна стратегия за постигане на най-доброто решение във фазата на конвергенция тогава, когато то не е налично в полето от възможни решения. Гурова се спира по-специално на определен пример от съвременната философия на науката, свързан с дискусиите за фактичността на разбирането, като показва, че Поликаров допуска пролиферацията да възниква и спонтанно, за разлика от синтеза, който никога не е спонтанен.

Целта на статията на Дорздстой Стоянов „Претворяването на Поликаров: дивергентно-конвергентният метод при решаване на психофизичния проблем" е да покаже възможностите на евристичния дивергентно-конвергентен метод на Поликаров при решаване на научни проблеми на емпирично, мета-емпирично и транс-дисциплинарно ниво. Стоянов се спира по-конкретно на психофизичния проблем в споделеното поле на невронауката и психопатологията. Чрез дивергентно-конвергентния метод на Азаря Поликаров той проследява ко-еволюцията на невронауката през дивергентното поле на възможни решения, конструирано в историческия дискурс на XIX век, до редуцирана преимуществена група проекто-решения, подкрепени със съвременни данни на невробиологията. Оттук, използвайки иновативна парадигма за функционална магнитно-резонансна томография на мозъка, Стоянов доказва, че получените резултати в значителна степен поддържат въпросните проекто-решения на психофизичния проблем в полето на психопатологията.

Като се опира на идеите на Азаря Поликаров в областта на методологията на науката, Пламен Дамянов представя аналогията като един от най-древните методи за познание, използван до ден днешен от учени и философи. Изследването му е фокусирано главно върху области от естествените науки като математика, механика, физика на елементарните частици и космология. Основният резултат на статията се състои в предложения цялостен анализ на възможностите и ограниченията на метода на аналогията относно изграждането на адекватни на реалността модели в атомната физика, класическата механика, хидродинамиката, квантовата механика и космическата физика.

Втората глава е посветена на един въпрос, върху който Поликаров, който ми беше преподавател по философия на физиката в Софийския университет, обръщаше специално внимание. А именно, въпроса за отношението между философия и наука, който винаги е стоял в центъра на дебатите между частни учени и философи и който, в зависимост от това как се поставя и решава, определя в известен смисъл схващанията както за разликата между тези две области на познанието, така и за (не)възможностите им за взаимодействие и, в крайна сметка, самото схващане за това как следва да се разбира дисциплината „философия на науката". Статиите включени в този раздел показват комплексните решения на този въпрос във феноменологията (Иванка Райнова), у Витгенщайн (Габриела Касърова), както и в изкуствознанието, движещо се в диапазона между философия и наука за изкуството (Галина Декова).

Следващата, трета глава подема този въпрос в още по-комплексен план, доколкото към отношението философия и наука се прибавят и две други области на културата – религията и етиката, респ. аксиологията. В своята студия Стефан Пенов анализира взаимовлиянието между религиозните възгледи и научните концепции за появата на света, откроивайки ролята на юдеохристиянската традиция в развитието на философията и научното познание. Татяна Батулева от своя страна показва как етическите възгледи на Радослав Цанов определят неговата ценностна теория и навлизат оттук в областта на научното познание, поставяйки въпроса за неговата ценност.

Последната, четвърта глава е свързана с теми от областта на историята на научните идеи, област, която е била винаги централна за Азаря Поликаров. В статия, посветена на Лондонското кралско дружеството, една от първите модерни научни академии в света, Йордан Аврамов показва че от самото си основаване през 1660 г. Дружеството започва активни изследвания по естествената история на далечни земи. В тази връзка авторът анализира особената роля на т.нар. въпросници по естествена история, които се изготвят от членовете на Дружеството, както и съответната кореспонденция с учените, изпратени в различните региони на Османската империя за събиране на информация.

Сборникът завършва с едно кратко представяне от страна на австрийския изследовател Петер Бахмайер на трансформацията на науката в Народна Република България през периода 1946-1989 г. и ролята на Азаря Поликаров в този процес. Бахмайер изтъква специално приносът на Поликаров за разработването на философски проблеми, свързани с развитието на природните науки и подчертава, че книгата на Поликаров *Методология на научното познание* (1972) е получила положителен отзвук през 1973г. в реномираното по това време списание *Zeitschrift für Philosophie*, издавано във Виена.

Накрая искам специално да благодаря на всички автори, както и на рецензентите, които чрез участието си в настоящата публикация уважиха една от най-значимите фигури в българската философия и наука, един учен от европейски мащаб, чието дело получи признание далеч извън пределите на нашата малка страна.

Литература

Апостолова, И. 1992. Половинвековна дейност на попрището на научната популяризация и науката: По случай 70-годишнината на акад. А. Поликаров.// *Списание на Българската академия на науките*, 38, № 1, 61-64.

Апостолова, И. (Съст.). 2001a. *В памет на академик Азаря Поликаров*. София: Академично издателство „Марин Дринов".

Апостолова, И. 2001b. Азаря Поликаров - идеи и разработки. // *В памет на академик Азаря Поликаров 1921-2000: Философия и наука*. Съставител Иванка Апостолова. София: Академично издателство „Проф. Марин Дринов", 8-16.

Гинев, Д. Азаря Поликаров // *Култура*, бр. 12, 31 март 2000, https://newspaper.kultura.bg/media/my_html/2123/memap.htm

Гурова, Л. 2001. За ролята на философията в процеса на възникване на експериментална психология. // *В памет на академик Азаря Поликаров 1921-2000: Философия и наука*. (Съст.) И. Апостолова. Академично издателство "Проф. Марин Дринов", София, 274-285.

Гурова, Л. 2012. За Поликаров в и извън България. // *Философски алтернативи* XXI/2, 111-117.

Кандиларов, Е.

Лазарова, Е./ Поликаров, А. 2012. А. Акад. Азаря Поликаров: Щях да постигна повече, 46 ако се бях родил в друга страна (1995). // *Библиотека*, XIX, № 5, 46-56.

Момчилов, К. 2015. Прозрение в пространството и времето. // Вестник *ДУМА*, събота, 08 Август, брой 181, <https://duma.bg/prozrenie-v-prostranstvoto-i-vremeto-n106165>

Поликаров, А. 1977. *Проблеми на научното познание от методологична гледна точка*. София: Наука и изкуство.

Поликаров, А. 2003/2004. Електрониката в икономическата политика на България през 60те - 80те години на XX век. // *Годишник на Софийския Университет-Исторически Факултет*, том 96/97, 431-503.

Проданов, В. (Съст.) 2008. *Шест десетилетия академична философия. История, етапи, поколения, парадигми, проблеми, дискусии.* София: ИФИ-БАН.

Стефанов, А. 2012. За културното и философското присъствие на Азаря Поликаров. // *Философски алтернативи*, № 2, 107-110.

Яхиел, Н. 2013. *Тодор Живков и личната власт. Спомени, документи, анализи.* София: Омда, (електронно издание на първото издание от 1997).

Dontschev, G. 1980. Azari Polikarov, Probleme der wissenschaftlichen Erkenntnis vom methodologischen Gesichtspunkt aus, Sofia 1977, 455 S. *Zeitschrift für allgemeine Wissenschaftstheorie / Journal for General Philosophyof Science*, 11, № 2, 393-397.

Ginev, D./ Polikarov, A. 1988. The Scientification of Methodology of Science. // *Zeitschrift für allgemeine Wissenschaftstheorie / Journal for General Philosophyof Science* 19, № 1, 18-27.

Ginev, D./Cohen, R.S. (Eds.). 1997. *Issues and Images in the Philosophy of Science: Scientific and Philosophical Essays in Honour of Azarya Polikarov.* Dordrecht et al.: Kluwer Academic Publishers (Springer Netherlands).

Ginev, D. 1997. „Introduction" // Ginev, D./Cohen, R.S. *Issues and Images in the Philosophy of Science: Scientific and Philosophical Essays in Honour of Azarya Polikarov.* Dordrecht et al.: Kluwer Academic Publishers (Springer Netherlands).

Ignatow, A. 1976a. Philosophie der Arriergarde. Die Auseinandersetzungen zwischen Dogmatikern und Revisionisten in Bulgarien. // *Studies in Soviet Thought*, 16, № 1-2, 27-66.

Ignatow, A. 1976b. Vorboten der Entdogmatisierung. Neue Phänomene in der gegenwärtigen bulgarischen Philosophie. // *Zeitschrift für philosophische Forschung*, 30, № 1, 136-146.

Nietzsche, F. 1969. Der Fall Wagner. Götzen-Dämmerung. – Nachgelassene Schriften (August 1888 - Anfang Januar 1889): Der Antichrist. Ecce homo. Dionysos-Dithyramben. – Nietzsche contra Wagner. // *Nietzsche Werke, Kritische Gesamtausgabe*, Bd. 3, Frankfurt am Main: De Gruyter.

Polikarow, A. 1961. Über einige Fragen des Kampfes gegen die zeitgenössische idealistische Philosophie. // *Deutsche Zeitschrift für Philosophie*, 11,2. Halbjahr, 9. Jahrgang

Polikarov, A. 1973. *Science and Philosophy.* Sofia: Publishing House of the Bulgarian Academy of Sciences.

Polikarov, A. 1978. 'Ten Arguments in Favour of the Relevance of Philosophy for the Sciences'. // *International Quarterly of Philosophy* 18, № 3, 20-25.

Polikarov, A. 1993. 'Is There an Incommensurability between Superseding Theories?' // *Zeitschrift für allgemeine Wissenschaftstheorie / Journal for General Philosophyof Science u Boston Studies in the Philosophy of Science* 24, 127-146.

Polikarov, A. 1995. *Concerning the Integration of Sciences: Kinds and Stages', Zeitschrift für allgemeine Wissenschaftstheorie / Journal for General Philosophy of Science u Boston Studies in the Philosophy of Science* 26, 297-312.

Polikarov, A. 2003. The Proliferation and Synthesis of Physical Theories. // Ginev, D. (Ed.). *Bulgarian Studies in the Philosophy of Science*. Dordrecht: Springer, 53-68.

Raynova, I. / MacBride, W. 1993. Visions from the ashes: The philosophical life in Bulgaria from 1945 to 1992. // Barry Smith (ed.), *Philosophy and Political Change in Eastern Europe*. La Salle, Illinois: Open Court, 103-134.

I. Глава

ФИЛОСОФИЯ И МЕТОДОЛОГИЯ НА НАУЧНИТЕ ТЕОРИИ

Димитър Цацов

ПОЗИЦИЯТА НА АЗАРЯ ПОЛИКАРОВ В КОНТЕКСТА НА ДЕБАТИТЕ МЕЖДУ ДОГМАТИЦИ И РЕВИЗИОНИСТИ В НАЧАЛОТО НА 60-ТЕ ГОДИНИ НА 20 ВЕК

1. Контекстът

В съвременното хуманитарно знание е силна тенденцията за изследване на ситуации в рамките на определени локални традиции и опит. В случая вниманието ни е насочено към контекста, в който българските философи от 60-те години на XX в. работят в *Института по философия*.

Съществува магнетофонен запис на проведеното заседание на Научния съвет от началото на 1962 г. От съдържанието на изказванията на различни членове на Института става ясно, че това е поредното заседание, в което се дава оценка на проведения през 1961 г. общоинститутски семинар, посветен на причините за култа към личността. Запазена е и част от изказванията на Азаря Поликаров и други участници. Въз основа на тези записи може да се реконструират аспекти от социално-политическата и научно-организационната атмосфера, в която работят учените от *Института по философия* в началото на 60-те години на XX в., които свидетелстват за общия климат в обществото през този период. Именно поради това тези архивни данни са особено ценни и заслужават по-широка публична видимост.

Още в първия вариант на *Принос към историята на философската мисъл в България* (1943) Ангел Бънков отбелязва, че две философските направления през първата половина на XX в. определят общия облик на философията в България. Това са марксизмът (диалектическият материализъм) и ремкеанството (основнонаучната философия на Ремке-Михалчев). Характерна черта за българските марксисти през този период е, че следват не западните, а руските (съветски) последователи на Маркс и Енгелс. Онова, което се случва с развитието на философския материализъм в Съветския съюз, е определящо и за българските марксисти.

Поради геополитически фактори и по-специално поради сателитната зависимост на България от Съветския съюз марксизмът (диалектическият материализъм) се превръща в основна идеологическа идейна координата. Дейността на българските философи и институции на обществознанието и хуманитаристиката са ориентирани към изследване на съответните проблеми в светлината на материализма и по-специално на диалектическия материализъм. Ето защо всяка идейна конструкция, която се класифицира като идеализъм, се приема като регресивна и вредна. Така в общественото пространство се налага догмата за наличието на две „науки" – социалистическа и буржоазна. Първата е прогресивна и вярна, втората е отмираща и невярна.

Ситуацията от 60-те години на ХХ в. несъмнено е свързана с основни ментални традиции на българското световъзприемане. Според Асен Игнатов една от най-характерните е липсата на мистика, еротика, въображение във фолклора и изобщо в националния светоглед, т.е. липсата на интелектуална изтънченост е в основата на сравнително широката популярност на марксизма през целия ХХ век, като е безспорна ролята на Димитър Благоев, а по-късно и на Тодор Павлов (Ignatov 1976, 28).

До 1947-48 г. все още съществува относителна интелектуална свобода. След това тя бързо е ограничена, като некомунистическите университетски преподаватели са частично пенсионирани или изгонени. Диалектическият и историческият материализъм в Сталинов вариант е задължителен предмет във всички университети. В БАН е основан *Институтът по философия*, а неговият първи директор е Тодор Павлов. Вторият директор на Института е

Асен Киселинчев, който е типичен защитник на сталинистката форма на диалектически материализъм, поради което налага пълна съветизация на българската философия.

От края на 50-те и началото на 60-те години на XX в. в българското философско пространство протичат процеси на вътрешна диференциация и стратификация. В марксизма-ленинизма се появяват различни течения, нови интерпретации, други постановки и решения на по-вторични философски проблеми. Философите, които защитават постановки, различни от доминиращия вариант на марксизма, често влизат в драматични, войнствени дебати, в които се използват всякакви механизми на властта – теоретични, схоластични, административни, партийни и др. Това се случва след XX конгрес на КПСС (1956), на който Н. Хрушчов критикува култа към личността на Сталин. Ето как Ж. Желев си спомня конкретните форми на напрежения, които са характерни не само за философите: „...Но гледаха с лошо око на нас, че сме хрушчовисти и предатели на делото на Маркс, Енгелс, Ленин, Сталин. Тогава бяхме втори курс философия. Аз живеех на четвърти километър, на студентски общежития и тогава понякога имаше бой на сутринта на тези будки, на които продаваха вестници. Времето е бурно, напрежението голямо и всички отиваха да си вземат вестници. Докато взимат вестниците – коментират. Някой ще наругае Сталин, друг ще обяви Хрушчов за предател изменник" (Гончарова 2014).

За българските философи най-значимото събитие по това време е делението на догматици и ревизионисти (сталинисти и антисталинисти). Характеристиките „догматици" и „ревизионисти" не са плод на изследователска техника, а класификации, които реално функционират в дебатите между българските философи през 50-те и 60-те години на XX в. Освен това тези термини се използват и в служебни документи. Първият подобен документ, в който се

въвеждат тези термини, е от 1957 г. Например в *Справка за със-
тоянието на интелигенцията и работата с нея*, изготвена от Бо-
рис Велчев, завеждащ отдел „Партийни, профсъюзни и студент-
ски органи", касаеща недостатъците в идеологическата борба в
полето на науката", се казва: „ (...) у нас не навсякъде се води
смела и безкомпромисна борба срещу някои опити да се про-
мъкне идеалистическата философия и буржоазната идеология
под формата на „обективизъм" в науката, под формата на обявя-
ване на цялото развитие на науката и политиката на партията след
Ленин за период на господство на догматизъм, на обявяване на
всичко от учението на Мичурин, Павлов, Лисенко, Лепешинская
за дискусионно. Известно е например, че след Априлския пленум
на ЦК на БКП академик Кристанов излезе с ревизионистка и ан-
типартийна платформа. Затова той беше изключен от партийната
организация при БАН, но повече от това не се направи. Не бяха
разобличени докрай неговите ревизионистични „теории", не
беше ударено решително по неговата разложителна дейност, ко-
ято Кристанов продължава да върши и сега сред научните среди
в БАН" (Десталинизацията 2013, 492). Конкретният повод за из-
ключването му от БКП е изказването му на събрание на БАН, в
което сравнява режима на Сталин с фашисткия режим на Мусо-
лини (Баева 1995, 157).

Може би най-важното събитие оттози период е откъсването
на Югославия и Китай от съветското влияние през 40-те и 50-те
години на ХХ в. Това е повод идеолозите на тези държави да бъ-
дат обвинявани в „ревизионизъм", т.е. в излизане извън принци-
пите на марксизма-ленинизма при строителството на новото со-
циалистическо общество. След смъртта на Сталин през 1953 г. и
по-специално след провеждане на ХХ Конгрес на КПСС се пос-
тавя началото на преодоляване на последиците от култа към лич-
ността. В България процесът на десталинизация има много изме-
рения. В случая акцентът е делението на българските философи

през този период на „догматици" и „ревизионисти". Конкретизация на това деление е опозицията на „лисенковисти / антилисековисти". Защитниците на Лисенко са предимно догматици, а противниците – ревизионисти. Преодоляването на лисенковизма е елемент от преодоляването на сталинизма, което не е някакъв еднократен акт, а процес с различни нива и модификации, конкретизирани чрез дейността на отделни дейци от сферата на философските институции в България. Характеристиките „догматици" и „ревизионисти" са термини, функциониращи в общественото пространство през 50-те и 60-те години на ХХ в. Дебатиращите български философи по това време охотно употребяват тези названия, за да дефинират едно или друго становище на своя опонент.

2. Българските философи като догматици и ревизионисти

Асен Игнатов пръв въвежда тези понятия като изследователски инструмент (Ignatov 1976, 1-2). Догматиците са философите, които защитават Сталиновия вариант на марксизма на всяка цена и не приемат опитите за нови интерпретации. Тази група философи има силни позиции, защото възгледите им са в синхрон със същността на управляващата Комунистическа партия и духа на по-възрастните нейни членове. Безспорният авторитет в този кръг е академик Тодор Павлов, който е член на Политбюро на ЦК и след 1960 г. (смъртта на Киселинчев) отново е директор на *Института по философия*. Около него са: Гиргин Гиргинов, Стойко Попов, Борис Ценков, Стефан Василев, Деян Павлов, Тодор Стойчев и др. Към догматиците трябва да се добави и "другарят Райчо Караколов", споменат в изказването на Азаря Поликаров. Ревизионистите, които по принцип избягват преки словесни конфликти, се опитват да интегрират резултатите от съвременната точна наука в марксизма-ленинизма. Това са:

Добрин Спасов, Азаря Поликаров, Петър Митев, Кирил Дарковски (Делев), Елка Панова, Кирил Нешев, Кирил Василев, Исак Паси, Стефан Ангелов, Иван Стефанов, Ради Радев, Борис Чендов, Васил Момов и др. (Ignatov 1976, 27-28). Не е ясно по какви критерии Асен Игнатов прави това деление, но доколкото той е свидетел на събитията от 60-те години на ХХ в., може да се приеме, че това е преобладаващото настроение в общността на българските столични философи. Според Асен Игнатов истински ревизионисти са само блестящият философ и социолог Нарцис Попов и смелият критик на Ленин Жельо Желев, които през 60-те годни са репресирани и на практика са поставени „извън закона".

Асен Игнатов не търси началото на делението на столичните философи на догматици и ревизионисти. Все пак точната дата на това начало е 11 ноември 1959 г., когато на конференция Т. Павлов, а заедно с него и други, критикуват тезите на Н. Ирибаджаков, който не се съгласява с основни постановки на Лисенко и неговите последователи. Основната теза на Ирибаджаков е: "Те биха били идеалисти, ако приемат, че наследственото вещество, независимо от това дали ще го наречем ген, детерминанта или ДНК, е нещо духовно, нематериално" (Ирибаджаков 1959 6: 42). Както се казва, именно в последните изречения е „заровено кучето". В този доклад Ирибаджаков критикува лисенковистите, които отхвърлят традиционната и молекулярната генетика като „метафизика", „дуализъм", „идеализъм" и „мистика" и защитава постановката, че носителите на наследствеността са материални и че тези материални носители като ДНК са достъпни за научно изследване и обяснения. Не закъснява обаче и острата критика. Тя идва от страна на проф. Иван Панчев. В доклада си *Някои методологически въпроси на биологията* той отбелязва: „(…) сериозна слабост, която проявяват някои наши биолози, агробиолози, медици и философи, е опитът им да възкресят вайсманизма-морганизма под благовидната форма на диалектическия

материализъм (...). Ирибаджаков допусна обаче следните ос-
новни грешки: 1. Той неоснователно критикува нашите философ-
ски работници, че не са задълбочили критиката си срещу вита-
лизма и неовитализма; 2. Не е правилно твърдението му, че вайс-
манизмът-морганизмът е материалистическо направление в био-
логията; 3. Неоснователно упреква мичуринците, че те се ръково-
дят от принципа, който не е с нас, той е против нас, т.е. че който
не е привърженик на Мичурин-Лисенко, е идеалист; 4. Не е вярно
твърдението му, че всички биолози, несъгласни с възгледите на
Мичурин-Лисенко, били поставени в един кюп, че не се правило
разграничение между тях, не се посочвали различията, нюансите
между тези биолози" (Панчев 1959, 72). Изобщо „критиката на
др. Ирибаджаков не е партийно-политически издържана". Раз-
съжденията на Панчев са, че „от създаването на понятието „ген",
т.е. от 1909 г. до 1959 г. – цели 50 години, най-изтъкнатите гене-
тици стоят на идеалистически, а не на материалистически пози-
ции". Прави ли са тогава мичуринци – пита Панчев – като отнасят
вайсманизма-морганизма към идеализма? „Разбира се, че са съ-
вършено прави... Твърдението на някои другари, че на понятието
„ген" трябва да се даде ново съдържание, е опит да се запази ду-
хът на вайсманизма-морганизма" (пак там).

Всички доклади и изказвания на конференцията от 1959 г.
са публикувани в сп. *Философска мисъл* от 1959 г. От книжка 6
на списанието от същата година започва дебатът между Тодор
Павлов и Николай Ирибаджаков и с това се слага началото на
първите „пукнатини" в публичния авторитет на Павлов. Той, въп-
реки че не участва в работата на конференцията, публикува в съ-
щата книжка на сп. *Философска мисъл* (бр. 6) остра полемична
статия, озаглавена *Повече логика е нужна*. Независимо от труд-
ностите, създавани от редакцията на сп. *Философска мисъл*,
чийто главен редактор е Тодор Павлов, Ирибаджаков успява да

публикува два отговора: *Нужна е повече логика и още нещо* (Ири-
баджаков 1960a) и *За марксистко-ленинската трактовка на фи-
лософските проблем и на биологията (*Ирибаджаков, Н. 1960b).

Така дебатът, свързан с оценката на идеите на Т. Лисенко,
прераства от „лисенковисти-антилисенковисти" в „догматици-
ревизионисти". Ирибаджаков е първият български философ-ре-
визионист, който разчупва монополното положение на Тодор
Павлов в обществените науки и хуманитаристиката в България и
открива възможността за свободни дискусии. След Н. Ирибаджа-
ков се нареждат редица български философи, които по един или
друг начин изразяват своето несъгласие с налагания от Тодор
Павлов и неговите съмишленици начин на функциониране на
структурите, свързани с обществознанието и хуманитаристиката
и изобщо с духовния живот в България по това време. Н. Ириба-
джаков си позволява да спори и възразява на Тодор Павлов в мо-
мент, когато последният е на върха на своята научна, междуна-
родна, обществена доминация. До 1959-1960 г. никой български
философ не си е позволявал да влиза открито в схватка с Тодор
Павлов. „Пукнатините" в монополното му положение след кри-
тиката на Н. Ирибаджаков се задълбочават. През 1961 г. в *Инс-
титута по философия* започва семинар, посветен на причините
за култа към личността. Наред с други многобройни изказвания
се оформя водещата опозиция между Бернард Мунтян и Стойко
Попов. Първият защитава идеи, близки до тези на Милован Джи-
лас за партийната номенклатура като нова класа, а Стойко Попов
обвинява Мунтян в ревизионизъм, близък до този на югослав-
ските комунисти. Сп. *Младеж* и сп. *Ново време* от този период се
класифицират от някои догматици като "ревизионистични", за-
щото разширяват тематиката си така, че излизат от рамките на
скования от сталинизма духовен климат. Появяват се Желю Же-
лев, Нарцис Попов. Обаче Ж. Желев в известното си изказване,
което го превръща в дисидент, критикува пряко не Тодор Павлов,

а Райчо Караколов като сталинист и догматик. Това се случва на 12 юни 1962 г. на съвместната конференция на *Института по философия* при *Българската академия на науките* и *Катедрата по философия* при *Софийския университет*, на която Желев изнася доклад: „Против сталинистката система в политическия и духовния живот на България" (Желев 2010). Още по това време Райчо Караколов не се ползва с авторитет. Ето какво казва Асен Игнатов за откритото партийно събрание от 15 февруари 1956 г., на което се съобщава, че Слави Боянов е изключен от БКП и уволнен от Университета. „Причината е, че Слави Боянов проповядва чужди на марксизма идеи, подривал авторитета на Райчо Караколов. В скоби казано, и при най-добро желание никой не би могъл да подрони авторитета на Караколов, тъй като той с маниерите си на провинциален даскал и със своята „научна продукция" от една брошура и няколко статии за „философските възгледи на Димитър Благоев" отдавна беше посмешище на студентите" (Игнатов 1997, 6). Дисертацията на Ж. Желев от 1965 г., посветена на онтологизирането на понятието за материя, приема за концептуална основа диалектическия материализъм (Желев 2010). Нарцис Попов в статията си, публикувана в сърбохърватския вариант на сп. *Праксис* от 1966 г., само показва, че между принципите на историческия материализъм и някои постановки на Ницше няма противоречие. Следват А. Гаврилов, Д. Спасов, Н. Мерджанов с акценти върху категорията „отношение". Пръв в българската философска история Д. Михалчев подлага на философски анализ категорията „отношение" в издадената през 1914 г. монография *Форма и отношение*. Дори един такъв „палав" идейно философ като Асен Игнатов през този период е марксист от западен тип или по-точно от типа на югославските философи около сп. *Праксис*. Достатъчно е да се прочете книгата *Тъга и порив на епохата* (Игнатов 1969) или дисертацията му от 1971 *Структура на историческото познание* (С., 2020), за да се констатира неговата идейна ориентация. Изобщо края на 50-е и началото на 60-те години на XX в. в България е време на философски схватки, на пресичане на жизнени линии с институционална обвързаност, на използване на всякакви форми на „стълкновения" в борбата за власт между различните поколения.

През м. февруари 1962 г. в *Института по философия* се провежда конференция на тема *Философски проблеми на съвременното естествознание* с две секции – по биология и по физика; изнесени са 15 доклада и 49 изказвания. Азаря Поликаров споменава тази конференция в изказването си. На нея проличава разцеплението между българските философи – Тодор Павлов срещу Николай Ирибаджаков. Около двамата постепенно се формира кръг от хора, които в една или друга степен симпатизират на един от двамата. Дебатът намира и институционални измерения – повечето водещи философи от СУ "*Св. Климент Охридски*" са ревизионисти, а значителна част от учените от *Института по философия* са догматици. Разцеплението между двете групировки се разширява, възникват нови разделителни теоретични линии, част от които отбелязва Асен Игнатов в своето изследване: отражението, гносеологическият образ, "ревизионизмът" (кавичките са на А. Игнатов) на Ж. Желев относно определението на материята, дуализмът на А. Поликаров за спецификата на съзнанието, темата за тъждеството и различието между съзнанието и висшите форми на нервна дейност, оценката на философията на Ницше в статията на Нарцис Попов и др. Изброяването на темите, по които съществуват разногласия, може да се продължи. Например повечето от философите от кръга на Т. Павлов защитават предимно репрезентативен реализъм по отношение спецификата на познавателния образ, докато университетските философи са свързани по-плътно с традицията, оставена от Д. Михалчев. Например презентационизмът на Михалчев се продължава от Д. Спасов, А. Гаврилов и др. Проблематиката, свързана с онтологията на отношенията (тема, която също е поставена от Д. Михалчев) не е особено популярна в *Института по философия* (единствено Н. Михова посвещава една студия на тази тема), докато във *Философския факултет* на Софийския университет тя е сериозно застъпена. Д. Спасов формулира цяла програма за изследване на отношенията, Н. Мерджанов разработва редица логически страни на тази тема, А. Гаврилов изгражда релационна концепция за съзнанието и т.н. Така в "единния" идеологически фон се разработват традиционни философски проблеми, оформят се различни алтернативни схващания, водят се дискусии (един от най-значителните спорове през 60-те години на XX в. е спорът между С. Петров и А. Гаврилов за природата на съзнанието).

Тук е важно едно уточнение, което се отнася до идейната ориентация на дебатиращите. Всички говорят от името на марксизма, с малки изключения всички са в някаква степен интегрирани в системата – преподаватели, научни сътрудници, журналисти. Т.нар. ревизионисти не са дисиденти, защото ясен критерий за дисидент е стремежът да се отхвърли системата. Асен Игнатов нарича Слави Боянов първия български дисидент (Игнатов 1997: 8), но и тук трябват редица уговорки. Ако се приеме М. Джилас за емблематичен пример за дисидент от този ранен период от строителството на социализма (той се обявява пряко против системата, следват затвор, изолация и т.н.), то в България ситуацията е по-различна. След иззимване на ръкописа му от Държавна сигурност през 1955 г., Слави Боянов е уволнен от Университета. Три години той е безработен, по-късно е уредник на музей, а през 1971 г. постъпва на работа в *Института по философия*, с възстановено членство в БКП.

3. Изказване на Азаря Поликаров

Изказването на Азаря Поликаров от началото на 1962 г. е пример за конкретните измерения на битката между догматици и ревизионисти: „... Аз смятам, че въпросът за култа към личността е комплексен въпрос, с много страни и ние тепърва има да изясняваме конкретните поражения и най-важното е как да преодолеем това тежко наследство от миналите години, по-специално ние като философи. Но от много страни на това явление (на догматизма(може да се каже, че то е незачитане на фактите, неуважение към фактите. Аз смятам, че изводи се правят от факти. От достоверни, проверени факти. Аз също смятам, че този недостатък тегне на много философи. За разлика от представителите на частните науки, където самата наука култивира отговорно отношение към фактите, у философите тази привичка не е създадена, не е култивирана. Към фактите те се отнасят или с пренебрежение, или произволно се оперира, или произволно се правят изводи от тях. От позиция на уважение към фактите аз искам да взема отношение (...) [А]ко на всяко събрание тържествено се говори за недостатъци, то аз смятам, че това е не по-малък недостатък на самото партийно бюро, ако то така отстранява недостатъците (...) В какво се състоят недостатъците, според по-нататъшните твърдения в доклада (...) Слаб организационен живот, малко сбирки. Предполагам, че това се има предвид – малко сбирки на секцията. Отговор: Факт: Секциите, всички с изключение на истмат (исторически материализъм) са имали от 6 до 8 сбирки. Другарят Стоян Михайлов твърди, че са 10, а може и да са 15. Просто не знам. Секция „Философия на естествознанието" има 16 сбирки. Значи, който има 6 сбирки, води пълнокръвен научно-организационен живот, а секцията, която има 16 сбирки, не води пълнокръвен научно-организационен живот, а страда от сериозни слабости! Така е, поне ако гледаме фактите, а други данни няма. За нивото на обсъждане също би могло да стане въпрос. Аз твърдя, че на тези 16 сбирки ние сме разгледали най-много научни трудове. И по-специално сме разгледали може би над 500 страници доклади, които сега на конференцията се изнасят. Секцията, независимо от всички слабости, извърши нелоша работа по подготовката на тази конференция. Това е също факт. Но за този факт не е намерено за нужно да се говори (...) Ако съдя по една реплика на другаря Тодор Стойчев на Научния съвет (това, което той приема за факт, аз бих го турил в кавички), той прави всичките си изводи от "факта" на изпълнението на научния план на Мунтян. Аз казах, че, ако поискам Мунтян да ми донесе ръкописа, той ще ми донесе ръкопис, написан на малки листчета и отделни картончета и прочее и прочее и по тези листчета и картончета, аз не мога да си създам съвършено точна представа за срока, в който той ще го завърши. Значи ли, че аз не знам какво Мунтян е направил. И след това, когато му го поисках, той ми го показа. Проверка не значи да имаме абсолютно недоверие в хората. Не значи, че всички са лъжци, мошеници. Аз вярвам на Мунтян, знам Мунтян как работи, познавам го от десет години, мога да му се доверя, а имам и непосредствени наблюдения. Работата му е завършена в чернова, това е положението. И му трябва да се мобилизира и да седне и най-много за един месец да го завърши. Това го казвам съвършено отговорно.

Вторият пункт е следният. Твърди се, че Поликаров подценява изпълнението на плановите си задачи. От къде следва, че подценява? Само Поликаров ли не е изпълнил плана си? Като погледнах плановете от миналите години, видях, че с другаря Караколов сме колеги и сме длъжници относно плановите си задачи. Е, добре, защо за другаря Каркалов не се каза, че подценява. Аз не искам да се каже това за него, защото би било неправилно, няма подценяване изпълнението на плановите задачи. Но защо при Поликаров има непременно подценяване? Това също е пресилен извод. И произволен извод. Неизпълнението е факт, но подценяването не е факт. Водят се на моя сметка три неизпълнени задачи. Двете от тях аз твърдя, че са изпълнени. Едната напечатана, а другата е под печат (...) Че не са минали през Научния съвет, кажете сега, от мен ли зависи да мене или да не мине една работа през Научния съвет. Ако от мен зависи, тогава ще имам вина, че не съм я внесъл в Научния съвет. И понеже ми се даде срок до края на януари, аз съм я представил в Института да се преведе на български език, както изявихте желание (...).

Аз си написах бележките по отчета, тъй както бих се изказал на самото събрание. Смятам, че са направени съществени пропуски, противоречия, парадокси. Аз ги нарекох със собствените им имена, така както съм ги виждал с цел да се отстранят. И аз, доколкото знам, някои са били отстранени. Имало е нещо вярно в тях. Защо това е грубо и високомерно?! А не е грубо, даже нещо повече, когато Тодор Стойчев нарича моето закъснение на планова задача "саботаж". Между саботаж и враг с партиен билет по същество, ако вие намирате разлика, аз не намирам разлика. Така че другарят Стойчев отрича старите култовски методи и това било грубо високомерие, защото аз съм си казал мнението по даден въпрос (...). Парадокс е да се казва, че тази секция работи най-лошо, а когато се изтъкват положителните страни от дейността на Института, да се цитират четири работи на тази секция. Почти половината от тези, с които Институтът излиза, така да се каже. И не е ли парадокс, че един голям том, който Институтът издаде, изобщо не е забелязан. Най-големият, който сме издавали изобщо, не е бил забелязан! Парадокс! Ние в миналото сме издавали сборници, в които участват щатни сътрудници – четири, пет души, щатни. Тези сборници с по две години закъснение се издадоха и (...) пак се отчитат за положителна проява. Тук успяхме да направим един сборник с петдесет автора, не четири и не щатни, петдесет автора (...) мислите, че е много лесно организационно да се направи такъв сборник. Та, този сборник не се забелязва. Има пропуски от такова естество, които за мене са твърде силни. И даже, сега бих прибавил и тенденциозни.

В заключение искам да резюмирам. Първо, секцията има слабости, но не е вярно, че в организационно и научно отношение тя не е имала живот. Аз твърдя, според моите данни, че тя е имала повече сбирки и е обсъдила повече работи, отколкото другите секции. Второ. Закъснял съм с една планова работа и за това съм виновен. Трето. Държа да проверим тези бележки, които направих по доклада, пункт по пункт, и да видим кои от тях не отговарят на истината и говорят за високомерие и грубост (...) Не мога да се освободя от впечатлението, че се проявява едностранчиво отношение към секцията и лично към мене, защото това не може да се нарече обективно отношение, когато една секция има двойно повече сбирки от другите, тя да е най-слабата. Не е случайно, че всяка година продукцията не се отчита, сгъстяват се краските (...) държи се педантично за нещо, за което Сергей Миронович Киров казваше – всичко по форма е правилно, по същество е издевателство (...).

А за да се разберат нещата, трябва да има контакти, разговори, а ние тука, от официалната трибуна говорим с другаря Тодор Стойчев. И накрая аз държа в Научния съвет, където другарят Тодор Стойчев е говорил, че неизпълнението на плановата ми работа било саботаж, държа да се изтегли това обвинение. Нека и той, който винаги апелира за самокритика, нека и той да прояви веднъж, да даде пример за самокритично отношение към себе си".

4. Два смислови акцента

Ще обърна внимание на два смислови слоя в изказването. Първият е наличието на противопоставяне между Азаря Поликаров и Тодор Стойчев, който е партиен секретар и автор на доклад на Партийното бюро за състоянието на научно-организационния живот на Института. Вторият момент е активната защита на Бернард Мунтян, който е член на секция "Философия и естествознание" от страна на завеждащия секцията Азаря Поликаров.

Опозицията "Азаря Поликаров – Тодор Стойчев (Партийно бюро)" е конкретизация на едно по-значително противопоставяне по това време сред българските философи. Да не забравяме, че по това време партийният секретар, партийното бюро е органът, който провежда политиката на Българската комунистическа партия, която според член 1 от Конституцията на НР България има ръководна роля.

Вторият момент от изказването на Азаря Поликаров се отнася до защитата на Бернард Мунтян. Защо е нужна подобна защита? Отговорът е, защото за т.нар. догматици Мунтян е "черната овца" в българското философско пространство. Бернард Мунтян е член на Института, който макар и да липсва в класификацията на Асен Игнатов трябва да се причисли към ревизионистите, защото той още след Априлския пленум на ЦК на БКП (1956) не се "вписва" напълно в провежданата политическа линия. От запазените записи личи, че след изнасянето на доклада някои от слушателите докладват в съответния отдел към ЦК на БКП, че Мунтян защитава постановки от типа на югославските ревизионисти. Това е времето на най-острите критики от страна на съветската пропагандна машина към политиката на СЮК. Запазен е също така запис на коментар на позицията на Б. Мунтан по повод неговото изказване за причините за култа към личността, който е образец на стилистиката, използвана от догматично мислещите философи.

5. Изказване на Стойко Попов

"(...) Имам предвид някои схващания на другаря Мунтян за култа към личността (...) За марксистите-ленинци е вън от всякаква дискусия, че култът към личността не е довел до израждане на социализма. Това положение не бе оспорвано от никого на нашия семинар. Но все пак другарят Мунтян разви някои възгледи, които по същество и в крайна сметка представляват някакво отстъпление от тази правилна оценка и въпреки всичките уговорки на другаря Мунтян обективно се схождат с някои от споменатите буржоазно-ревизионистични тълкования за култа. Аз тука нямам възможност да се спирам върху различните аспекти от изказването на другаря Мунтян. Обръщам само внимание върху следното, което на мен ми направи най-голямо впечатление. Както на други другари направиха впечатление някои други аспекти от неговото изказване, това е съвсем естествено. Търсейки обществените корени на култа към личността на Сталин, Мунтян изтъкна, че конкретните обективни условия (да не ги изброявам сега) станаха основа, върху която СССР в началото на 50-те години създаде в рамките на държавния апарат, значителен отделен слой бюрокрация не като слабост в дейността на държавния апарат (като разтакаване и пр.), а като обществена категория. Тази бюрокрация като обществена прослойка в категория град, социално, материално облагодетелствана с привилегии, големи заплати, коли и т.н. разполагала с власт и се противопоставяла на демократизирането, ограничавайки правата на народа, за да увековечи своите привилегии. Бюрокрацията, която се грижила за привилегиите си, е станала един от социалните корени на култа към Сталин. Стоян Михайлов разбрал, че е казал главен социален корен, аз разбрах един от корените. Сталин изразявал интересите на тази бюрокрация, докато интересите на работническата класа, на народа представлявал и можел да представлява Киров ... Бюрокрацията се стремяла да задържи своите привилегии, свързани с упражняването на власт и да отстрани всякакви сили, които биха могли да я заплашат. Затова тя първо ликвидира ленинските кадри в партията. После тя се разправи с втория потенциален противник – армейските (...) кадри. Така бюрокрацията начело със Сталин (...) успява да отстрани всички здрави сили, представляващи интересите на съветския народ, да ги отстрани от висшето ръководство и да попречи задълго да се демократизира общество. Според другаря Мунтян тази всемогъща бюрокрация, въпреки всичко е изграждала социализма в Съветския съюз, защото така тя си гарантирала собствените материални и други привилегии като отделна обществена прослойка. Такива бяха възгледите на другаря Мунтян, изразени на семинара. Като каза и редица други неща, съвършено верни неща. Посочените възгледи на мен ми направиха впечатление като напълно несъстоятелни и приличащи на редица ревизионистични тези. (...) За да се уверя дали точно съм го разбрал, аз зададох на другаря Мунтян на семинара следния въпрос: Според теб излиза, че в Съветският съюз по време на култа имало някакъв особен слой, бюрокрация, нещо като каста отделена от народа и противопоставена на народа. Преди още другаря Мунтян да отговори, другарят Братоев извика от мястото си: Да, именно каста!! На което Мунтян не възрази. Трябва обаче да изтъкна, че Мунтян в своя доклад не е употребил думата каста, а говореше непрекъснато за бюрокрация. (...) На другаря Стойчев също му казах, че ще се изкажа по повод тезите на Мунтян. На Научния съвет на 10 януари 1962 г. научих с голяма изненада, че другарят Мунтян е бил обект на критика на Централния комитет. Понеже на заседанието на НС се създаде атмосфера – кой е съобщил на ЦК за нашия семинар и цялата работа се сведе до някакво оклеветяване на другаря Мунтян и тъй като се каза, че въпросът ще бъде разгледан на партийно събрание, аз не взех думата. Защото щеше да се получи – ето този човек е ходил да докладва! Но там ме учуди изказването на другаря Гиндев, че на семинара имало пълно единодушие по обсъжданите въпроси, макар и да знае, че редица другари, в това число и Стоян Михалов, възразяваха на другаря Мунтян с реплики и въпроси. Стефан Василев извика от място: "Това е жонгльорство!" А и аз на семинара изрично казах на другаря Гиндев, че тия схващания

ги намирам за сходни с ревизионистическите. Дали наистина те-
зата на другаря Мунтян е близка, родствена с някои тези на югос-
лавските ревизионисти, има ли основание за това. Да направим
съпоставка. Мунтян: По време на култа към Сталин в Съветския
съюз в конкретните обективни условия се създаде бюрокрация не
като слабост на държавния апарат, а като прослойка в държавния
апарат, върхушка със съответни привилегии, заради тези приви-
легии тази бюрокрация не позволяваше демократизирането и т.н.,
и т.н. Едвар Кардел пред 7 конгрес на СЮК 1958 г.: Програмата
на СЮК не взема бюрократизма като качество на хората, макар
че съществува и като такова качества, а като качество на общест-
вените отношения в преходния период. Сега цитирам Програмата
на СЮК, страница 282. Моля другарят Мунтян внимателно да
слуша: "Обективните източници на общественото явление бю-
рокрация лежат преди всичко в слабостта на социалистическите
сили, политическата и икономическа неразвитост на страната и
свързаната с това необходимост от значителна концентрация на
власт, икономическата база от остатъците от капитализма, в на-
тиска на частнособственическата стихия, в изостаналостта на
вътрешните противоречия, в реакционния международен натиск
и т.н., и т.н... Субективните източници на бюрокрацията са в иде-
ологическата изостаналост и консерватизъм на социалистичес-
ките сили, на навиците от миналото, в изостаналостта на общес-
твеното съзнание на работническата класа, в концентрацията на
властта и в икономическите привилегии на държавния и стопан-
ски управленчески апарати. Бюрократизмът представлява голяма
опасност за социализма. Етатисткият бюрократизъм спъва разви-
тието на социалистическата демокрация и активността на социа-
листическите сили, деформира отделните социалистически об-
ществени отношения, лишавайки самата работническа класа от
много нейни права и много форми на нейната ръководна роля.

Извинявам се за дългото цитиране, но няма друг начин (...). .Програмата на СЮК обяснява и култа на личността в Съветския съюз. Цитирам пак: За идеологическото отражение на тези тенденции на бюрократизма се казва на стр. 202, говори се за явления като консерватизъм, догматизъм, етатично-прагматистка ревизия на научните положения на социализма, респ. на марксизма-ленинизма. Бюрократизмът като социална прослойка, като основа на култа на личността. Аз не искам да отъждествявам това схващане с това на другаря Мунтян, но че има лика-прилика, това е ясно за всеки. Но дори в Програмата на СЮК да са избегнати ясни и категорични постановки за бюрокрацията като някаква нова обществена прослойка или нещо подобно, защото титовци сега са принудени да се отграничават, макар и на думи, от открито ренегатските теории на Джилас за новата класа, затова в Програмата на СЮК темата за бюрократизма е доста очукана и гарнирана с някои верни мисли за някои обективни условия. Но за какво служи на ревизионистите и тяхното твърдение за бюрокрацията като привилегирована социална категория се вижда много ясно от материалите на VI конгрес на СЮК, чиято валидност е потвърдена от Ноемврийския пленум от миналата година (1961) по повод някои идеологически въпроси. Ето какво казва Тито пред VI конгрес: Какво показва от друга страна съветската практика; тя показва, че не е ликвидирана експлоатацията на работниците, защото те не управляват, а са само наемни работници, слабо платени, те нямат права при разпределението на резултатите от принадения труд, защото всичко това се взема от държавната бюрокрация под формата на огромни заплати и привилегии. В същия доклад Тито говори за всемогъщата бюрокрация, която обира каймака от всенародния труд в Съветския съюз и пр., и пр. С тази бюрокрация Тито се помъчи да оправдае откъсването на Югославия от социалистическия лагер и целия конфликт на СЮК със световното комунистическо движение начело с КПСС. Причината за конфликта, заяви той, е проста – агресивните стремежи на СССР към Югославия (...) ; по-нататък той обяснява, че там, в СССР, се е стигнало до обезправяване на широките народни маси, загубване на придобивките, а навън се изразява в експанзия и сфери на влияние. И сега, от къде идва всичко това? Всичко това е последица от курса, който Сталин въведе от 30-те години насам, когато вместо все по-голямо разширяване правата на работническата класа, той се опираше върху държавния апарат, който особено от началото на индустриализацията, стана не слуга, а неин господар. Както се вижда, югославските ревизионисти открито и нагло клеветяха СССР, като развиха теорията за неговото израждане, като за целта използваха единствен аргумент – измислената от тях бюрокрация, при това те само правеха логични изводи от тезата за бюрокрацията като обособена социална прослойка. По-късно югославските ревизионисти бяха принудени да се изразяват по-осторожно относно израждането на социалистическата система в Съветския съюз, но теоретичната основа на тази клевета е идеята за бюрокрацията, която те запазиха напълно и вписаха в програмата на СЮК. Идеята за бюрократите тези дни се подхвърля във вестник "Борба" (февруари 1962) в статия на Баялски за България. След като цитира думите на другаря Живков, че в България все още се намират отделни хора, заразени от бацила на култа към личността, Баялски пита: Може би носители на бацила са бюрократите, които системата създаде. Тези дни съвсем случайно ми попадна и някакъв бюлетин, който се съхранява в Народната библиотека (специалния отдел), озаглавен "Свободен народ", наречен орган на Социалдемократическата партия в изгнание, издаван от реакционни емигранти във Виена; в бр. 10, 1961 г. се твърди, че в България господства партийната, военната и гражданска бюрокрация (...)" .

6. Коментар

В това изказване ясно личи ситуацията през 1962 г. в *Института по философия* –   различните зависимости, начинът на аргументация, как се използват различни оценки, позиции, постановки за придобиване на власт – административна, символна, силова и т.н. Обвиненията към Мунтян в ревизионизъм, сходен с този на югославските ревизионисти и по-специално с този на М. Джилас (книгата на Джилас "Новата класа" излиза през 1957 г.) са причина за реакцията на Азаря Поликаров, който защитава колегата.

Азаря Поликаров с изказването си не само демонстрира своята т.нар. ревизионистична позиция, но и продължава линията на несъгласие с различни постановки на догматиците и преди всичко на Тодор Павлов. Той под различни форми критикува хипотезата на Тодор Павлов за отражението, като посочва факти, които опровергават твърдението за всеобщата му валидност. Ето защо „хипотезата" на Ленин за свойство подобно на усещането може да се допусне само в органичната и жива материя (Поликаров 1961:155).

Азаря Поликаров „дразни" т.нар. "догматици" не само с критиката си на тезите на корифея на диалектическия материализъм по това време Тодор Павлов, но и с акцента, който поставя по повод на едно изказване на Енгелс в „Диалектика на природата", а именно: както материята е вечна, така вечни са и нейните атрибути, и доколкото съзнанието е „продукт" от развитието на определен вид материя, следва, че и то е вечно. Асен Игнатов подчертава, че този тезис на Поликаров е „ревизия" както на диалектиката, така и на материализма (Ignatov 65-66).

През м. април 1961 г. се провежда научна конференция, посветена на критиката на т.нар. „съвременна буржоазна философия". Основните доклади са публикувани в сп. *Философска мисъл* (1961, кн. 4). На тази конференция Азаря Поликаров акцентира върху ефективността на вътрешната, иманентна, логична и фактически точна критика, а не на външната, в която се включва и класово-партийната критика. Именно поради това е обвинен в „идеологически грешки". На следващата година (1962) излиза статията на Кирил Делев-Дарковски, която по принцип подкрепя тезата на Поликаров за диференцирана критика на т.нар. буржоазна философия. Той дава пример с оценката на схващанията на Ж.-П. Сартр. Характеризирането на неговите философски позиции като „буржоазни" от страна на философите-марксисти е резултат на груб и схематичен класов анализ, защото нито философските, нито политическите му убеждения и нагласи съответстват на такава класификация.

Заключение

Изказването на Азаря Поликаров, по-конкретно противопоставянето му на Тодор Стойчев, от една страна, и защитата на Бернард Мунтян, от друга, е пример за конкретния релеф на начина, по който т.нар. "ревизионисти" се противопоставят на философите-догматици. Повечето от изброените от Асен Игнатов догматици, освен високите научни звания и степени, имат и силни политико-административни позиции. Това прави критикуването им доста рисковано. Подробното изследване на жизнената и научна биография на Азаря Поликаров показва трудностите, които т.нар. догматици му създават.

Философското поведение на Азаря Поликаров е илюстрация на процеса на десталинизация в сферата на обществознанието в България и показва конкретните форми на вътрешната идейна трансформация на българските марксисти. Много характерни са мненията на реалните участници в процесите, извършващи се в сферата на българската философия и социология през 60-те години на XX в. М. Семов: "Нашето общество само се хвалеше, че прилага марксизма. (...) По-вярно е друго, нещо, което Франкфуртският институт за Източна Европа още тогава усети. Имам предвид факти като този, че д-р Волфганг Ошлиц, той е жив и здрав, приятел на нашия приятел Асен Игнатов, още тогава в предаванията на "Свободна Европа", на "Дойче веле" пускаше материали, в които споменаваше нашите имена. Ние много се притеснявахме, че заради това ще закрият и сп. *Младеж*", и *Центъра*. Той споменаваше нашите имена като публикации, които разрушават научния комунизъм и догматическия социализъм. Разрушават! И беше прав. Действително тези публикации разрушаваха сталинистките, догматичните представи. Нашата борба беше срещу догматизма (...)" (Колева и др. 2012: 88); За Захари Стайков "марксизмът (...) беше скопен. Тук е цялата, така да се каже, идиотщина и недоразумение историческо – че в името на Маркс се прави това, което Маркс изобщо отрича (...)" (Колева и др. 2012: 120); Стефан Дончев: "(...) Виж какво, да, в повечето книги има едно "Алелуя", Маркс, Енгелс, Ленин трябва да бъдат споменати. Но отделно нещо са самите анализи на емпиричните факти и тяхната интерпретация (...) марксизмът беше държавна идеология до 1956 г. за Тодор-Павловци и неговото течение (...). Фактически трябва да излизаш, под шапката на марксизма (...) Туй, което се наричаше марксизъм при нас, това не е Маркс. Има 20 вида марксизъм (...) Марксизмът е идеологизиран в Русия и се пренася, но дълго време няма почва, а от 60-те години сталинистката идеология започва да се разпада" (Колева и др. 2012: 133).

Изказването на Азаря Поликаров може да служи и като тест за верността на въведената от Асен Игнатов класификация на българските философи през 60-те години на XX в., а именно на догматици и ревизионисти. Предстояща задача е да се изследва българската философска история от втората половина на XX в. през призмата на тази опозиция, защото тя пронизва целия столичен философски живот през този период.

Литература

Баева, И. 1995. *Източна Европа след Сталин 1953-1956. Полша, Унгария, България и Чехословащия.* София: УИ „Св. Климент Охридски".

Десталинизацията. 2013. *Дилемата на едно противоречиво десетилетие. 1953-1964.* София: ДА „Архиви".

Бънков, А. 1943. *Принос към историята на българската философска мисъл.* София.

Ирибаджаков, Н. 1959. Относно съюза на диалектическия материализъм с различните форми на материализма в съвременното естествознание за борбата против идеалистическата философия // *Философска мисъл,* № 6.

Ирибаджаков, Н. 1960a. Нужна е повече логика и още нещо // *Философска мисъл,* кн. 3, 1960, 63-80.

Ирибаджаков, Н. 1960b. За марксистко-ленинската трактовка на философските проблем и на биологията // *Философска мисъл,* кн. 5, 53-66.

Игнатов, А. 1969. *Тъга и порив на епохата.* София: Български писател.

Игнатов, А. 1997. Предговор. В: Боянов, Сл. 1997. *Защита на човешките права.* София: Фама.

Игнатов, А. 2020. *Структура на историческото познание.* София: Изток-Запад.

Гончарова, Г. 2014. Интервю с Жельо Желев. *Академичният (Under)ground 1981-1989* // *Пирон,* Брой 8, https://piron.culturecenter-su.org/интервю-с-желю-желев/

Желев, Ж. *Против сталинистката система в политическия и духовния живот на България.* - http://prehod.omda.bg/ 12 page.php?tittle.

Желев, Ж. 2010. *Определението на материята и съвременното естествознание. 1965.* София: ОМДА - http://prehod.omda.bg/

Колева, Св. и др. (Съст.) 2012. *Социологията в България през погледа на поколенията. (Интервюта с българските социолози).* София-Москва: Pensoft.

Панчев, И. 1959. Някои методологически въпроси на биологията // *Философска мисъл*, № 6, 68-75.

Поликаров, А. 1961. *Материя и познание.* София: Издателство на БАН.

Ignatow, A. 1976. Philosophie der Arrieregarde: Die Auseinandersetzungen zwischen Dogmatikern und Revisionisten in Bulgarien // Source: *Studies in Soviet Thought*, Vol. 16, No. 1/2 (Jun.), 27-66.

Лилия Гурова

ПРОЛИФЕРАЦИЯ И СИНТЕЗ В СЪВРЕМЕННАТА ФИЛОСОФИЯ НА НАУКАТА: ДИСКУСИИТЕ ВЪРХУ ФАКТИЧНОСТТА НА РАЗБИРАНЕТО

1. Въведение

Азаря Поликаров (1921 – 2000 г.) е безспорно една от най-ярките фигури на сцената на българската философия във втората половина на 20 век. Получил международно признание приживе[1], във време, когато Студената война хвърля тежката си сянка и върху привидно стоящата далеч от политиката философия на науката (Reisch 2005), той е философът, за когото Робърт Коен, основал Центъра по философия и история на науката към Бостънския университет и дългогодишен редактор на поредицата *Boston Studies in the Philosophy of Science,* ще напише: „През многото различни в политическо, икономическо и културно отношение периоди в България той запази своята рационална човечност и научно любопитство. Той бе прекрасен учител и завършен критичен философ, изследващ концептуалните и исторически превратности във физиката в модерните времена, както и научните политики, които подкрепят или заплашват човешкия живот през тези десетилетия" (Cohen 1997: ix).

Азаря Поликаров оставя завидно по обем философско наследство (26 книги и над 400 други публикации на български, руски, немски, френски, английски и други езици), в което се разглеждат въпроси, простиращи се от теория на познанието и

---

[1] Поликаров е най-цитираният на Запад сред българските философи, които живеят и работят в България във втората половина на 20 в. Той е и единственият от това поколение български философи, за когото е издаден „*Festschrift*" (по случай неговата 75 годишнина) в престижно западно издателство – виж (Ginev & Cohen 1997).

научна метафизика до философия на физиката и обща методология на науката, както и история на науката.

Сред своите приноси към общата методология на науката Поликаров поставя на първо място т. нар. дивергентно-конвергентен подход към решаването на научни проблеми. Самата идея, която стои в основата на този подход не е нова, тя може да бъде проследена назад във времето до известното Декартово „правило на метода", изискващо „да се съставят винаги така пълни изброявания и така общи обзори, че да съществува увереност в отсъствието на пропуски" (цит. по Поликаров 1963: 2). Поликаров развива привидно тривиалното Декартово правило в подход в своята дисертация за получаване на научната степен „доктор на философските науки". Темата на дисертацията е *„Относителност и кванти (Философски проблеми на съвременната физика)"* и тя е защитена, след като книга със сходно заглавие и съдържание вече е публикувана и получила своите първи отзиви. В книгата *„Относителност и кванти"* (Поликаров 1963), която Поликаров определя като „написана от физик за физиците"[2], са представени и обсъдени в духа на Декартовото правило на метода девет от най-важните философски проблеми на физиката, така както те са осъзнавани в средата на миналия век. Сред тези проблеми са въпросите, свързани с тълкуването на физическите теории, относителността на движението, еквивалентността на енергия и маса, т. нар. „топлинна смърт" на Вселената, концепцията за допълнителност в квантовата механика, „закона" за причинността във физи-

---

[2] Поликаров изглежда е провокиран да определи книгата си по този начин от едно изказване на съветския физик - академик Сергей Вавилов, според което „у нас почти няма книги по философските въпроси на физиката, написани от физици за физиците" (цит. по Поликаров 1963: 2). Вероятно поради тази си особеност книгата е преведена на руски и публикувана в Москва три години след излизането ѝ на български език.

ката и др. За всеки един от тези проблеми Поликаров изчерпателно представя всички налични предложения за решения, анализира техните предимства и недостатъци, за да пристъпи след това, въз основата на направения анализ, към избор на най-перспективното решение. Оказва се обаче, че най-доброто решение не винаги е сред наличните в полето на възможните решения. Това налага да се предложи синтез на част от тези решения[3].

Поликаров работи върху усъвършенстването на дивергетно-конвергентния подход до края на живота си, като почти четвърт век след „*Относителност и кванти*", той публикува систематично изложение на този подход, съпроводено с разнообразни илюстрации на неговите възможни приложения, в „*Ориентиране в методологията на науката. Дивергентно-конвергентният подход*" (Поликаров 1987). Както вече беше посочено, в основата на дивергентно-конвергентния подход е заложена идеята за систематично търсене на решение на даден проблем, което включва две фази: (1) първоначално съставяне на поле на възможните решения (фаза на дивергенция) и (2) последваща редукция на това поле (фаза на конвергенция), с цел открояване на най-доброто решение. Така, както го вижда Поликаров, дивергентно-конвергентният подход може да бъде прилаган не само като евристично средство за разрешаване на актуални проблеми, но също и като схема за реконструкция на епизоди от историята на науката и философията (Поликаров 1999). В свои по-късни (и по-малко известни на българската публика) публикации (Polikarov

---

[3] Съзнателен синтез на съществуващи решения Поликаров прилага към проблемите за тълкуването на еквивалентността на маса и енергия и на причинността във физиката. Недостатъците на съществуващите схващания в тези два случая той вижда в използването на „недостатъчно определени понятия" и съответно идеята за синтез на тези схващания свързва с възприемането на концептуален заместител на изходните понятия.

1998, Polikarov 2003), Поликаров въвежда и обръща специално внимание на понятията „пролиферация" и „синтез", които постепенно изместват говоренето за „дивергенция" и „конвергенция". Поликаров не гледа на тази промяна в употребата на основните понятия като на радикално преформулиране на дивергентно-конвергентния подход. За него въвеждането на „пролиферация" и „синтез" е свързано по-скоро с конкретизация в развитието на подхода. Пролиферацията, според Поликаров, е процес, обслужващ основната цел – съставяне на поле на възможните решения във фазата на дивергенция. Синтезът от друга страна е основна стратегия за постигане на най-доброто решение във фазата на конвергенция тогава, когато то не е налично в полето от възможни решения. Може да се спори дали изместването на фокуса върху пролиферацията и синтеза е свързано с радикална промяна в прилагането на дивергентно-конвергентния подход или е само конкретизация на този подход. Тук този въпрос ще бъде оставен настрана, защото по-важното в случая е, че примерите, с които Поликаров илюстрира фазите на пролиферация и синтез във философията и науката показват, че той допуска пролиферацията да възниква и спонтанно (и на практика тя често възниква тъкмо така, в търсенето на по-добро решение на даден проблем), но синтезът според него никога не е спонтанен. Синтезът според Поликаров винаги е съзнателно търсено решение тогава, когато анализът на полето от възможни решения показва, че най-доброто решение не е в това поле. Заявената асиметрия между пролиферация и синтез по отношение на възможността те да възникват спонтанно, следвайки естествената логика на развитие на научните идеи, поражда множество въпроси. Един от тях е следният: Не е ли възможно, например, самата пролиферация да създава проблеми, опитите за справяне с които да водят до синтез, който не е съзнателно търсен? Настоящата статия има за цел да покаже, че тенденции към синтез възникват и без последният да е преследван като цел. Като пример е използван един фрагмент от дискусиите за „фактичността" на разбирането в съвременната философия на науката, представен в следващата част на статията. Внимателното проследяване на тези дискусии разкрива как след първоначална пролиферация и строго противопоставяне на позициите по въпроса за връзката между истина и разбиране, се заражда тенденция към синтез, който не е съзнателно търсен, а е по-скоро страничен (но потенциално важен) резултат от опитите на конфронтиращите се страни да решават собствените проблеми, с които се сблъскват. В третата част на статията е изложена една синтетична теория за разбирането, която изглежда логичен завършек на тенденцията към сближаване на първоначално противоположните „фактивистки" и „нефактивистки" позиции по въпроса за връзката между разбиране и истина. В заключителната част на статията са обобщени основните изводи, до които водят размишленията, изложени в предходните части.

2. Споровете за фактичността на разбирането

Докъм последната четвърт на 20-тото столетие разбирането не е обект на специално внимание от страна на философите на науката и представителите на аналитично ориентираната теория на познанието[4]. Причините за това са много и различни, но главната сред тях може би е свързана с обстоятелството, че по онова време разбирането се схваща основно като „психологически" процес, който автоматично следва (или съпътства) едно добро обяснение (Hempel 1965) или пък има за резултат знание, което именно представлява познавателна ценност и заслужава

---

[4] За това свидетелства и фактът, че в справочните издания по епистемология, публикувани миналият век, липсват статии, посветени на разбирането – виж например (Dancy & Sosa 1992).

да бъде обект на анализ (Popper 1972), за разлика от процеса, който води до това знание. В края на миналия век обаче, и особено в началото на настоящия, ситуацията се променя. Първоначално в епистемологията (Zagrebski 2001, Elgin 2004, Elgin 2009), а малко след това паралелно и независимо и във философията на науката (de Regt & Dieks 2005, Bokulich 2008, de Regt 2009), се чуват все повече гласове в подкрепа на тезата, че разбирането не е „познавателно безинтересен", чисто психологически процес. В подкрепа на тази теза се привеждат от една страна изказвания на известни учени, които показват, че те ясно разграничават знание и разбиране, като приписват познавателна ценност и на двете, а някои дори в по-голяма степен на разбирането[5]. От друга страна, се привеждат анализи, които демонстрират, че поне в някои случаи, разбирането не може да бъде сведено до знание, а представлява самостоятелно „когнитивно постижение" (Elgin 2004). Така се слага началото на една от най-интересните и оживени дискусии в съвременната аналитична епистемология и философия на науката – тази за връзката между знание и разбиране или както по-често е наричана през последните години – за „фактичността" на разбирането (Elgin 2004, de Regt 2015, Rice 2016, Bangu 2017, Lawler 2021).

От самото начално в дискусията се обособяват два лагера, които схващат своите позиции като противоположни. Т. нар. „фактивисти" (Kvanvig 2003, Grimm 2006, Strevens 2008, Mizrahi 2012, Psillos 2017, Khalifa 2017) настояват, че без знание няма

---

[5] Айнщайн, например, в своя предговор към английското издание на *Диалог за двете главни системи на света* (1953 г.), заявява следното по отношение на Галилей: „Неговите усилия са били насочени не толкова да се стигне до „знание", колкото до „разбиране". Но да се разбира – това не е нищо друго, освен да се правят изводи от вече приети логически системи." (Айнщайн 1984: 51).

разбиране, докато нефактивистите (Elgin 2004, Bokulich 2008, Riggs 2009, de Regt 2015, de Regt & Gijsbers 2017, Potochnik 2017) твърдят, че истинността, която е основна характеристика на знанието, не е нито необходимо, нито достатъчно условие за наличието на разбиране. Основният проблем, с който се сблъскват фактивистите, е свързан с това, че за тях е трудно да предложат убедителен отговор на въпросите как отхвърлени като погрешни теории, противоречиви теории или непропозиционални репрезентации като диаграми, карти, материални модели и др., към които не може да бъде приложено традиционното понятие за истина, носят, по общо признание, разбиране на субектите, използващи тези теории (или по-общо, репрезентации), за осмисляне на интересуващия ги обект. В допълнение, някои носещи разбиране репрезентации съдържат откровени фикции (идеализации, абстракции), които не са знание, но без които съответните репрезентации не биха носели разбирането, което те, отново по общо признание, са способни да ни дадат.

Основният проблем пред нефактивистите, отричащи да има съществена връзка между истинност и разбиране, е да обяснят защо не всяка произволна измислица е способна да ни носи разбиране. И фактивистите, и нефактивистите са наясно със своите проблеми и полагат усилия за тяхното решаване, използвайки различни стратегии. Фактивистите, определяйки себе си все по-често и като „квазифактивисти" (Khalifa 2017), се стремят да разширят обема на понятието за знание така, че то да стане приложимо и към нелингвистичните репрезентации (диаграми, карти, физически модели и др.), както и към опровергаваните теории и към моделите, съдържащи фикции. Нефактивистите от своя страна се опитват да заменят фактисткото изискване за истинност с друго условие, което се удовлетворява от носещите разбиране репрезентации, но не и от измислиците, които не носят разбиране. Интересното е, че тези две на пръв поглед различни стратегии, мотивирани от различни цели, водят до сближаване на позициите на някои представители на двата лагера, както ще бъде показано след малко.

2.1 Разшиеното понятие за знание на Карим Халифа

В книгата си „*Разбиране, обяснение и научно знание*" (2017) Карим Халифа предприема мащабен опит да защити „заварения възглед", според който разбирането на едно явление, или на какъвто и да е друг обект, не е нищо по-различно от това да имаме обяснение на това явление или обект, което обяснение е вид знание. Казано по друг начин, това е възгледът, според който „разбирам P" може да бъде заменено със „знам защо P", без загуба на смисъл. Мащабната защита на този възглед, която предлага Халифа, включва критика на всички основни аргументи срещу фактивизма, сред които е и споменатото по-горе посочване, че репрезентациите, съдържащи идеализации, т.е. неистинни елементи, няма как да бъдат третирани като знание[6]. Представен схематично, и съответно опростено, този аргумент изглежда така:

- Някои съдържащи идеализации репрезентации носят разбиране.
- Всички съдържащи идеализации репрезентации са погрешни.

---

[6] Във философията на науката е прието „идеализации" да се наричат допускания, за които се знае, че не са истинни. Такова е например допускането, че молекулите на един идеален газ не взаимодействат помежду си, но оказват натиск върху стените на съда, който съдържа такъв газ. Някои автори определят репрезентациите, съдържащи идеализации, като „фикции" – виж (Frigg & Hartmann 2020).

Следователно,

- Някои погрешни репрезентации носят разбиране.

За да се справи с този аргумент, Халифа предлага едно „разширение" на класическото понятие за знание, което схваща знанието като обосновано истинно вярване. Според класическото схващане, субектът X има право да твърди, че знае P, ако (а) P е истина, (б) X вярва, че P е истина и (в) X има основания да вярва, че P е истина. „Разширението", което предлага Халифа, предполага заместване на вярването с „приемане", а на истинността с „ефективност". По този начин, приемайки това разширение, ние вече имаме право да твърдим, че X знае P, ако (а) P е *ефективно*, т.е. „научно приемливо", (б) X *приема*, че P е ефективно и (в) X има основания да приеме, че P е ефективно.

Не е трудно да се съобрази, че това разширено понятие за знание позволява да причислим към знанието и репрезентациите, съдържащи фикции, ако тези фикции са научно приемливи, т.е. ефективни, както и приетите в миналото, но днес отхвърлени като погрешни, теории като теориите за флогистона, за флуидната природа на електричеството и др. Халифа обвързва ефективността (научната приемливост) на една репрезентация с възможността с нейна помощ да бъдат предсказани нови явления, да бъдат намерени отговори на интересни въпроси „защо" (т.е. обяснения) и да бъде осъществен успешен контрол върху обекта, към който отнасяме въпросната репрезентация. Доколкото повечето модели, съдържащи идеализации, за които е прието да смятаме, че носят разбиране, са наистина ефективни в описания по-горе смисъл, разширеното понятие за знание, което предлага Халифа, изглежда че наистина се справя с аргументите на нефактивистите, разчитащи на примери, в които се обсъждат такива модели.

Важното в случая обаче е да не забравяме, че разшироното понятие за знание на Халифа свързва свойството на една репрезентация да носи разбиране директно с нейната ефективност, т.е. с възможността репрезентацията да бъде използвана за конструирането на обяснения и предсказания, както и за осъществяване на ефективен контрол върху репрезентирания обект. Тази директна връзка между ефективността на една репрезентация и разбирането, което тя е в състояние да предостави, се запазва и когато не разглеждаме въпросната ефективност като характеристика на някакво разширено понятие за знание. Към този извод и към въпроса защо той е важен ще се върнем отново, след като преди това разгледаме стратегията на нефактивистите Хенк де Регт и Виктор Гижсберс за справяне с проблема, пред който ги изправя питането защо не всички фикции са в състояние да носят разбиране.

2.2 Условието за ефективност на де Регт и Гижсберс

Оказва се, че не само фактивистите решават своите проблеми, като свързват свойството на една репрезентация да носи разбиране с нейната ефективност. Неочаквано за онези, които приемат сериозно противопоставянето между двата лагера, подобен ход предприемат и видни нефактивисти като Хенк де Регт и Виктор Гижсберс (de Regt & Gijsbers 2017). Интересното е, че де Регт и Гижсберс също предлагат понятието „ефективност" като успешен заместител на „истинност". По-точно, тяхното предложение е условието за истинност, на което според тях фактивистите смятат, че трябва да отговаря една репрезентация, за да носи разбиране, да бъде заменено с „условие за ефективност". Под ефективност де Регт и Гижсберс разбират нещо твърде сходно на това, което разбира и Халифа. Защо сме склонни да признаем днес, че погрешни теории като Нютоновата теория за гравитаци-

ята, теорията за флогистона и теориите, разглеждащи електричес-
твото като флуид, все пак ни носят разбиране за явленията, които
описват, а други погрешни теории като астрологията или „анге-
лологията[7]“ (теорията, според която планетите се привеждат в
движение от ангели, чиято работа е да правят точно това) не ни
носят разбиране? Краткият отговор, който дават де Регт и
Гижсберс е следният: първата група теории изпълняват услови-
ето за ефективност, докато теориите от втората група не удовлет-
воряват това условие. Една теория, според де Регт и Гижсберс,
удовлетворява условието за ефективност, когато тя води до (а)
коректни предсказания, или (б) плодотворни идеи за бъдещи из-
следвания, или (в) важни практически приложения. Теорията за
флогистона например, според която едни материали горят по-
лесно от други, защото съдържат по-голямо количество от хипо-
тетичното горливо вещество, наречено „флогистон“, макар и от-
хвърлена днес като напълно погрешна, все пак носи някакво раз-
биране за естеството на процесите, които описва, защото позво-
лява от нея да бъдат изведени коректни предсказания и защото
вдъхновява изследвания, довели до важни открития. Теорията за
флогистона коректно предсказва съществуване на връзка между
феноменологично различните процеси на горене и патинация
(покриване с ръжда), свързвайки и двата процеса с присъствието
на флогистон. Тя също вдъхновява провеждането на експери-
менти, които в крайна сметка водят до откриването на кислорода
(през 1744 г. от Джоузеф Пристли) и на водорода (през 1766 от
Хенри Кавендиш). Нищо подобно не може да бъде казано за аст-
рологията или „ангелологията“. Тези теории не са довели до ко-
ректни предсказания на нови връзки или явления, нито са вдъх-
новили експерименти, завършили с важни открития. Тези теории

---

[7] За разлика от астрологията, „ангелологията“ не е реално предлагана
теория. Тя е измислена от де Регт и Гижсберс за целите на техния аргу-
мент.

нямат и практически приложения, ако стесним кръга на практическите приложения до онези, които водят до промяна на обектите на теориите в желана посока. Последното уточнение на смисъла на „практическо приложение" е важно да бъде направено, защото то оставя извън обема на това понятие използването например на астрологията за забавление или за реализиране на печалби от авторите на астрологически „прогнози", тъй като и в двата случая не става дума за въздействие върху описваните от астрологията обекти.

2.1. Сравнение на фактивистките и нефактивистките употреби на „ефективност"

Сближаването на позициите на фактивистите и нефактивистите по отношение на разбирането, което се демонстрира чрез използването на общ заместител на „истинност" – понятието за ефективност, се вижда най-добре, когато се сравнят техните интерпретации в контекста на конкретен пример. Да разгледаме в качеството на такъв пример закона за идеалния газ. Формулиран за пръв път от Емил Клапейрон през 1834 г. като обобщение на емпирично установените закони на Робърт Бойл, Жак Александър Сезар Шарл, Амедео Авогадро и Жозеф-Луи Гей-Люсак, този закон гласи, че произведението на обема V на някакво количество газ, намиращо се в затворен съд и налягането P, което това количество газ упражнява върху стените на съда, е пропорционално на броя на молекулите на газа n, съдържащи се в затворения съд, и на неговата абсолютна температура T,

$$P.V = n.R.T$$

където R е т. нар. константа на идеалния газ.

По-късно, през 1872 г., законът за идеалния газ е изведен теоретично от Лудвиг Болцман от принципите на създадената от него кинетична теория на газовете, като това извеждане става възможно благодарение на следните опростяващи допускания по отношение на молекулите, съставляващи идеалния газ: тези молекули (а) нямат обем и (б) са идеално еластични и упражняват налягане върху стените на съда, но не се сблъскват и не взаимодействат помежду си. Тези допускания са буквално грешни по отношение на всеки реален газ, но независимо от това, заедно с принципите на кинетичната теория на газовете, те ни помагат да разберем поведението на реалните газове в затворени пространства като функция на обема, налягането, броя на молекулите и абсолютната температура на газа.

И фактивистите като Халифа, и нефактивистите като де Регт и Гижсберс, са съгласни, че допусканията по отношение на свойствата на молекулите на идеалния газ са погрешни, но също така са съгласни, че въпреки своята погрешност, тези допускания, заедно с кинетичната теория на газовете, ни носят разбиране за реални феномени в поведението на газовете. Това е така, защото допусканията, на базата на които е изведен закона за идеалния газ, правят възможно извеждането на коректни предсказания за поведението на газовете в затворени съдове, а коректните предсказания от своя страна позволяват ефективен контрол на това поведение и използването на знанието, което те ни предоставят в практически приложения[8]. На фона на демонстрираното единодушие от фактивисти и нефактивисти по отношение на ефективността на репрезентациите и връзката на тази ефективност с разбирането, всички останали разлики в техните интерпретации, например по отношение на това представляват ли знание допусканията, съдържащи идеализации, изглеждат наистина маловажни, а споровете около тях – непродуктивни.

---

[8] Типичен пример на такова приложение са съдовете за готвене под налягане.

В следващата част на тази статия ще бъде показано как би могла да изглежда една синтетична теория на разбирането, основана на инференциалистки анализ на понятието за ефективност, употребата на което сближава първоначално противоположните позиции на фактивистите и нефактивистите по отношение на разбирането.

3. Ефективност и извод

В основата на предлаганата инференциалистка теория за разбирането, за която ще покажем, че успешно синтезира традиционно противопоставяните фактивистки и нефактивистки възгледи, стои следният прост аргумент: ако приемем, че (а) необходимо условие за това една репрезентация да носи разбиране е тя да бъде „ефективна"; и (б) ефективността на репрезентацията е съществено свързана с изводите, които тя ни позволява да правим; то трябва да приемем също и че (в) способността на една репрезентация да носи разбиране е свързана с нейното инференциално съдържание, като инференциалното съдържание на една репрезентация се формира от изводите, които тази репрезентация позволява да направим.

За да покажем, че предлаганата инференциалистка теория за разбирането, чиято същност се свежда до твърдението (в), представлява успешен синтез на фактивистките и нефактивистките теории за разбирането, трябва да покажем, че тези теории са съвместими не само с предпоставката (а), което техните привърженици не отричат, но и че проявите на ефективност, които се разглеждат от двете теории (и които на пръв поглед поне съвпадат само частично), са съществено свързани с инференциалното съдържание на репрезентациите, за които се твърди че са ефективни и съответно носещи разбиране. Казано по друг начин, трябва да успеем да покажем, че и предпоставката (б) в аргумента, водещ до инференциалисткото схващане за разбирането, е съвместима както с фактивистките, така и с нефактивистките представи за разбиране.

В това, което следва, ще разгледаме последователно как различните прояви на ефективност, посочени от Халифа (Khalifa 2017) и де Регт и Гижсберс (de Regt & Gijsbers 2017) като условие за това репрезентациите, които имат такива прояви да носят разбиране, съществено зависят от изводите, които репрезентациите, свързани с тези прояви, ни позволяват да правим.

3.1.   Предсказание и извод

Както беше показано в част 2, и квазифактивистът Халифа, и нефактивистите де Регт и Гижсберс, свързват ефективността на една носеща разбиране репрезентация с нейното успешно използване за генериране на коректни предсказания. Теорията на Нютон за гравитацията например, ни позволява успешно да предскажем, че на Сатурн един човек би тежал около 100 пъти повече, отколкото на Земята, и съответно не би могъл да се придвижва по повърхността на тази планета без специални технически приспособления. Нютоновата теория ни позволява да направим това коректно предсказание въпреки, че тя се основава на грешното (според съвременните представи) допускане, че гравитацията е „сила“. Аналогично, законът за идеалния газ ни позволява да предскажем по какъв точно начин с увеличаването на температурата на един газ в затворен контейнер ще увеличим и налягането, което този газ упражнява върху стените на контейнера, въпреки че този закон е изведен теоретично на базата на грешни допускания за характеристиките на газовите молекули (нулев обем, липса на взаимодействие между тях и др.). Айнщайновата теория на относителността предсказва т. нар. гравитационно „червено отместване" и съответно предлага определено разбиране на този феномен. Не е трудно да се види, че предсказанията от посочените примери, както и много други предсказания, са на практика изводи, в които предсказващата теория участва като предпоставка. Не всички предсказания обаче са от този тип. Например, теорията за еволюцията (в съвременните ѝ варианти – виж напр. Kimura 1968) позволява да предположим, че вирус, притежаващ определени характеристики, при определени условия може да увеличи своята вирулентност. Това по същество е предсказание на теорията, но мнозина оспорват характера му на извод, вероятно защото това, което се предсказва не е конкретно събитие или състояние, а *възможност* за настъпването на такова събитие или състояние. Затова, въпреки че влиятелни в миналото автори като Хемпел са свеждали предсказанията до логически или математически изводи, съвременният „заварен възглед" в областта е, че предсказанията се „генерират" на базата на предсказващата теория (или модел, или каквато и да е друга репрезентация), а не се извеждат непосредствено от нея. По думите на Хедър Дъглас, процесът на генериране на едно предсказание може да бъде логически, но не е задължително той да е такъв (Douglas, 2009). Все пак е уместно да се отбележи, че разграничаването на извеждане на предсказание от генериране на предсказание в повечето случаи изглежда изкуствено. Такова е и противопоставянето на изводите за настъпването на определени събития и изводите за *възможност* да настъпят такива събития. Едно по-общо понятие за извод, включващо наред с дедуктивните и индуктивни изводи и т. нар. „материални" изводи[9], би способствало за преодоляването на посоченото изкуствено разграничение и в края на тази част ще бъдат

---

[9] Това са изводите, които са валидни не по силата на някакво логическо правило, гарантиращо истинност на заключението при истинни пред-

обобщени преимуществата, които дава възприемането на един по-общ инференциалистки подход.

3.2. *Плодотворни идеи за бъдещи изследвания и извод*

Като белег за ефективност на една научна репрезентация (теория, модел или др.) де Регт и Гижсберс (2017) посочват нейната способност да провокира интересни и продуктивни идеи за бъдещи изследвания. Когато погледнем примерите, с които двамата автори илюстрират това качество на репрезентациите обаче, виждаме, че подсказаните от дадена репрезентация идеи за изследвания са по същество предсказания, изведени от или „генерирани" на базата на тази репрезентация. Например, експериментите на Джоузеф Пристли (1744 г.) и Хенри Кавендиш (1766 г.), които водят до изолирането на химичните елементи кислород и водород (за които вече стана дума в 2.2.), са вдъхновени от предсказания на флогистоновата теория, която в средата на 18 в. е основната теория, в контекста на която са осмисляни явления като горенето и патинацията (покриването с ръжда). През 2019 г., непосредствено след края на Първата световна война, британският астроном Артър Едингтън предприема експедиция в Африка, за да наблюдава слънчевото затъмнение на 29.05.1919 г. и измери отместването на излъчваната от звездите светлина, дължащо се на гравитационното въздействие на Слънцето. Целта на неговите наблюдения е да се потвърди (или отхвърли) конкретната стойност на това отместване, предсказана от Айнщайновата Обща те-

---

поставки (каквито са дедуктивните правила за извод), а по силата на някакъв факт. (Един пример на материален извод е следният: Варна се намира на север от Бургас, следователно, Бургас се намира на юг от Варна.) На материалните изводи обръща за пръв път внимание Селърс в (Sellars 1953).

ория на относителността. Резултатите от тези наблюдения, съвпадащи удивително точно с предсказанията на теорията на Айнщайн, се възприемат поради този факт като първото експериментално потвърждение на теорията. Предсказването на гравитационното червено отместване на базата на същата теория вдъхновява цяло поколение физици и астрономи да търсят този ефект в наземни експерименти и астрономически наблюдения. След нееднозначно приетите от научната общност първи съобщения за неговото откриване от Адамс през 1925 г., ефектът е прецизно измерен и така окончателно потвърден през 50-те години на миналия век[10].

Трудно е да си представим идея за изследване, породена от някаква теория, която да не е едновременно с това директно или косвено (с участието на други теории или допълнителни допускания) предсказание на теорията. И доколкото предсказанията на една теория (модел или каквато и да е друга научна репрезентация) са сводими, както вече показахме в 3.1. до изводи, включващи не само логически валидни, но и материално валидни изводи, същото можем да кажем и за плодотворните идеи, генерирани с помощта на една теория.

3.3. Практически приложения и извод

Подобно на идеите за бъдещи изследвания, разгледани в 3.2., практическите приложения на една теория (модел или друга репрезентация) са също немислими без участието на изводи, от които теорията е важна част. Практическите приложения на класическата Нютонова механика са неизброими – конструирането на което и да е съвременно механично устройство не би било възможно без предварителното му проектиране, в което изчисления

---

[10] Виж (Hetherington 1980; Holberg 2010; Valente 2018).

(т.е. математически изводи), използващи формули от класическата механика, играят ключова роля. По-малко известно е, че важни практически приложения имат и предсказанията на Общата теория на относителността, която мнозина възприемат като нямаща непосредствено отношение към явленията от заобикалящия ни свят, които имат практическо значение за нас. Добре известните ни устройства, използващи *GPS (Global Positioning System)*, не биха работили коректно, ако не отчитаха ефекта на вече споменатото гравитационно червено отместване, предсказано от Айнщайновата теория – виж (Ashby 2002). С други думи, практическите приложения, макар и те самите да нямат характера на извод, са предшествани от изводи, без които тези приложения не биха били възможни.

3.4. Обяснения (отговори на въпроси защо) и извод

Научните обяснения, схващани като отговори на въпроси „защо", се превръщат във водеща тема във философията на науката във втората половина на 20 в., благодарение на Карл Хемпел (Hempel & Oppenheim 1948; Hempel 1965), който настоява, че всяко добро обяснение може да бъде представено като аргумент, където предпоставките в аргумента формират т. нар. експлананс (обясняващото), а заключението съвпада с описанието на обясняваното явление (събитие, състояние и др.), наричано експланандум. Инференциалисткият модел на обяснението от Хемпелов тип има много недостатъци и днес почти никой не го приема без сериозни резерви[11]. Но това, че не всяко добро обяснение може

---

[11] Моделът на Хемпел и критиките срещу него съм разгледала подробно в (Гурова 2019). В същата книга развивам и защитавам един инференциалистки подход към обяснението, който е логично допълнение към защитавания и в тази статия инференциалистки подход към разбирането. Защото ако разбирането се проявява в изводите, които можем да

97

да бъде представено като аргумент, т.е. като извод на обяснява-
ното от обясняващото, не означава, че между обяснение и извод
няма съществена връзка. Самият Халифа (Khalifa 2017), който
свързва ефективността на една носеща разбиране репрезентация
с нейната способност да предлага отговори на въпроси „защо“,
намеква, че генерирането на такива отговори не би могло да
стане, ако репрезентацията не притежава и определен „инферен-
циален капацитет“ (*inferential capacities*). В допълнение към наб-
людението на Халифа можем да добавим, че обясненията не само
са продукт на определени изводи, но и самите те са предпоставка
за такива изводи. Каузалното обяснение „*A*, защото *B*“ ни позво-
лява например да заключим, че въздействайки върху *A*, ще можем
да променим и *B*, или увеличавайки вероятността *A* да се случи,
ще увеличим и вероятността да се реализира и *B*. С други думи,
и проявлението на ефективност на една репрезентация под фор-
мата на генерирани от нея обяснения, е по своята същност инфе-
ренциално.

3.5. Успешен контрол и извод

Халифа свързва ефективността на една репрезентация и с
успешния контрол, който тази репрезентация позволява да бъде
осъществен върху репрезентирания обект. Не всяко знание за да-
ден обект обаче позволява да манипулираме този обект в жела-
ната от нас посока. Това може да ни даде само знание, което поз-
волява изводи от типа: Ако приложим действието *N* върху обекта
X, то *X*, ще премине от състояние X_1 в състояние X_2. Този пример
обяснява и защо толкова се ценят каузалните обяснения, за които
стана дума по-горе – то е защото от знанието, че *A* е причина на

правим, то обяснението, чиято цел е да носи разбиране, трябва да поз-
волява правенето на определени изводи.

B, можем да заключим, че въздействайки върху *A*, можем да променим и *B*. Ако знаем например, че замърсеността на въздуха над определено ниво увеличава риска от някои заболявания, ние можем ефективно да редуцираме тези заболявания (да контролираме тяхната разпространеност), ако успеем да снижим и нивото на замърсеност на въздуха, който дишаме. Ако разполагаме с убедителни данни, че животът в гъсто населени градове увеличава риска от развиване на психично разстройство, то разработването на програми за превенция на психичните разстройства в големите градове изглежда в по-голяма степен наложително, отколкото в малките населени места. Накратко, и в този случай коректните изводи от определен тип са тези, които позволяват да бъдат контролирани важни за нас обекти в желаната посока.

В обобщение, и петте прояви на ефективност на репрезентациите, които квазифактивистът Карим Халифа и нефактивистите Хенк де Регт и Виктор Гижсберс свързват с разбирането, предполагат от своя страна определен тип изводи, които тези репрезентации ни позволяват да правим. От тук, следвайки логиката на аргумента, който беше представен в началото на тази секция, можем да приемем, че между разбиране и извод е налице съществена връзка и това заключение е съвместимо както с фактивистките, така и с нефактивистките концепции за разбирането, доколкото и двете концепции са съвместими с предпоставките на предложения аргумент. В този смисъл, заключението, че между разбиране и извод съществува необходима (съществена) връзка, се явява синтез на фактивистките и нефактивистките възгледи за разбирането.

Какви са предимствата на предлаганата синтетична теория за разбирането пред фактивистките и нефактивистките теории, които тя синтезира? На първо място, синтетичната теория решава проблемите и на фактивистите, и на нефактивистите, като обяснява защо някои теории, съдържащи фикции са способни да носят разбиране, но не всички неистинни репрезентации могат да правят това. На второ място, синтетичната теория показва как всички демонстрации на ефективност на една репрезентация зависят основно от едно нейно качество – инференциалното съдържание на репрезентацията. И не на последно място, синтетичната теория акцентира върху това колко важно е да се развиват уменията за правене на изводи от разнообразен характер, ако целта е да се постигне не просто усвояване на определени знания, а усвояване с разбиране, което винаги се свърза с възможността за правене на коректни изводи от наличните знания.

Разбира се, синтезът, който предложената тук инференциалистка теория за разбирането реализира е съзнателна стъпка, и на пръв поглед поне нещата изглеждат така, сякаш представеният случай говори в подкрепа на схващането на Поликаров, че синтезът винаги е съзнателно търсен, планиран и осъществяван. Важното е обаче да се разбере, че този синтез, в основата на който стои инференциалистката интерпретация на понятието за ефективност, не би бил възможен, ако преди това в теориите и на фактивистите, и на нефактивистите не беше въведено в употреба това понятие, което, както се опитахме да покажем, реално сближава позициите на двата лагера. Фактивистите и нефактивистите обаче правят тази стъпка на заместване на „истинност" с „ефективност" не защото са водени от съзнателен стремеж да примирят своите позиции. Напротив, и двете страни, чиито идеи бяха разгледани, прибягват до тази стъпка, за да защитят собствените си позиции срещу критиките на опонентите. На базата на разгледания пример наистина може да се каже, че да, синтезът в своята последна фаза вероятно изисква предприемането на съзнателни стъпки. В случая такава стъпка е предлаганото заместване на фактивистките и нефактивистките теории със съвместимото с тях инференциалистко схващане за разбирането. Но в представения случай поне, тази стъпка би била невъзможна, ако преди това не бе реализирана тенденция на сближаване, което не е търсено съзнателно, а е страничен продукт на пролиферацията (или дивергенцията), по-точно, на опитите на разграничаващите се една от друга концепции да решават собствените си проблеми и така да отстояват основните си позиции.

4. Заключение

Удивително е колко далеч може да ни отведе една на пръв поглед проста идея, каквато е идеята, съдържаща се в Декартовото „правило на метода", ако тази идея се прилага последователно и систематично върху различни случаи и се наблюдават внимателно отклоненията от първоначалните рамки, в които идеята е осмисляна. Това е пътят, който избира да следва Поликаров в началото на 60-те години на 20 в. Следвайки този път, той успява да развие привидно тривиалното Декартово правило на метода в дивергентно-конвергентен подход, а след това да прецизира в детайли този подход, като описва различни типове пролиферация, обосновава необходимостта от синтез и посочва различни стратегии за постигане на успешен синтез. Настоящата статия следва същия път. На базата на нов пример, различен от обсъжданите в книгите на Поликаров, в нея се показва, че тенденция към сближаване на първоначално противоположни позиции може да възникне и без сближаването да е търсено съзнателно. В споровете между фактивисти и нефактивисти, разделени от въпроса за връзката между истина и разбиране, се очертават най-напред слабите места и на двете позиции. След това представители и на двата лагера се опитват да преодолеят своите слабости и да заздравят позициите си и тъкмо това, на пръв поглед парадоксално, ги отвежда до сходни решения – заместване на понятието за истинност с понятието за ефективност. Тенденцията на сближаване е налице, въпреки, че сближаването не е търсено съзнателно. Остава да се направи още една стъпка, за да се постигне истински синтез и предложеният в тази статия инференциалисткият анализ на проявите на ефективност, с които и фактивисти, и нефактивисти свързват разбирането, сочи към една от възможностите за реализиране на тази стъпка.

Литература

Айнщайн, А. 1984. Предговор. // Галилей, Г. *Избрани произведения, том 1.* (Превод от английски Марин Калинков). София: Наука и изкуство, 46-51.

Гурова, Л. 2019. *Обяснение, разбиране и извод.* София: Изд. на НБУ.

Поликаров, А. 1963. *Относителност и кванти.* София: Издателство на БАН.

Поликаров, А. 1987. *Ориентиране в методологията на науката. Дивергентно-конвергентният подход.* София: Наука и изкуство.

Поликаров, А. 1999. *Философска одисея.* София: Академично издателство „Проф. Марин Дринов".

Ashby, N. 2002. Relativity and the Global Positioning System. // *Physics Today*, May 2002, 41–47.

Bangu, S. 2017. Is Understanding Factive? Unificationism and History of Science. // *Balkan Journal of Philosophy,* 9(1), 35-44.

Bokulich, A. 2008. Can Classical Structures Explain Quantum Phenomena? // *The British Journal for the Philosophy of Science*, 59(2), 217–235.

Cohen, R. S. 1997. Preface // Ginev, D. and R. S. Cohen (eds.) *Issues and Images in the Philosophy of Science.* Dordrecht: Springer, ix-xi.

Dancy, J. and E. Sosa. (Eds.) 1992. *A Companion to Epistemology.* Oxford: Blackwell.

De Regt, H. W. 2009. The Epistemic Value of Understanding. // *Philosophy of science*, 76, 585-597.

De Regt, H. W. 2015. Scientific Understanding: Truth or Dare? // *Synthese,* 192, 3781–3797.

De Regt, H. W. and D. Dieks. 2005. A Contextual Approach to Scientific Understanding. // *Synthese,* 144, 137–70.

De Regt, H. W. and V. Gijsbers. 2017. How False Theories Can Yield Genuine Understanding. // Grimm, S. R., Baumberger, G. and S. Ammon. (eds.) *Explaining Understanding. New Perspectives from Epistemology and Philosophy of Science.* New York: Routledge, 50–75.

Douglas, H. E. 2009. Reintroducing Prediction to Explanation. // *Philosophy of Science, 76*(4), 444-463.

Elgin, C. Z. 2004. True Enough. // *Philosophical Issues, Epistemology, 14,* 113-131.

Elgin, C. Z. 2009. Is Understanding Factive? // Pritchard, D., Miller, A. and A. Haddock. (eds.) *Epistemic Value.* Oxford: Oxford University Press, 322–30.

Frigg, R. and S. Hartmann. 2020. Models in Science. In: Zalta, E. (ed.) *The Stanford Encyclopedia of Philosophy,* https://plato.stanford.edu/archives/spr2020/entries/models-science/

Ginev, D. and R. S. Cohen (eds.) *Issues and Images in the Philosophy of Science.* Dordrecht: Springerл

Grimm, S. R. 2006. Is Understanding a Species of Knowledge? // *The British Journal for the Philosophy of Science*, 57, 515–535.

Hempel, C. 1965. *Aspects of Scientific Explanation and Other Essays in the Philosophy of Science.* New York: The Free Press.

Hempel, C. and P. Oppenheim. 1948. Studies in the Logic of Explanation. // *Philosophy of Science,* 15(2), 135-175.

Hetherington, N. S. 1980. Sirius B and the Gravitational Redshift - a Historical Review. // *Quarterly Journal Royal Astronomical Society, 21,* 246-252.

Holberg, J. B. 2010. Sirius B and the Measurement of the Gravitational Redshift. // *Journal for the History of Astronomy, 41*(1), 41-64.

Khalifa, K. 2017. *Understanding, Explanation, and Scientific Knowledge.* Cambridge: Cambridge University Press.

Kimura, M. 1968. Evolutionary Rate at the Molecular Level. // *Nature,* 217, 624–626.

Kvanvig, J. 2003. *The Value of Knowledge and the Pursuit of Understanding.* New York: Cambridge University Press.

Lawler, I. 2021. Scientific Understanding and Felicitous Legitimate Falsehoods. // *Synthese*, *198*(7), 6859-6887.

Mizrahi, M. 2012. Idealizations and Scientific Understanding. // *Philosophical Studies,* 160, 237–52.

Polikarov, A. 1998. A Draft for Unifying Controversies in Philosophy of Science. // *Journal for General Philosophy of Science*, 29, 225-244.

Polikarov, A. 2003. Proliferation and Synthesis of Physical Theories. // Ginev, D. (ed.) *Bulgarian Studies in the Philosophy of Science.* Dordrecht: Kluwer Academic Publishes, 53-68.

Popper, K. 1972. *Objective Knowledge.* Oxford: Oxford University Press.

Potochnik, A. 2017. *Idealization and the Aims of Science.* Chicago, IL: University of Chicago Press.

Psillos, S. 2017. World-involving Scientific Understanding. // *Balkan Journal of Philosophy,* 9 (1), 5-18.

Reisch, G. A. 2005. *How the Cold War Transformed Philosophy of Science: To the Icy Slopes of Logic.* Cambridge: Cambridge University Press.

Rice, C. 2016. Factive Scientific Understanding Without Accurate Representation. // *Biology & Philosophy*, *31*(1), 81-102.

Riggs, W. 2009. Understanding, Knowledge, and the Meno Requirement. // Pritchard, D., Miller, A. and A. Haddock. (eds.) *Epistemic Value.* Oxford: Oxford University Press, 331–338.

Sellars, W. 1953. Inference and Meaning. // *Mind,* 62, 313-338.

Strevens, M. 2008. *Depth.* Cambridge, MA: Harvard University Press.

Valente, M. B. 2018. Einstein's Redshift Derivation: Its History from 1907 to 1921. // *Circumscribere: International Journal for the History of Science*, 22, 1–16.

Zagzebski, L. 2001. Recovering Understanding. // Steup, M. (ed.) *Knowledge, Truth and Duty.* New York: Oxford University Press, 235–51.

Дроздстой Стоянов

ПРЕТВОРЯВАНЕТО НА ПОЛИКАРОВ: ДИВЕРГЕНТНО-КОНВЕРГЕНТНИЯТ МЕТОД ПРИ РЕШАВАНЕ НА ПСИХОФИЗИЧНИЯ ПРОБЛЕМ

I. Личността

Вселената Азаря Поликаров беше съставена от многомерността на неговата личност и ерудиция. В множеството идентичности на Поликаров живееха философът, физикът, математикът, методологът. Онова, което трансцендираше върху всички тези същности и концептуално ги сътворяваше в едно беше творческият импулс да вижда и разбира както никой друг, онова което всеки може да види. Поликаров беше отвъд сетивното познание и не се вълнуваше от видимия свят затова и на него принадлежи невидимият. Там където обитаваше компетентността му – квантовата механика – е цялата доеволюционна и постеволюционна същност на света, която не може да бъде описана с позитивни инструменти.

Евристичният порив към критично преосмисляне на познатото намира своето поле отвъд дисциплинарната матрица на квантовата механика. Тя притежава потенциала на универсален апарат за методологична реконструкция на живия свят. Енергията на духа, която беше способна да породи и да въведе в предметна употреба този апарат беше неподражаема. В тази енергия присъстваха диалектически противоположности като основателно високото самочувствие, което притежаваше Поликаров и поразителната самоирония на която беше способен. В един негов перформатив съжителстваха мирът и революцията, признанието и отрицанието, еволюцията и революцията.

Сътворяването на творческото взаимодействие с Поликаров се състоеше в неговата уникална технология да изучава и опознава, да търси и разбира, и постоянно да преоткрива и да премества границите на познанието (Поликаров, 1999). Едно от тези движения беше и нашия съвместен труд за прилагането на дивергентно-конвергентния метод (Поликаров, 1972). Теоретическата експертиза на Поликаров се простираше във възможностите на този метод при решаването на частни научни проблеми във физиката, а моето усилие беше да бъде разработен в полето на невронауката и науките за психичното здраве (ННПЗ).

II. Методологичният проблем на „обяснителната пропаст"

Психофизичният проблем доминира в неизречените (имплицитни) пластове на метода и таксономията в ННПЗ. В основата на проблема стои т.нар. *explanatory gap* – „пропаст" между природните и хуманитарните науки, оформена от неокантианската дихотомия на Винделбанд. От едната страна на тази пропаст са ситуирани традиционни природо-математически и номотетични науки, които оперират с обективни, количествени, измерими и повторими, неутрални спрямо ценностите факти (ноумени по смисъла на Кант). От другата страна на „обяснителната пропаст" са разположени т.нар. идеографски науки, които са натоварени със субективни оценки, зависими от етнокултурния и социален оценъчен контекст, интер и интрасубективни феномени. В преобладаващата си част тези феномени са качествени, като голяма част от усилията на съвременната психометрика целят да им придадат количествен характер. С други думи качествени феномени, описващи уникални психични състояния или черти биват формулирани като твърдения или въпроси, които на свой ред съставляват основните инструменти за измер-

ване в психологията и психопатологията чрез тяхното групи-
ране в оценъчни и самооценъчни скали. Количественото скали-
ране не само не затваря обяснителната пропаст, но дори напро-
тив, задълбочава и изкривява светогледните позиции в нея. При
опита за околичествяване (квантификация) на психологичес-
ките измервания се постига заблудата, „мимикрията", че едни
по същество хуманитарни методи притежават свойствата на ко-
личествените измервания, характерни за номотетичното позна-
ние. В действителност те остават принадлежни към своя дис-
циплинарен домейн, матрица и таксономия. Поради тази при-
чина термин като „депресия", приложен в контекста на меди-
цинското познание няма хомолог в областта на ННПЗ. Дефини-
цията за един и същи обект, изучаван и споделян от ННПЗ всъщ-
ност е хетероложна понеже смислите и дефинициите, използ-
вани в различните дисциплинарни контексти са несъизмерими.

Стои въпросът за подходящия изследователски дизайн,
който да осигури здрава научна връзка между науките за пси-
хичното функциониране и природо-математическото познание.
Първите оперират със субективни понятия – макар и в една го-
ляма част психичните измервания да са привидно количествени
в последна сметка те описват интер- и интрасубективни разкази.
Природо-математическите науки използват обективни универ-
сални измерими показатели, които подлежат на репликация.
Създаването на мост между двете групи науки, съответно между
психопатологията и невронауката винаги е било предизвикател-
ство. Основите на това предизвикателство се коренят в психо-
физичния въпрос, интерпретацията на който в полето на емпи-
ричните изследвания, силно повлияват изследователските прог-
рами. В продължение на години съм се фокусирал върху разра-
ботването на компромисно решение на психофизичния проблем
чрез тъй наречения дивергентно-конвергентен метод за реша-

ване на научни проблеми. Това решение е заложено като предпоставка за клинико-експериментална програма за трансдисциплинарно валидиране на клинични инструменти.

Проиновативният подход който беше използван за приложение на дивергентно-конвергентния метод (ДКМ) към психофизичния проблем е неговото съчетаване с историческата реконструкция. В своя оригинален вид ДКМ предполага разрешаване на актуален теоретичен или експериментален проблем чрез наличните доказателства и аргументи. В нашия прочит проблемът е описан лонгитудинално като коеволюция с комплексното мултидисциплинарно поле на ННПЗ. Това позволява хронологичното изследване на идеите и парадигмите да бъде разгледано синхронично с прогреса в развитието на емпиричното познание и интерпретацията на психофизичните отношения.

Основните механизми, предпоставящи нащето изследване са първо, редуктивното взаимоотношение между теориите и парадигмите, и второ, *конформният* диалог между науките, предоставящ необходимата „съотносимост", съгласуваност (конкордантност), и „преводимост" на употребяваната терминология с оглед решаване на комплексните проблеми.

Един от тези съвременни конформни мултидисциплинарни блокове са „науките за човека", наред с редица други природни и природно-математични блокове, като науки за земята, науки за вселената и т.н.

Централният проблем в тази област на познанието, е *проблемът душа-мозък (mind-brain problem, MBP)*. Следва да бъде уточнено, че се има предвид изрично формулировката ‘*mind-brain*’, която в разбиранията на епистемологията е тъждествена на ‘*mind-body*’. Докато от позицията на философията и донякъде на хуманитарните науки тези определения не се различават съществено, от гледище на медикобиологичното и по-специалното на *психиатричното* познание се натъкват на известната тавтология с т.нар. психосоматичен проблем. Той представлява теоретично и практическо направление в психиатрията и медицината въобще, третиращо динамичните отношения между психиката и тялото на човека в тесния, анатомичен смисъл. С други думи, това са въпросите, свързани с начина, по който психичните явления влияят на телесните процеси – обмяната на веществата, секрецията на хормони, регулацията на кръвното налягане, чревната перисталтика и пр. Съответно за нарушенията в психосоматичната връзка, наричани психосоматични болести, каквито са артериалната хипертония, бронхиалната астма, язвената болест и др.

Това двусмислие в семантиката на МВР се поражда от хипотези и допускания в миналото за детерминирането на психиката от екстрацеребрална локализация – диафрагма, матка, сърце, телесни течности – а съответно и на нейните отклонения – олигофрения, хистерия, хуморална дискразия и темпераментови отклонения. Придържайки се към направените бележки, предлагаме един исторически преглед на развитието на НН от Античността до съвремието през призмата на МВР решението съгласно дивергентно-конвергентния метод на А. Поликаров (1972 г.).

III. Дивергентно поле на възможните решения (ПВР)

За целите на анализа приемаме условно, че съдържанието на коеволюцията на НН и МВР търпи възможна периодизация в съответствие с направените уговорки, както следва:

1. Хипократов период. През него бива деноминиран магично-религиозният светоглед и намира своята приемственост в школата на Клавдий Гален. В този период се търси екстрацеребрално обяснение на психичните феномени.

2. Средновековие. Този период обхваща времето от падането на Рим (472 г.) до Ренесанса. Той е обусловен от доминирането на разбиранията на Хипократ-Гален и религиозната схоластика. По своята същност първичното ПВР се състои от наивни до научни, протопарадигмални схващания и обяснения. В тях доминира религиозно-мистичният светоглед и метафизичните конструкции на ранното медицинско познание. В преобладаващата си част тези възгледи са крайни, експериментално непотвърдени, интуитивни.

3. Европейско възраждане. Този период обхваща времето след XVI век и е свързан със значими достижения в макроскопската невроанатомия (W*illis, Da Vinci, Vesaluis*) и първите сериозно мотивирани концепции по МВР. Именно в разцвета на Ренесанса, се дефинира психофизичният проблем (МВР) като такъв, наследил античния метафизичен конфликт „идеализъм/материализъм".

Той подлежи на условно поделяне в две съвременни направления, които залагат първичното ПВР.

- Картезианство, обусловено от влиянието на Рене Декарт и неговия интеракционистичен дуализъм. В своето Les Passions de l'Ame (1649) се опитва да опише телесните основи за човешките страсти и теоретизирайки как неконтролираните страсти водят до необичайни или ексцесивни поведения. Различни видове отношения са допускани в тази традиция за това как мозъка (и тялото) оказват влияние върху психиката и как психиката оказва влияние върху поведението. В тази традиция - позната като картезиански дуализъм – психиката често се разглежда като отделен онтологичен вид и се приема, че има представителни свойства, които са отговорни за поведението. Съществуват допускания, че в начина, по който съзнанието води до определено поведение няма причинно-следствена връзка.

• Механистичен материализъм, произхождащ от приносите на Томас Уилис. Уилис изследва мозъка най-внимателно и сравнява нормалния мозък с аномалиите, които е открил при пациенти с вродена умствена изостаналост. Неговите най-подробни творби за анормално поведение са Pathologiae Cerebri et Nervosi Generis Specimen (1670) и Affectionum quæ dicuntur hystericæ et hypochondriacæ pathologia spasmodica vindicata, contra responsionem epistolarem Nathanael. Highmori. Най-често тази традиция вижда връзката между мозъка и поведението като строго каузална. В една версия тази традиция е онтологично редуктивна. В един от вариантите се смята, че тази традиция е онтологично редуктивна.

4.   Просвещение (философски период). Той обхваща XVII-XVIII век и се характеризира със значителни философски обобщения на неврофизиологични наблюдения. Е. Кант поставя границата между иманентно и обективно познание от една страна и трансцендентно, от друга. Това разграничаване стои в основата на нео-Кантианската дихотомия на Винделбанд, която се оказва критична за бъдещото развитие на МВР. Ф. фон Шилер защитава физиологичната и „стихийно-физикалистичната" природа на съзнанието, както във философията се подразбира психиката. Именно с неговите трудове е свързано възникването на психофизиологията като наука.

5.   Период на диференциацията. През този период, който обхваща по-голямата част от 19 век, след края на Наполеоновите войни, се натрупва емпиричен материал, който позволява на *W. Griesinger* да определи психичните заболявания като мозъчни (1845 г.), предлагайки на практика едно клинично продължение на мислите, изказани от Schiller, а през 1808 Johann Christian Reil предлага за първи път термина „психиатрия". По същото време започва и мащабната реформа в грижите за душевно болните „no restraint" на J. Connoly.

111

Едно от съществените открития, което дава началото на невронауката в търсене на решението на МВР, е откриването на рече-двигателната зона в челната кора от P. Brocca (1861 г.), последвано от намирането на речесетивната (сензорна) функция, която се изпълнява от участък на долния темпорален дял – K Wernicke (1878 г.). От днешна гледна точка е ясно, че въпросните две открития, свързани с човешката реч, а оттам и с мисленето, допринасят за диференцирането на невронауката от общо-медицинското познание, като дават обективно доказателство за неврокорелати на висши психични функции и предлагат първия специфичен метод в НН – *лезионния*, при който от органичната увреда на определена мозъчна структура при туморен, възпали-телен процес и след неврохихургична операция се наблюдават специфични психични нарушения. Така се оформя направлени-ето в психологията и психиатрията, известно като *локализацио-низъм*.

И така, първоначалното ПВР на МВР, което се оформя през първата половина на XIX век, може да бъде определено като дивергенция от монизма до дуализма в следните измере-ния.

Монистичното решение на МВР признава едностранното детерминиране на психиката *(mens)* – *идеалистично* или *мате-риалистично*. Първото, към началото на XX век, изгубва прак-тическото си присъствие, особено след натрупването на нови данни в психофизиологията. Така, поради отхвърлянето на иде-алистичния монизъм от настойчивите търсения на неврофизио-логията днес най-близката до него позиция в дебата се оказва дуалистичният паралелизъм.

Дуалистичното възможно решение дивергира в две по-соки:
А. успоредно и независимо протичане на психичното и телес-ното/мозъчното – тук все още се среща остарелият поглед към

mind-body, където мозъкът се разглежда конотативно с анатомичното тяло, или т.нар психофизичен паралелизъм, по-често наричан в психиатрията психофизиологичен.

Б. взаимодействие между тялото / мозъка и душата, наследено от картезианската философия, където Рене Декарт приема, че епифизата (пинеалната жлеза) се явява органичната връзка при това взаимодействие.

Сред материалистите-монисти също възникват противоречия. Едни защитават идеята за локализация (морфологично отграничаване на мозъчния корелат на психичните прояви). Тази тенденция започва от френологията на F. I. Gall, и продължава с „центровете" на Брока и Вернике; и развита до крайност от ученика на Вернике K. Kleist през 30-те години на XX век, силно подпомогната от неврохирургичния подход.

В същата посока са и опитите на неврохирурзите K. Von Economo и Korbinian Brodmann да построят карти на мозъчната кора. Локализационизмът намира и своите опоненти в лицето на еквипотенциалистите.

В последна сметка дивергентното поле на възможни решения на психофизичния проблем (ПФП) се образува в епохата от античността до 19-ти век като се простира от монистичния идеализъм на Платон през монистичния материализъм до картезианския дуализъм на 17-ти век. Под въздействие на емпирични открития в областта на невронауката от средата на 19-ти век (като развитие на експерименталната неврохирургия), както и под въздействие на експерименталната психология на Вилхелм Вунд и Уилям Джеймс ПВР се структурира около материалистичния монизъм и дуализма.

Първият се споделя главно от специалисти в областта на медицинските науки и стои в основата на прилаганите от тях биологични практики, обяснителни модели и интервенционни техники. Вторият дивергира към дисциплинарните модули на хуманитарните науки като се споделя главно от психолозите и психотерапевтите. По този начин контурът на дихотомията на Винделбанд повтаря дивергентното ПВР на психофизичния проблем през втората половина на 19-ти век и до голяма степен се обуславя от него.

6. Период на революциите в НН. В духа на концепцията на T. Kuhn за смяната на парадигмите като научни революции, в края на XIX век и началото на XX век се извършват „революционни" открития в невронауката и полемизиращите по това време с нея науки за човека. Тези събития радикално променят научния светоглед и в частност предпоставят разширяване на пвр на МВР. В резултат на редица емпирични открития и технологичния напредък (Стоянов, 2008) към края на XX век се намира, че невронните кръгове биват процесиращи – съставляващи самия субстрат на психичната дейност; и регулиращи – контролиращи информационния поток в процесиращите.

Става ясно, че при определени психични активности могат да функционират елементи от тези кръгове, опериращи с различни невротрансмитери, които са асоциирани с едни и същи мозъчни структури и обратното – различни мозъчни структури могат да детерминират една и съща психична активност, ако се намират във функционално обединени системи. Особено внимание заслужават две от научно-техническите революции на XX век.

Мултимодално невроизобразяване. През същия период невроизобразяването претърпява удивително развитие, за да стане възможно днес чрез функционална магнитно-резонансна томография (f MRI) - наричана още *неинвазивна in vivo хистология на CNS* - да се изследват биологични корелати и закономерности, вкл. радиоизотопно маркиране на рецептори в мозъка със значително увеличена разделителна способност във времето – секвенции през интервали от 0.6 минути, и пространството – постопроцесно триизмерно изобразяване в равнините x, y и z.

Това позволява сравнителен анализ на невробиологични активации между здрави лица и психично болни чрез различни методи (Stoyanov, 2020). Така визуализиращите методи в невронауката, в съчетание с методите на изкуствения интелект, дадоха изключителния си принос в по-екстензивното решаване на МВР.

Психофармакологична и фармакопсихиатрична революция. Психофармакологичните данни, натрупани след 1952 г., стават едно от най-важни обективни доказателства на монистичната теза. Фармакопсихиатрията премества методологичния акцент от прилагането на радиофармацевтиците в клинични проучвания на психотропните лекарствени средства към приложение на радиолигандите – агонисти-антагонисти, за изучаване на патогенетичните механизми, обуславящи психичните разстройства. Фармакопсихиатрията става осъществим проект в рамките на биологичната психиатрия, която е неделима част от невронауката (НН) благодарение на технологичната революция.

Междувременно проучванията върху нервните механизми на болката и по-специално върху с-фибрите в детерминирането на субективното преживяване за болка довеждат до формулирането на identity теорията (Place, 1956).

Заслужава внимание и един интересен процес в НН, който се случва в средата на ХХ век. През 50-те години неврофизиологичният и неврохирургичният метод се съчетават в областта на т.нар. функционална неврохирургия. В експериментите на W. Penfield върху структурата и организацията на премоторната кора, авторите използват електрическа стимулация интраоперативно, за да изяснят кои корови представителства отговарят за определени участъци от човешкото тяло при локомоцията (Penfield and Rasmussen, 1955). Днес подобни проучвания се извършват с интраоперативни евокирани потенциали. Така наречените вживени електроди, които използва по-късно Делгадо, стават нарицателни в антифизикалистичния дебат, започнат от

психоанализата, и са стигматизирани като символ за антиху-
манно вмешателство в тялото на болния. Подобна съдба спо-
хожда и психохирургията – метод за хирургично лечение на
психичните разстройства, въведен от E. Muniz, в доневролеп-
тичната ера (преди 1952 г.).

Най-често практикуваната психохирургична техника при
лечението на рефрактерни болни е била префронталната левко-
томия – прекъсване на кортикоталамичните проекции от мезен-
цефалокортикалната допаминергична система. Въпреки че
впоследствие бива инкриминирана, лоботомията, както се на-
рича още тази техника, е дала нов и ценен довод в полза на фи-
зикалистичното решение на МВР: синдрома на челния дял, пре-
дизвикан артифициално, силно наподобява семиотиката от не-
гативния регистър на шизофренията.

Хипотезата за хипофронталността в допаминергичната
дисфункция при шизофрения се верифицира десетилетия по-
късно с помощта на новите неинвазивни невроизобразяващи ме-
тоди.

7. Период на програмната интеграция. През 1979 г. Scientific
American публикува знаменитата монография 'The Brain", къ-
дето е заложена програмата на Francis Crick, станала известна
по-късно като agenda (англ. дневен ред) на НН (Crick, 1979). В
своята заключителна статия Ф. Крик, обобщавайки написаното
от други автори, намира, че „за да бъде разбрано как работи чо-
вешкият мозък са необходими нови методи, както и нова сис-
тема от понятия, вградени в една обща теория на мозъка". Пак
там Крик определя равнищата на изследване на мозъка: „*от мо-
лекулите и синапсите до сложните форми на поведение*". От-
тук Крик прави извода, че „*чистата психология е безплодна*",
като уточнява, че това не й пречи да бъде *количествена*. Основ-
ната причина за това е отношението на психологията към мозъка

като към „черна кутия", като изучава само нейните вход и изход. Прави впечатление, че тази мисъл в голяма степен може да бъде отнесена и към психиатрията.

По-нататък, Крик настоява, че трябва да бъдат изучени структурата и функциите на тази „черна кутия", но не само отвън. Според него по пътя на общата теория на мозъка стоят три ограничителни условия:

• физическа природа на обективния свят и преработка на постъпващата от него информация в мозъка;

• биохимия, генетика и ембриология като подходи към разбирането на мозъка;

• математика и теория за връзките (асоциативните мрежи).

За Крик най-опасната идея е тази за „хомункулуса". Той обръща внимание на това, че известният сензорен и моторен хумункулус на Пенфилд и Расмусен не може и не бива да бъде смятан за модел, по който да се изяснява невробиологичната природа на личността.

От програмата на Ф. Крик става ясно, че *НН не е в състояние да се развива автономно* извън другите науки за човека – предвиждане, което се потвърди през последните 26 години. Това се обуславя както от извънредната **хетерогенност** на методите в нея, откъдето произтича затруднението в разбирането и формулирането на един общ НН методологичен език, така и от неефективния понякога диалог с другите науки за човека.

IV. Конвергенция на ПВР до преимуществена група проекторешения

Под влиянието на прогреса в молекулярната биология, невроморфологията, функционалната неврохирургия и преди всичко възникването на функционалното невроизобразяване ПВР на психофизичния въпрос се редуцира до преимуществена група проекторешения. Тази група е представена от физикализма (материалистичния) чрез ограничаване на многообразието. Групата преимуществени проекторешения се състои от редуктивната и нередуктивната форма на физикализма. Основни представители на редуктивния физикализъм са елиминативизмът и *identity theory of mind,* а освен представител на нередуктивния е т.нар. *supervenience theory of mind.* Основният възглед на елиминативизма е, че психологическите понятия, както и психологическите измервания могат да бъдат елиминирани от понятия, респективно измервания, чрез понятията и методите на неврокибернетиката. Това убеждение се споделя от съвременните концепции за изкуствен интелект, машинното обучение и моделирането на невропсихичните функции.

Валидността на всяка от горните теории се ограничава в процеса на редукция на ПВР.

Редуцираното пвр на МВР според съвременните доказателства на НН се оформя при слабо ограничаване на многообразието до материалистичният монизъм и вече е разгледан в нашата литература от Вл. Иванов (Иванов, 2001).

При силно ограничаване на многообразието, физикалистичното проекторешение се свежда до две алтернативни решения: редуктивен и нередуктивен физикализъм.

Редуктивен физикализъм (Stoyanov, 2018)

Повечето от фармакологичните интервенции в психиатрията се коренят в елиминативния материализъм на нивото на имплицитното знание. Психофармакологичният начин на действие е разработен в изявления като "ако предоставим лекарство, което да се свърже с рецепторна (под) популация за субстанцията X, тогава ще се намали симптомът Y". Нека предположим, че лекарствената субстанция е антагонист на допаминовия рецептор, а въпросният симптом е словесни халюцинации. В този случай мълчаливото съдържание на такова изявление може да бъде преформулирано по следния начин:

> Вербалните халюцинации са причинени изключително от дисфункция / дерегулация на допаминовия рецептор и неговата блокада ще ги отстрани. Следователно словесните халюцинации са просто и външно проявление на допаминова дерегулация в мозъка.

По същество това означава, че вече не е необходимо да формулираме субективното съдържание (феноменология) на вербалните акустични халюцинации, тъй като всички те са напълно редуцируеми до биохимични обекти. По този начин феноменологичната психопатология, както като метод, така и като речник, е безполезна и чуването на гласове не е нищо друго освен нарушаване на метаболизма на допамина. Важно е тук да се подчертае, че това заключение се приема без остатък, т.е. не се допускат допълнителни социални, културни или религиозни намеси като свързани с причинно-следственото ниво на производството на този феномен.

Освен елиминативния материализъм е въведена и друга редуктивна парадигма, известна като теория за идентичността на съзнанието (ITM). ITM обосновава основните си претенции в областта на експерименталните аргументи, а именно така наречения аргумент "с-влакна". Този аргумент се отнася до диференциално активиране на с- и а-делта-влакна на системата за възприемане на болката. С-влакната осигуряват по-бавна трансдукция на невронния сигнал от периферните рецептори за болка до централните области в сравнение с а-влакната. Теорията на идентичността разширява това обяснение до цялата сфера на субективността или съзнанието. Болковият импулс от периферните ноцирецептори се предава по А-делта-влакна и по С-влакна. А-делта-влакната са миелинизирани (имат Шванова об-вивка), поради което по тях импулсът се предава салтаторно в прищъпванията на Ranvier и затова достига значително по-бързо през лемнисковата система до централния сегмент на бол-ковия сензор / анализатор, като така подсигурява болковата се-тивност, т.е. усещането за болка.

За разлика от тях С-влакната не са миелинизирани и по тях акционният потенциал се предава с по-бавна скорост. Сигналът, протичащ по А-делта-влакната, превключва след гръбначния мозък в таламуса, където е вторият неврон на пътя, след което се насочва към соматосензорната кора, където се получава пър-вичното унимодално усещане за болка. Сигналът на С-фибрите превключва в ретикуларната формация на ствола (първи нев-рон) и таламуса (втори неврон), откъдето потегля към фронтал-ната кора.

Тезата, застъпвана от редукционистите (identity теория на съзнанието), е, че С-фибрите не са просто неврокорелат на бол-ката, което изглежда безспорно, но *субективното преживяване* за болка (чувството за болка) е идентично с тях. Аналогично на това, че водата е идентична с молекулата H2O или топлината – с молекулярно движение.

С други думи, „свеждат" един емпиричен факт от по-ви-соко ниво / качество, тук-преживяване (емоция и афект) до та-къв от по-ниско ниво, тук-нервен процес. От своя страна емпи-ричната редукция довежда и до интертеоретична редукция, при която една научна теория от по-високо системно равнище – в случая психологична – се свежда до по-ниско – равнището на базовите теоретични системи и таксономия (физика, химия, би-ология, математика). По този начин те предполагат тяхната тъж-дественост (identity).

Има две версии на ITM. Едната и по-радикалната е типо-вата идентичност, формулирана от UT Place, а другата е token -

ITM, формулирана от JJC Smart. Типовата идентичност приема за даденост, че човешкото съзнание буквално се редуцира до по-ниски единици или нива на пояснение по същия начин, по който светкавицата може да се сведе до "електрически разряд", а топлината до "молекулярно движение". Както е посочено в произведенията на Ullin T Place, идентичността *de dicto* може да се разглежда като "композиционна", където компоненти на явления от по-ниско ниво са включени в йерархията на висшите класи, без ясни онтологични претенции за елиминиране на явления от по-висш ред. Това по същество се различава от идентичността, при която феноменът от по-висш порядък се пренебрегва: умствените състояния и процеси се приемат за вероятно равностойни на мозъчните. Този възглед се припокрива с елиминативния материализъм, описан по-горе.

Идентичността на токена от друга страна предполага по-скоро метафорична идентичност между умствените и мозъчните състояния и процеси. В тази перспектива "мозъчният процес" и "съзнанието" (или емоционалните състояния) се разбират като две описания на една и съща съществена субстанция по същия начин, по който "Сутрешна звезда" и "Вечерна звезда" се отнасят до планетата Венера в астрономията. Това разграничение няма особено значение при екстраполиране в психиатрията. От значение за нея (и в този смисъл и за психологията) е какви възражения може да се дадат срещу редуктивния физикализъм като цяло и по-специално по отношение на ИТМ. Има две основни възражения, свързани с психичните разстройства: наличието на качества (qualia) и множествената осъществимост (multiple realizability).

От съвременните достижения на НН, както и от редица известни от общата психопатология феномени е видно, че редуктивната теза не издържа в много отношения.

1. Епистемологичен аргумент. Както бе отбелязано в предходната глава, понастоящем липсва завършена общоприета психологична теория, както и завършена невробиологична концепция, която да послужи като основа за редукция.

Оттук следва, че нямаме ясна представа за минимално удовлетворяващите т.нар. 'bridge' (англ. мостови) закони, които да послужат за извеждане на психологичните закони / правила от неврофизиологични такива. За сметка на това разполагаме с т.нар. двууусловни психобиологични или психофизични (англ. biconditional, psychophysical laws), които са изведени от кореспондентни теории. Такава е теорията *на H. Eysenck* (1981), при която екстра / интровертната ориентация на личността се свързва с активацията на ретикуларната формация (arousal), а емоционалната лабилност, респ. невротицизмът – с функциите на лимбичната система.

2. Много неврокорелати (морфофункционални комплекси) детерминират различни по своята проява психично-поведенчески феномени. Множествената осъществимост е аргумент, извлечен от невронауката, и се отнася до наблюдавания факт, че има различни части в мозъка, участващи в производството на някои психопатологични явления (като VAH) и данните, за които се съобщава, че се свързват като невронни субстрати на VAH в сегашната литературата са силно противоречиви. Обратното наблюдение също е вярно: различните от VAH психопатологичните прояви (като налудни идеи) се доближават върху същия невробиологичен субстрат като VAH.

Така с амигдалоидното тяло например са свързани както афектите (стенични и астенични), така и психичния травматизъм, а чрез LTP-синапсите на хипокампа (фактическа памет), които изпращат асоциативни влакна към амигдалоидния комплекс, и т.нар емоционална памет. Оттам и изтласкването като

122

защитен механизъм (дезавоиране на френските психоанали-тици). Активацията на темпоралната кора се среща при множес-тво психични и поведенчески разстройства като:

• разстройства на психосензорния синтез – дереализация при еквиваленти на епилепсията /темпоралната епилепсия;

• халюцинаторната продукция и други сетивни измами при ендогенни психози.

Независимо от сродната природа на посочените симп-томи, принадлежащи към възприятно-представните нарушения, опитите да се посочи разграничима топика на техния субстрат се натъкват както на противоречиви резултати при отделните болни що се отнася до прецизната локация на събитието (event), така и на негативни или фалшиво позитивни факти. Освен това, цитираните разстройства принадлежат към различни клинико-нозографски категории.

Прогностичното допускане, че в бъдеще НН ще разчлени, раздроби невроналния субстрат на психичното до необходимите биохимични детайли, така че всяко психично явление да може да бъде сведено, редуцирано до определен субстрат (локализи-рана мозъчна клетъчна група или разпределена система, образу-вана от неврохимични мрежи), не е достатъчно, за да възприе-мем *identity* теорията като единствено възможно решение на МВР.

3. Синдром на психичен автоматизъм на Кандински-Clerambault. При сетивната му форма, включително псевдо-халюцинации в ноцицептивната модалност, болните имат су-бективно преживяване за болка. Същото е характерно и за хи-похондрично-сенестопатния синдром в хода на шизофренните или афективните психози (налудни депресии), както и за смесе-ните състояния, наричани от Клайст „краеви психози", а от Ле-онхард -- „циклоидни".

Електрофизиологични изследвания показват, че при голямата част от пациентите периферният сегмент на болковия сензор е спокоен, т.е. С-влакната не са възбудени. Въпреки това болните имат преживяване за болка. При друга част, най-вече депресивно болни, се установяват промени в кожно-галваничната реакция и електросъпротивлението на кожата, което насочва към евентуална ексцитация на С-фибрите, но не е потвърдено експериментално.

Това показва, че централномозъчните механизми на болката – ендорфинергични и серотонинергични системи при съучастието на допаминергичните корово-таламични проекции автономно и следователно автоматично (оттук психичен автоматизъм) обуславят чувството за болка при пациенти с прояви на сетивен автоматизъм.

4. Фалшива болка. Така означаваме чувството за болка от ампутирани крайници. Тук можем да отнесем и халюцинаторните преживявания тип Шарл Боне, викарните болкови халюцинации, както и конверзионната болка.

Тези доводи, както и много други подкопават достоверността на редуктивния физикализъм в настоящия етап от коеволюцията на НН, психологията и психиатрията.

5. Qualia е аргумент, който е свързан с феноменологичната психопатология и се отнася до качественото измерение на човешкия опит. Например, ако приемем условно, че всички вербални акустични халюцинации (VAH) се произвеждат от един и същ мозъчен механизъм (което само по себе си е противоречиво изявление) тогава какво би могло да бъде осъществимото обяснение защо те се различават толкова много на интер-индивидуално ниво от гледна точка на тяхното съдържание? Някои хора чуват гласове на починалите си роднини, други чуват гласа на Бога или демоните и т.н. Също така, някои от гласовете пациен-

тите възприемат като външни, извън тяхното тяло, тъй като идват от обективния свят, но други пациенти съобщават гласовете да бъдат преживявани и чувани "вътре" в главата им, предадени или въплътени в тяхната субективност чрез специални устройства или телепатия. Този сложен феномен е описан от руския психиатър Виктор Кандински според примера на собствения си психопатологичен опит под термина "псевдо-халюцинации", а по-късно е описан, самостоятелно от Гаетан Де Клерамбо.

Нередуктивен физикализъм (Kim, 1993). Съгласно нередуктуивното физикалистично решение на МВР психичните явления (*events*) настъпват като закономерно последствие – *supervene* от мозъчни процеси и събития, т.е. са детерминирани от физически / биологичен субстрат / неврокорелат, но като по-високо качество не са сводими, редуцируеми до неврокорелати.

В този смисъл редуктивната теза изглежда така: „*емоционалната (психична, преживелищна) болка Е активация на С-влакната и нищо друго*", а нередуктивната теза може да се илюстрира като: „*активацията / възбудата на С-влакната определя чувството (преживяването) за болка, но не е идентична с него*".

Теорията за superveninence приема тезата, че всяка разлика във физическите свойства (невронни събития или механизми) трябва да причини разлики в психическия свят (зависими състояния или черти), но не и обратното. Това означава, че всеки контраст, измерен чрез функционален магнитен резонанс (MRI) между пациентите и здравата контролна група, трябва да бъде свързан с разликата в клиничните прояви (наблюдения) съответно в резултата на различни рейтингови скали. Въпреки това, не всяка разлика в клиничното наблюдение може да бъде сведена до физическите свойства на мозъка, т.е. ако двама различни клиницисти съобщават различни оценки по скалата за оценка на депресията на Монтгомъри-Асберг (MADRS) при един и същ пациент, това не означава непременно контрасти в BOLD сигнали за fMRI при същите пациенти.

Има две форми на supervenience: глобална и локална. В областта на психиатрията и психологията глобалния superveninence може да изглежда така:

> Има разлики в моделите на мозъчни активации при всички пациенти с депресия в сравнение с пациентите с шизофрения или здрави контроли.

Тази позиция изглежда е невярна поради много емпирични и метаемпирични причини, както се обсъжда другаде, затова по-скоро трябва да се придържаме към локалния superveninence. В нашия случай се прилага по следния начин:

> Има разлики в моделите на мозъчните активации между отговорите в инвентаризацията на депресията в сравнение с диагностично неутралните позиции и параноидните позиции при пациенти с предполагаемо депресивно разстройство в сравнение с пациенти с шизофрения и здрави контроли.

В тази перспектива остава въпросът дали все още има място за ITM тук. Предварителният отговор е "може би", при конкретни условия и по-специално позоваване на скалите за самооценка. Контрастните активации в средния фронтален гирус (MFG) между пациентите и здравата контролна група биха могли се свързват с клинично значими разлики в оценката на депресивната скала на Von Zerssen и всяка разлика във Von Zerssen скалата за оценка на депресия се свързва с контраста, измерен в основните мозъчни процеси с fMRI. Първото условие за евентуалното поддържане на тезата за идентичността тук е, че определените разлики в умствените състояния (нормални и депресирани) и разликите в корелацията на мозъчните активности трябва да присъстват не само на нивото на статистическите агрегати, но и на индивидуално ниво, индивидуална променливост, което със сигурност не е така. Друго условие е да се изследват по-нататък необходимите и репликиращи се различия в сравнение с други конструкти, използвани в психопатологията, например параноя, тревожност и други. Настоящите ни изследвания за установяване на дискриминационна валидност срещу параноидната скала от Von Zerssen все още не са съгласувани, за да се извлекат изводи, с интересни контрасти, описани на едно ниво на ниво хипокампус и амигдала.

Нашето основно твърдение тук е, че вътрешно субективното (интроспективно) оценяване, включено в инструментите за самооценка и измерванията посредством fMRI като проксимални променливи, може да се доближи до теорията за локалния superveninence и частично подлежи на емпирично редуциране според теорията за идентичност. Интер-субективната оценка (интервюта на наблюдател) може да се вгради като интерпретативна рамка само в глобалния superveninence над физическите (невробиологични) свойства. Това се дължи на сложната невъзпроизводимост на рефлексивното и интуитивно пространство на вътрешната субективност.

V. Емпирични данни

Клиничните инструменти в областта на психологията и психиатрията се състоят от интервюта и самооценъчни скали, които на свой ред са съставени от въпроси и твърдения, следователно от субективни оценки и самооценки. Тяхното обективиране със средствата и подходите на съвременното невроизобразяване в реално време е основна цел в нашата програма. Различните компоненти от скалите се прожектират на пациентите и функционалния сигнал в мозъка им бива записан по същото време, в което отговарят на дадените въпроси. При това се откриват значими закономерности и кръстосана валидност на мозъчните сигнали при изпълнение на психологически тестове и резултатите от самите тестове. Нашите резултати се допълват от функционално магнитно-резонансна томография (фМРТ), която описва ефективната свързаност между различни мозъчни зони и предлага рационален обяснителен модел за възникване на симптомите и признаците на душевните заболявания (Todeva-Radneva et al., 2020).

Нашите резултати сочат, че при отговори на клинична оценъчна скала за депресия при пациенти с депресивно разстройство се активират региони като средния фронтален гирус, които принадлежат към дорзолатералната префронтална кора и не са активирани при здрави контроли и при пациенти с диагноза, разлилчна от депресия. От друга страна, при пациенти с параноидна шизофрения, които отговарят на въпроси от параноидна скала за самооценка, се активират участъци на прекунеуса и ангуларния гирус, които съставляват важни центрове от мрежата на покой (default model network), като тези активации не се установяват при болни с депресивно разстройство при отговор на същите въпроси. Тези данни търпят интерпретация в насока на потвърждение за идентичност в смисъл на синхронично измерване между психичното явление (депресивни или параноидни преживявания) и конкордантни на самооценките от психологичната скала неврофизиологични процеси в различни мозъчни разпределени системи. Към това се прибавят и промени в свързаността на инсуларния апарат, който обособява функцията на т.нар. Salience network в състояние на покой, обуславящи механизма на проксималната Salience при психози.

Крайните опити на редуктивния физикализъм да бъде елиминиран напълно субективният компонент на оценката чрез опит за компютърно моделиране на диагностични единици в психопатологията само на база на мозъчни патерни (brain patterns; signatures of disease) не намират засега експериментално потвърждение.

По-сложните явления, като трайните характеристики на личността, или цялостните синдромни и нозологични форми, които могат да бъдат регистрирани при интервю от специалист, в нашата перспектива търпят обяснение през supervenience теория на съзнанието. Нужно е да се подчертае отново, че тази концепция се прилага в нейния локален, а не в глобалния й вариант (Stoyanov, 2018).

Нашите изследвания посредством фМРТ ще позволят използването на валидираните чрез невроизобразяване психични скали в клиничната практика, което ще позволи при използването на минимални икономически ресурси да бъде постигнато оптимално измерване на медицински състояния в психиатрията.

VI. Заключение

От изложеното по-горе става ясно, че редуцирано пвр на МВР до двата вида физикализъм, което на пръв поглед предлага две комбинирани умерени проекторешения по Поликаров, на практика се състои от радикално-алтернативистични проекторешения, които не подлежат на синтез.

Докато за други области на науката такъв опит за синтез би бил задоволителна „група преимуществени решения", то за твърде неподредената психология и психиатрия, в които изобилстват много противоречиви теоретични направления, практически произтичащи от полярни решения на МВР, тази редукция и конвергенция на пвр се оказва недостатъчна и в този контекст изисква критична преоценка.

Изхождайки от предпоставката, че съществуват доказателства, които в известен смисъл оспорват identity теорията, както и от това, че редуктивният физикализъм, поне засега, не предлага задоволително обяснение на психичната патофеноменология, а и е несъвместим с повечето теоретични концепции в психиатрията понастоящем, ще си позволим да диалогизираме / полемизираме тези две тенденции както следва:

- Психичните явления са обусловени от физични неврокорелати (субстрати). Перистатичните фактори – средови, социокултурални, се явяват второстепенни причини в определянето на психиката. Те само повлияват невропластичността на ЦНС в индивидуалното развитие и текущата адаптация (физикалистичен принцип);
- Съществуват елементарни нормопсихологични явления и състояния (states), които могат да бъдат редуцирани до невробиологични (принцип на identity);
- Съществуват комплексни и нелинейни нормопсихологични явления, респ. понятия и термини, които все още не подлежат на редукция, но също са определени от мозъчни корелати. Към тях се прилага supervenience принципът и чрез двууусловни (*biconditional*) закони и правила се проверяват и/или преразглеждат в условията на невронаучен експеримент;
- Към психопатологичните феномени се прилага органодинамичната концепция на Henri Ey (Ey, 1962), която не противоречи на така формулираните принципи. Тя се смята за своеобразно продължение на физикализма в еволюционното направление – йерархична теория на J. H. Jackson.

Основните постановки в психиатричната концепция на H. Ey са:

- душевната болест се съдържа в организацията на психичното. Патологичният процес деструктурира по-високите организационни нива до нисши архаични (дисолуция);
- структурата на самата душевна болест е негативна и регресивна. Тя е обусловена от дефицитарно разстройство (негативен фактор) и спонтанният й ход води до психичен дефект;

- душевните болести (неврози и психози) чрез своята дина-
мика, структура и еволюция означават нива на агенезия, разпад,
т.е. психична дезорганизация. По този начин освобождават, де-
зинхибират по-примитивните нива, което авторът нарича „пато-
логия на свободата".

Нашите данни на концептуално, емпирично и мета-емпи-
рично ниво доказват възможностите на евристичния диверген-
тно-конвергентен метод на Поликаров при решаване на научни
проблеми на транс-дисциплинарно ниво.

Литература

Иванов, Вл, 2001. Философия и медицина, София, АИ „Проф.
Марин Дринов".

Поликаров, А., Методология на научното познание, 1973-1973,
София: Наука и изкуство.

Поликаров, А, Философска одисея, 1999, София: АИ „Проф. Марин
Дринов".

Стоянов, Д., Невронаука и предизвикателствата на психологичната
медицина, 2008, София: Изток-Запад.

Crick, F. H. 1979. Thinking about the brain. *Scientific American*, 241(3), 219-233.

Di Nicola, V. F., & Stoyanov, D. 2020. *Psychiatry in Crisis: at the Crossroads of Social Sciences, the Humanities, and Neuroscience*. Berlin, Heidelberg: Springer Nature.

Ey, H. 1962. Hughlings Jackson's principles and the organo-dynamic concept of psychiatry. *American Journal of Psychiatry*, 118 (8), 673-682.

Eysenck, H. J. 1981. General features of the model. In *A model for personality*. Berlin, Heidelberg: Springer, 1-37.

Kim, J. 1993. *Supervenience and mind: Selected philosophical essays*. Cambridge University Press.

Penfield, W., & Rasmussen, T. 1955. The cerebral cortex of man. New York: Macmillan, 21–58.

Place, U. T. (1956). Is consciousness a brain process? // *British journal of psychology*, 47(1), 44-50.

Stoyanov, D. S., 2018. An essay on the mind-brain problem and legal proof // *Balkan Journal of Philosophy*, 10 (1), 27-36.

Stoyanov, D., 2020. Methodological challenges before translation from psychopathology to neuroscience: top-down or bottom-up models? // *Dialogues in Philosophy, Mental & Neuro Sciences*, 13 (1).

Todeva-Radneva, A., Paunova, R., Simeonova, D., Kandilarova, S., & Stoyanov, D. 2020. Transdisciplinary validation of clinical psychological scales and functional MRI // *SAGE Research Methods Cases.* https://www.doi.org/10.4135/9781529744286

Пламен Дамянов

АНАЛОГИЯТА КАТО МЕТОД
ЗА ИЗГРАЖДАНЕ НА МОДЕЛИ В НАУКАТА

Аналогията е понятие, характеризиращо отношенията между две системи. Системите са съвкупности от елементи (обекти, свойства) и отношения между тях. Терминът аналогия ($αναλογια$) е използван за първи път от *Питагор* за отношението (средно аритметично) $\frac{a}{b} = \frac{c}{d}$. Понеже **a, b** и *c* са дължини на отсечки, то първоизточник на аналогията е геометрията. Аналогия от вида $\frac{a}{b} = \frac{c}{d}$ е "пропорционална аналогия".

Питагореецът *Алкмеон* разпростира пропорционалната аналогия не само към числови отношения. Той твърди, че „здравето е равновесие между противоположни тенденции у човека" и аналогично „силната държава се изгражда чрез равновесие между противоположни тенденции в обществото". Под "аналогия" *Аристотел* вече разбира не само количествено, но и качествено еднакви елементи (отношения между елементи) в две системи.

Според руския философ Батороев, аналогията е понятие за частично или пълно подобие между обектите (елементи, отношения) от две системи. Това всъщност е заместване на елементи от една система с такива от друга, въз основа на съществуване на еднакви елементи (отношения) между системите.

Възможности за изграждане на аналогия

Когато правим аналогия, имаме еднакви елементи (отношения) между две системи и други елементи (или отношения), които са в отношения с еднаквите и сред тях също търсим сходства и различия. Отношенията между еднаквите и останалите елементи образуват системите. Съществуват основно две възможности за изграждане на аналогия:

- Ако в две системи има еднакви елементи (отношения), да направим съответната замяна.
- Ако имаме еднакви елемента или еднакви отношения между елементи, търсим други елементи в някакви възможни отношения с тях.

Последното означава, че вземаме елемент (отношение) и търсим еднакви елементи, които са в отношения с него. Така изграждаме едната система. Другата система изграждаме като вземем същия елемент (отношение) и вече с други елементи изграждаме отношение с първия или търсим други отношения (различни от отношенията в първата система) между елемента и елементи еднакви с тези от първата система.

Солитони (хидродинамичен модел на плазмата)

Като пример ще разгледаме *хидродинамичния модел на плазмата*. В частност ще се спрем на един от ефектите в този модел – *солитонните вълни*. Общите елементи, пораждащи аналогия между флуида и плазмата са частиците, т.е. прекъснатия строеж на реалните обекти - флуид и плазма. За *флуида* това са молекулите, които взаимодействат помежду си. Общият елемент за плазмата са пак частици – електрони e^- и йони $\bar{u}^+$. Те взаимодействат помежду си електромагнитно.

Ако пренебрегнем близко-действащите електрични и магнитни сили, можем да смятаме, че e^- и $\bar{u}^+$ се движат в едно усреднено поле като независими частици. Това вече е един вариант на *флуид* с направени ограничения и приближения. Сходствата са налице и замяната се извършва. За флуид с такива приближения

има хидродинамична теория, която ще се използва вече за плаз-
мата.

Сега, сравнявайки флуид и плазма, ще се спрем на *соли-
тонните вълни*. Във флуида могат да се разпространяват зони с
различна плътност, характеризиращи се с разстояние между зо-
ните с еднаква плътност (λ – дължина на вълната) и скорост на
разпространение. По същия начин вълни могат да се разпростра-
няват и в плазмата, като тук вече имаме промяна на плътността
на йоните (електроните), която се разпространява с някаква ско-
рост. Ако n_i е плътност на $\bar{u}^+$ в т. **x**, а n_e е плътността на e^- в т.
x, то еднаквостта с *флуида* изисква $n_i = n_e$. Йонно-звуковите
вълни могат да бъдат *линейни* – с малка амплитуда и *нелинейни* –
с голяма амплитуда (с голяма ширина на зоната с повишена/на-
малена плътност).

Ясно е, че за да се разпространява една такава вълна е
нужна непрекъсната среда , т.е. възможност промяната на плът-
ността да се предава на следващите части от плазмата, което се
постига, ако честотата на вълната е по-малка от честотата на
сблъсъците между електроните. Разглеждаме честотата на e^-, за-
щото тяхната скорост е по-голяма от тази на $\bar{u}^+$, при което има
възможност за разпространение на вълна. Различието между ско-
ростите на e^- и $\bar{u}^+$ е породено от различието в масите им. Поради
взаимодействието между e^- и $\bar{u}^+$ то пък ще породи различие
между плътностите им. При разпространение на вълната ще се по-
роди разлика в скоростите на вълни с различни честоти. Наличието
на електрично взаимодействие между e^- и $\bar{u}^+$ ще породи и раз-
лична скорост на вълната в *плазмата* от тази във *флуида*, т.е. от
звуковата и поради влиянието на полето ще бъде по-бавна от нея.

В плазмата наличието на електрично поле (взаимодействие
между e^- и $\bar{u}^+$) е причина и за явлението дисперсия, което се изра-
зява в разлика между скоростите на основната вълна и разпростра-
няващите се заедно с нея *хармонични вълни* с честоти 2ω, 3ω, …

Хармоничните се разпространяват по-бавно от основата, защото плътността на e^- и $\bar{u}^+$ не е еднаква за различните точки от плазмата, т.е. $n_i \neq n_e$ поради споменатите вече причини. Ако $\lambda_{\bar{u}-зв.} \cong \lambda_0$, то влиянието на $n_i \neq n_e$ се проявява в забавяне скоростта на вълната, поради влияние на полето. Разделянето на зарядите поражда разреждане на електроните и сгъстяване на йоните локално, както и обратно, разреждане на йоните и сгъстяване на електроните локално в друга област. Ясно е, че *надлъжните йонно-звукови вълни* ще се затормозяват в разпространението си от отблъскващи сили пред фронта и привличащи зад фронта. В зоната на r_0 на *Дебаевският радиус,* разредеността на електроните и тяхната сгъстеност в различни подобласти, както и влиянието на силите на привличане между e^- и $\bar{u}^+$ при разпространение на вълната дава сумарен ефект забавяне на скоростта ѝ. *Дебаевският радиус* r_0 е радиус на действие на полето на положителния йон, като по-нататък полето се екранира от e^-, т.е. електроните са разположени на разстояние r_0 около $\bar{u}^+$.

При разпространение на *хармоничните,* ефекта на забавяне на скоростта им спрямо, основната ще нараства, защото тяхната дължина на вълната намалява спрямо r_0, т.е. $\lambda/n \lesssim r_0$. По-бавното разпространение на *хармоничните вълни* поражда намаляване стръмността на фронта на *основната вълна*, което е крайният резултат на явлението *дисперсия*.

Движение на солитонна вълна

Ще разгледаме вълни с голяма амплитуда – *нелинейни.* Ако във флуид се разпространява *нелинейна вълна,* нейната скорост е по-голяма от скоростта на звука. Участъците с различна плътност при тези вълни, се разпространяват с различна скорост. По-плътният участък е с по-голяма скорост. Получава се голяма стръмност на фронта. Тук различията между флуид и плазма могат да се проявяват в различната скорост на йонната и електронна плътностни зони, поради ефекта $n_i \neq n_e$. Тук виждаме и ограниченията на метода на аналогията, при който освен сходства, има и различия в явленията, свързани с обектите, между които се прави аналогията.

Солитоните се определят като *нелинейни вълни*, в които увеличената стръмност на вълната се компенсира от *дисперсията*. Те имат много свойства, но нас ни интересуват различията между солитоните във флуид и моделът, чрез който моделираме *нелинейните вълни в плазма*. Относно солитонните вълни в плазмата, разгледахме в качествен аспект причините за увеличаване стръмността на фронта и дисперсията, докато за флуид няма да разглеждаме такова обяснение, а направо приемаме дадената дефиниция за солитонни вълни. Поради наличие на заредени частици (йони и електрони) в плазмата, за да възникне йонно-звуков солитон са необходими определени условия. При колебание, поради голямата си маса, йоните не успяват да се движат заедно с e^-, а изостават. Това води до разделяне на товарите, поради което взаимодействието между йоните се екранира от електроните $\boldsymbol{e}^-$ и така те блокират разпространението на *йонно-звуковите вълни*.

Ако обаче температурата на електроните e^- е значително по-висока от тази на йоните $\bar{u}^+$, т.е. скоростта на e^- е по-голяма от тази на $\bar{u}^+$, то електроните не могат да екранират напълно електростатичното поле на йоните, даже съществуването на такова уравновесява електронното налягане. Чрез това поле, породено от товара на $\bar{u}^+$, се осъществява взаимодействието между йоните, което прави възможно разпространението на йонно-звукова вълна, чиято скорост (за дадена честота на вълната) зависи от електронното налягане и масата на $\bar{u}^+$. Освен описаните по-горе различия, относно скоростта на разпространение на вълни с различни честоти, се наблюдава и слаба сплеснатост пред солитона, което се обяснява с отразяване на йоните от потенциала на електричното поле. Йоните пред фронта на вълната се отблъскват от електричните сили - главна причина за затихване на вълните.

Първият процес от явлението е движение на *солитон S* в хомогенна среда със скорост V_s. Нека критерий за еднаквост на процесите в системите *S (движение на солитонна вълна)* и *R (движение на йони в плазма)* бъде поведението на скоростта V_s. В такъв случай, въпреки че средата, в която се разпространява солитона е различна от онази, в която се движи *R,* то щом няма влияние от страна на средата – аналог върху скоростта на *R,* тя е постоянна и следователно процесите са еднакви. Взаимодействието между *S* и "нееднородната среда" (*системата от частици-йони*) е различно в своя конкретен вид от взаимодействието между солитона и нееднородната среда. Нееднаквостта е породена от различните елементи, изграждащи обектите от модела и прототипа. Взаимодействието между *частиците* от *R* и онези от "нееднородната среда" може да е такова, че да предизвика изменение на скоростта на *n – частичната йонна конфигурация R,* сходно с изменението на скоростта на *солитона S* при движението му в нееднородна среда. За нас ефектът е движение на *n* – частичната йонна конфигурация (в случая тя се разбива на две - отразена и преминала). Следователно, искаме взаимодействието на *S* с аналозите (еднородна и нееднородна среда) да е такова, щото ефектът да е еднакъв с онзи от "реалната система". Това постигаме с нагаждане на конкретния вид взаимодействие, щото в крайна сметка изменението на общият елемент – скоростта да е найблизко до реалния случай. Конкретният вид на елементите и тяхното взаимодействие не винаги могат да моделират истинно цялото явление, т.е. с всички негови ефекти, свързани с общите елементи. В случая, реалният солитон след преминаването си през нееднородната среда, ако придобие скорост V_s по-голяма от някаква критична скорост C_s , се разрушава - нещо което не се наблюдава в описания модел на явлението. През целия процес от една страна заменяме средите, в които се движи *солитона – S* с техните аналози, от друга страна говорим за еднаквост на процеса. Причината е, че има общи елементи в аналозите и в реалните обекти. Така ефектите стават сходни поради еднаквите общи елементи в тях и избора на такива закони на взаимодействие (в модела), които да предизвикат еднакви изменения в общите елементи на процесите в явлението.

Ясно е, че ако тези общи елементи са налице в друго явление, то същите елементи, които ги изпълват, могат да моделират новото явление. Разбира се, в това явление ще има по-различна постройка (различни отношения) на общите елементи и законите на взаимодействие между конкретните елементи, за да има сходство на явлението – аналог (модел) с реалното.

Такъв подход за построяване на модели се използва често във физиката. Така са създадени моделите на атомното ядро, на кристалите и т.н. Освен във физиката, описаният начин за моделиране чрез аналогия се използва в химията (пространствена структура на молекулите), биологията (моделиране структурата на клетката) и икономиката (метод на екстраполацията).

Ток в плазма

На *частиците* от *S* конфигурациите ще припишем и характеристиката *електричен товар q*. След въвеждането й ще смятаме, че *S е аналог* на *солитон в плазма*. Наличието на електрично взаимодействие ще породи много нови ефекти при разпространение на *солитонна вълна в плазма* за разлика от обикновения солитон. При моделирането на тези явления можем да въведем товар на частиците от средата, в която се движи *S*, да променяме товара на частиците в него, да въвеждаме външно поле, в което се движи *S* и т.н. Вълните (S – аналозите) могат да взаимодействат помежду си, да се отблъскват или привличат чрез електромагнитни сили, могат да се влияят (вкл. да се разрушават) от външно електромагнитно поле.

Нека се разпространяват S - *вълни* в плазма. Във всяка точка ще има електрично поле, което е сума от полетата на отделните S конфигурации. *Токът*, пораждащ се от полето е $\vec{J} = \sigma . \vec{E}$. Като разложим тока $\vec{J} = \vec{J}^{(1)} + \vec{J}^{(2)} + \ldots$ и заместим израза за J в уравненията на *Максуел* получаваме:

$$\nabla \times \vec{E} = -\mu . \frac{\partial \vec{H}}{\partial t}$$

$$\nabla \times \vec{H} = \varepsilon . \frac{\partial \vec{E}}{\partial t} + J^{(1)} + J^{(2)}$$

Ако за аналог на *енергията E* вземем величина, която е функция на параметрите на S (защото в реалността E зависи от параметрите на солитонната вълна), то можем да нагаждаме точния вид на функцията така, че моделът вярно да описва реалната зависимост.

Възможности за генериране на нови идеи в космологията

Изхождайки от представения механизъм за аналогов пренос на знаниеви елементи, ще разгледаме една възможност за поява на нови идеи в космологията. Ще се спрем на две конкретни знаниеви системи: Обща теория на относителността (ОТО) на *Айнщайн* и хидродинамиката. В теория на относителността присъстват понятия като *непрекъснатост на пространството-времето, тензор на енергията-импулса, уравнения на полето* от-

носно *тензора на енергията-импулса.* В хидродинамиката при-
състват понятията: *непрекъснат, веществен обект – флуид, тен-
зор на енергията-импулса, уравнение на движението.*

Така например, определени характеристики и величини от ди-
намиката, като заряд и електромагнитна постоянна μ_0, могат да
бъдат пренесени и включени в някои величини от *уравненията
на Айнщайн.* За пренесените елементи съществува възможността
да зависят или да не зависят от времето, като и в двата случая
могат да принадлежат на определено общо понятие.

Моделите, които се получават като изводи от ОТО са пример
за генериране на идеи чрез аналогово взаимодействие в две по-
соки между съществуващи модели. Така, от класическата и рела-
тивистката (от Специална теория на относителността) хидроди-
намика има пренос на структурни и съдържателни елементи в
ОТО (в уравненията на *Айнщайн*). След това се наблюдава анало-
гов пренос и от ОТО в хидродинамиката, електродинамиката и в
други области на физиката, от които са заимствани идеи за самата
ОТО. Вследствие на такъв пренос възниква общото *релативис-
тко уравнение на хидростатично равновесие* (Лайтман, Трайс
1979: 83) :

$$\frac{-\partial P}{\partial X^\nu} = (\rho + P) \frac{\partial}{\partial X} \ln\sqrt{(-g_{oo})} \,.$$

Появяват се също така *уравненията на Максуел* в ОТО и съот-
ветно *уравнението за движение на заредена частица:*

$$H = \frac{1}{2} g^{\mu\nu}\big(\pi_\mu - eA_\mu\big).\,(\pi_\nu - eA_\nu).$$

Можем също да генерираме нови модели, поставяйки заряда *e*
в зависимост от времето, по аналогия с модели от класическата

и релативистка динамики, в които има уж „постоянни" величини, но поставени в зависимост от времето. Такъв е космологичният модел на Бронс-Дике, където *гравитационната константа G* мени стойността си в различни точки от пространство- времето (Лайтман, Трайс 1979: 234).

Развитие и кризи в научните идеи

Ако допуснем, че системата е пълна и затворена, което означава, че всички възможни отношения между нейните елементи (без добавка на нови такива) са изводими от определени основни закони, то от това следва, че в теорията съществуват ограничен брой от принципи и не може да бъде добавен нито един нов постулат към нея, без тя да бъде разрушена, т.е. без да се наложи премахването на някои нейни принципи. Повечето научни знания, които се получават при аналогово взаимодействие между съществуващи теории, обаче не са принципно нови. Това означава, че тези знания биха могли да бъдат изведени и от теоретични системи, генерирани при взаимодействие между основните закони (принципите) на две съществуващи научни концепции. От критериите и условията за осъществяване на аналогия, които ние изведохме не следва обаче, че по-благоприятни за взаимодействие по аналогия са принципите, а не законите или следствията от две теоретични системи. В много случаи по-лесно може да се осъществи аналогия между някои закони или следствия от две теории, защото те могат да съдържат елементи (принадлежащи на определени общи понятия), които да дават по-добра възможност за аналогово взаимодействие. Ето защо генерирането на голям брой научни знания чрез аналогия, не само между основните закони (принципи), но и между следствията от научните теории има голямо евристично значение. Много закони от определена теория се извеждат или обясняват от втора система от знания, родена след взаимодействието между първата теория и друга (трета) теоретична система.

Изграждането на един модел на развиващи (саморазвиващи) се теоретични системи с определена структура, ще се илюстрираме с примери от естествените науки – физика, математика, химия. Изхождайки от модела на аналогово взаимодействащи си системи от знания, можем да предскажем какви са възможностите за развитие на такива системи от дадена област при определени условия. Предпоставяме условието, че теоретичните системи са с фиксирани понятия и закони, между които след взаимодействие могат да се пренасят елементи от знанието и така да възникват нови системи от знания.

Както показва опита от съществуващите научни теории до сега, броят на основните закони (принципи) в теоретичните системи не е голям. Такива системи например са математическият анализ, евклидовата геометрия, нютоновата механика, теория на относителността и др. Раждането на принципно нова теория, винаги означава раждане на система от знания, в които присъстват нови принципи (основни закони). Също така, каквито и следствия (закони) да има в една нова теоретична система, ако те се извеждат от основните закони на някоя "стара" научна теория, то "новата" система не е принципно нова. Изхождайки от това е ясно, че при взаимодействие между две научни теории, съдържащи краен брой принципи и голям брой следствия, ще се родят толкова принципно нови теоретични системи, колкото нови принципи могат да съществуват в ново-генерираните теории след аналогово взаимодействие между съществуващите. При такова взаимодействие между две теоретични системи, нови принципи ще се генерират само след замяна на елементи, съдържащи се в основните закони на едната система с елементи, съдържащи се в основните закони (принципи) от другата система. Следователно поява на нови теории ще има само в тези случаи. Затова смятаме, че само при аналогово взаимодействие между основните закони от дадени теоретични системи, ще се родят принципно нови идеи. Теоретични системи в чист вид с ясно формулирани принципи и закони с изведени всички следствия обаче, реално не съществуват. Следователно, ако осъществим взаимодействие по аналогия само между основните закони (принципите), които сме фиксирали в момента, ще получим една малка част от възможните теоретични системи, които системи ще съдържат в себе си само част от възможните следствия (закони). Бързото и лесно осъществяване на аналогово взаимодействие между определени закони или следствия от две теории и създаването на нова система от знания има голямо значение и за възникването на нови структури в научните теории – нови понятия или нови отношения между понятийни елементи.

За системите от знания с ясно изразени основни понятия, отношения, принципи и следствия, в които присъстват ограничен брой принципи, съдържащи определен брой елементи, принадлежащи на различни понятия, можем да твърдим, че при взаимодействие между такива системи, много от генериранитс тсории ще бъдат изводими една от друга. Ако допуснем, че развитие на научните идеи има само при генериране на принципно нови такива, неизводими от преходни теоретични системи, то броят на научните теории, определящи развитието в определена научна област ще се изрази с броя на генерираните системи от знания при аналогово взаимодействие. Това е случаят, когато определен брой принципи (основни закони) от една теоретична система взаимодействат с основни закони от друга такава система, като във всеки от тези закони има елементи от различни понятия допускайки, че само при взаимодействие между принципите се раждат качествено нови теории, т.е. тогава има развитие. Така ново-генерираните научни знания, които са принципно нови и водят до развитие на идеите в науката са потопени в морето на многото възможни генерирани системи от знания.

Имайки предвид, че само някои теории от математиката и физиката са пълни и затворени системи (и само те допускат допълване с нови принципи и всички следствия могат да се изведат от съществуващите принципи) е ясно, че в повечето системи от знания ще има много закони и следствия неизводими от основните закони. Също така има много условия за валидност на определени закони, които играят ролята на принципи. Много от научните теории дават възможност за добавка на нови принципи и понятия, за да се обяснят редица явления, за което не са достатъчни съществуващите основни закони и понятия. Такива непълни и отворени теоретични системи има в областта на химията, физиката и особено в обществените науки - социология, икономика и др. Например теоретичните модели, обясняващи явления от физика на плазмата, съдържат много условия към основните закони на теории от атомната и ядрената физика. Също така много от законите на атомната и ядрената физика не са пряко изводими от принципите на квантовата механика, класическата механика и теория на относителността, а се налагат редица ограничения към тези теории, обясняващи определен кръг от явления. Още по-очевиден е случаят с моделите на елементарните частици. Там непрекъснато се налага въвеждане на нови понятия (характеристики) и нови принципи, за да се създаде модел на елементарните частици, обясняващ поне част от явленията свързани с тях. Подобни кризисни моменти има и в някои обществени науки - социология, политология и икономика. Криза също се наблюдава в психологията и в математиката, където поради липса на нови методи за доказателства, например и до днес не е доказана Голямата теорема на Ферма, формулирана още през 1630 г. След като възникне нова идея, съдържаща елементи от новосъздадени общи понятия, тя вече може отново чрез аналогово взаимодействие с други съществуващи системи от знания, да роди принципно нови научни концепции. Пара-психологичните явления например, могат да имат обяснение, съдържащо се във философията, макар и да не са в съгласие с моделите (теориите) от физиката и психологията в настоящето.

Например във физиката, принципно различните теории са малко в сравнение с големия брой теоретични системи, който съществува (повечето от тях, генерирани чрез аналогия). Много от фундаменталните научни концепции във физиката са създадени в края на XIX-ти и началото на XX-ти век - като електродинамиката, теория на относителността, квантовата механика, след което са генерирани и теории при аналогово взаимодействие между тях. В тези случаи обаче, аналогията засяга пренос на елемента повече между основните закони (принципи) и поради техния неголям брой, генерираните при това взаимодействие нови теоретични системи не са много и са създадени сравнително бързо. Това означава, че развитието на фундаменталните концепции във физиката се е изчерпало след осъществяването на аналогово взаимодействие между основните закони на съществуващите базисни теории (електродинамика, класическа механика, теория на относителността, квантова механика). Така, след създаването на вълновата механика на Де Бройл, на теория на относителността, на модела на Ръдърфорд и Бор, принципно нови теоретични системи в атомната физика не се генерират и много от тях не съдържат понятия с ново съдържание, нови принципи, т.е. няма нови фундаментални идеи. След това и досега продължават да се роят много модели - във физика на елементарните частици (кварков модел), във физика на плазмата (хидродинамичен модел), в ядрената физика (слоист модел) и т.н., в които обаче има много малко нови идеи (респ. нови понятия и закони). От изброените например, само в кварковия модел има някои принципно нови елементи.

Разбира се в ново-генерираните системи от знания има много закони и следствия, водещи до откритие на нови явления и обяснение на стари. Всички тези следствия и закони обаче могат да намерят обяснение чрез постулатите, присъстващи във фундаменталните теории или в получените от взаимодействието между техните основни понятия и принципи, нови концепции. Ето кое формира съдържанието на така наречената парадигма – това е "плоскостта" (множеството) на групата фундаментални теории и възгледи, родени от взаимодействието между основните понятия и закони на вече съществуващи системи от знания. След това, вече взаимодействието между които и да е от тази група теории, ражда системи от знания, намиращи се все в тази плоскост, т.е. съдържащи закони, следствия и понятия, изводими (обясними) от законите и понятията на групата базисни концепции.

По този начин може да се обясни и появата на кризи в определени научни области. След изчерпване на възможностите за поява на качествено нови теории, започват да възникват много теоретични системи, чиито понятия, закони и следствия са изводими от основните закони и понятия на вече генерираните принципно нови научни теории. Такава криза се наблюдава във физиката относно идеите за структурата на материята. Наличието на корпускулярно-вълнов дуализъм е само опит да се преодолее кризата и съответно трудностите, свързани с обяснението на редица явления от атомната физика и елементарните частици. Множеството модели на явления от ядрената физика, от физика на елементарните частици и от астрофизиката са все в плоскостта на фундаменталните концепции от класическата и квантова механики, електродинамиката и теория на относителността.

Трудностите около създаването на единна теория на всички видове взаимодействия (електромагнитно, гравитационно, ядрено и т.н.) също са илюстрация за кризисни моменти в развитието на физиката. Ясно е, че за да има развитие, трябва да се появи научна теория, съдържаща елементи, които не присъстват в съществуващите теории. Тези елементи може да са нови понятия (съответно нови елементи, присъстващи в тях), нови принципи, нови закони. Аналогията може да помогне за формиране на нови структурни елементи в системите от знания, но тя не е единствен метод за генериране на нови идеи и теоретични системи в науката. Ако се ръководим от модела на взаимодействие по аналогия, то е възможен пренос само на елементи, съдържащи се във вече съществуващи понятия и теории, което води и до процеса на изчерпване в развитието на научните концепции.

Развитие на научните идеи в
някои системи от знания

Използването на аналогията в науката е още от древността. Тя се проявява между най-развитите системи на знания за времето си. Това са алгебрата, геометрията и философията. Както казахме, самото понятие "аналогия" първоначално възниква за отношение между дължини на отсечки, т.е. тя е свързана с количествени съотношения. В развити теоретични системи, като геометрията (оформена като система от знания още в Египет - 2000 г. пр.н.е. и Гърция през VI в. пр.н.е., когато се появяват първите теореми на Талес) и алгебрата (възникнала в Египет 1600 г. пр.н.е. и в Гърция – III в. пр.н.е., когато се появяват *Началата* на Евкалид) аналоговото взаимодействие между елементи от тези системи на знания и други такива се осъществява нееднократно. То се изразява в откриване на сходства (еднакви съотношения) в подобни фигури, в съпоставяне на числа на определени елементи от геометрични фигури (аналогия между геометрия и алгебра), т.е. в откриване на зависимости между числата въз основа на зависимости между елементи от фигурите. Пренасянето на базисни елементи, касаещи понятия като прекъснатост, непрекъснатост, крайност и безкрайност от геометрията в математиката (числения анализ) и философията, както и опитите за изграждане на стройни по форма теоретични система в различни математически и други дисциплини, по аналогия с Евклидовата геометрия показва, че още от зараждането и развитието си новите знания (на база на съществуващи) в голяма степен се осъществява чрез метода на аналогията.

В древността и средновековието във философията и теологията възникват нови системи от знания чрез аналогия между съществуващи такива. Например аналогията между явления от неживата природа и тези от живата, и по-точно аналогията между знанията за човека и тези за природата извън него, се изразява в сходства между човешката психика (и физиология) и познанията за Космоса и Земята. Това води до появата на една телеологична система от знания, която представя вселената като един "жив целенасочен организъм", целта и действията на който се задават от разпростиращата се навсякъде и във всичко божествена сила. Тази целева предопределеност (ентелехия) на всички явления в природата, по аналогия с човешката дейност показва, че идеята за бога се базира на аналогия със знанията за човека. Привърженици на тази идея в древността са Талес Милетски (VI в. пр. н.е.), Анаксагор (IV в. пр. н.е.) и Аристотел (III в. пр.н.е.). По-късно, през Ренесанса, телеологичните възгледи под формата на панпсихизъм и хилозоизъм се поддържат от Дж. Бруно (XVI в.) и Г. Лайбниц (XVII в.). В по-ново време, през XIX и XX век, телеологията в нова форма - теория за емерджентната еволюция, се поддържа и развива във възгледите на философи като Мартин Хайдегер, Лойд Морган и Алфред Уайтхед.

През Средновековието и след това през Ренесанса – XVI и XVII век, математиката продължава да бъде най-развитата система от знания, в която методът на аналогията продължава да дава възможност за развитие на различни области от тази дисциплина. Така например, по аналогия с изведените още в древността методи за решаване на квадратни уравнения, през XVI век в Италия математиците търсят методи за решаване на кубични уравнения и такива от по-висока степен (4-та , 5-та и т.н. степени). В случая аналогията помага и на 13 ноември 1535 г. италианският математик Н. Тарталия намира формула за решение на кубичното уравнение. След това аналогията показва и своята обратна страна, защото се оказва, че няма обща формула (както за кубичното и квадратното уравнения) за решаване на уравнения от 5-та и по-големи степени, аналогична на формулите за квадратно и кубично уравнения. По аналогия с релациите между реалните числа, през XVI в. италианският математик Бомбели формулира и действията с комплексните числа. Аналогията между действията с реални и тези с комплексни числа води и до аналогия съпоставяща геометрични обекти на комплексните числа, каквото съпоставяне има между геометрични обекти и реалните числа. Още преди Ренесанса обаче, в Средновековието се развива една научна дисциплина, която дотогава има формата на магьосничество. Това, както е известно е алхимията. Използвайки познанията за някои възможни химични взаимодействия и превръщания (получаване) на едни вещества от други чрез взаимодействие с трети, алхимиците търсели начин да получат благородни метали. В случая възможностите за получаване на някои вещества от други е подтикнало алхимиците по аналогия да смятат, че всяко нещо (включително и златото) може да се получи след взаимодействие между определени съставки. От друга страна обаче, тази аналогия (макар и в конкретния случай погрешна) е допринесла за откриване на много нови вещества и методи за получаването им. Чрез такава, по-обща аналогия, алхимиците са смятали, че както дадено вещество може да се получи след взаимодействие между определени други, така и всяко вещество може да се получи по същия начин (след взаимодействие между някакви други вещества) и това е вярно като общ принцип. Но грешката на алхимиците е в това, че взаимодействието е конкретизирано при определени условия само до химическо. Чак в ХХ век с откриване на възможностите за ядрено делене и синтез, идеите на алхимиците могат да се сбъднат (макар, че така добитото злато излиза прекалено скъпо). През 1847 г. Х. Хелмхолц, изхождайки от закона за запазване на енергията в механиката, разпростира по аналогия този закон в термодинамиката и въобще във всяка материална система от обекти. С оформяне на химията като наука, използваща точни количествени методи, аналогията започва да играе голяма роля за обогатяването и развитието й. Бързият растеж на теоретичните знания в химията се дължи до голяма степен на аналого-вото взаимодействие с вече по-развитата система от знания на физиката. През XVIII и XIX век с изграждането на атомно-молекулната теория, в химията се ползват редица понятия и закони, изхождащи от идеите за строежа на материята, създадени още от древността. Самата идея за съществуване на неделими частици, носители на свойствата на веществото, е защитавана още от древногръцките философи Левкип, Демокрит (V в. пр.н.е.) и Анаксагор. Химията взема тези идеи, както и идеята за запазване на енергията (в химията по аналогия със законите за запазване във физиката е формулиран законът за запазване на количеството вещество от М. Ломоносов и Дж. Далтон - XIX в.). След изграждане таблицата на химичните елементи от Д. Менделеев (XIX-ти век) вече са наблюдава пренос на идеи въз основа на аналогия и от химията във физиката. Така например след открива не на редица елементарни частици (особено след 50-те години на XX-ти век) много учени по аналогия с таблицата на Менделеев се стремят да направят класификация на елементарните частици.

В края на XVIII-ти и началото на XIX-ти век, Н. Лобачевски, К. Ф. Гаус и Г. Риман, по аналогия с геометрията на Евклид създават геометрии, в които заменят един от постулатите (петия) с отрицанието му. Стройната структурна форма на Евклидовата геометрия е дала основата, щото по неин образец (чрез аналогия) са изградени много теоретични системи не само в математиката, но и в други научни области - физика, химия, биология.

След Г. Галилей (XVI в.) и И. Нютон (XVII в.) физиката се оформя като развита система от знания. Нютон по аналогия с геометрията на Евклид създава аксиоматично стройна теория и дори озаглавява своя труд "Начала", каквото заглавие носят и трудовете на Евклид. Това дава възможност чрез аналогия между вече изградени знания да се генерират нови. Така например, аналогията между теорията, обясняваща разпространението на звука и знанията за светлинните явления води до появата на теория, представяща светлината като вълнов процес (Х. Хюйгенс - XVII в., Т. Юнг и О. Френел - XVIII в.). По-късно Дж. Максуел (XIX в.) чрез аналогия между класическата механика и знанията за електрическите и магнитни явления, изгражда стройна теоретична система като механиката на Нютон. Така след аналогия между механиката на непрекъснати среди и законите за електричеството и магнетизма на Шарл дьо Кулон, М. Фарадей и Х. Лоренц, Дж. Максуел създава електродинамиката (уравненията на Максуел).

След физиката и химията се развива и биологията, като естествено и тя въз основа на аналогия със системи от познание от тези научни области ползва редици понятия, закони и структури от тях. Така понятието ген (елементарния носител на наследствеността), въведено от Йохансен (XIX в.), е аналогично с атомите от химията и физиката, които взаимодействайки и комбинирайки се помежду си дават формации с нови качества (за химията това са молекулите, за биологията това са наследствените белези). Видно е, че аналогията между научни дисциплини от различни области е не по-малко плодоносна за генериране на нови знания от аналогията между знания от една и съща област на науката.

Развитие на научните идеи през XX век

След $20^{те}$ години на нашия век с възникване на квантовата механика и теория на относителността, след откриването на редица нови явления, физиката добива нов тласък в развитието си и особено физиката на елементарните частици. За формиране на нови системи от знания в тази научна област, ролята на аналогията е неоспорима. Аналогията между *корпускулярно-вълновата теория за светлината* и *частичната класическа механика* ражда *вълновата механика* на Луи де Бройл (създадена през 1921-1923 г.). Аналоговото взаимодействие също така е един от възможните начини за изграждане основите на квантовата механика. Самият Ервин Шрьодингер е извел своето квантово-механично уравнение (през 1926 г.) чрез аналогия между класическата механика и тази на Л. де Бройл, като пренася валидността на вариационния принцип на Хамилтон от класическата механика и във вълновата механика.

С появата на атомния модел на Ръдърфорд (1911 г.) и откриването през 1896 г. от *Бекерел* на ядреното делене - естествената радиоактивност, възниква необходимостта от *модел на ядреното взаимодействие*. Основа за изграждането на такъв модел дават знанията за електромагнитното и гравитационно взаимодействия.

Търсенето на закони за ядрените взаимодействия е в насока, щото те да са аналогични по вид на вече известните взаимодействия - аналогична е зависимостта на силата от разстоянието, в сила са законите за запазване на енергията, импулса и т.н. По аналогия с електромагнетизма се изгражда и теория на слабите взаимодействия. Енрико Ферми *обяснява β –* разпада и създава *теория на слабите взаимодействия* (1933 г.), използвайки аналогия между вече изградената квантова теория на електромагнетизма и системата от знания за атомното ядро.

Биологията и особено бурно развиващата се през XX-ти век молекулярна биология използват много методи, понятия и закони от физиката и химията, като закона за запазване на енергията, метода на рентгено-структурния анализ, термодинамичните закони, химичните методи за познание и т.н. Всичко това е въз основа на аналогия между зараждащите се научни области от биологията и оформелите се вече системи от знания във физиката и химията.

През последните 100 г. (след 1920 г.) естествените науки изобилстват с примери относно благотворната роля на аналогията за генерирането на нови знания и различни области: атомна и ядрена физика, биология, астрофизика, физикохимия, биохимия, екология, социология и т.н. По-късно (след 1957 г.) Р. Файнман и Гел-Ман развиват например теория на слабите взаимодействия, запазвайки обаче фундамента ѝ, свързан с аналогията с електромагнитното взаимодействие. В тази теорията съществуват аналогични закони и понятия, каквито има в електродинамиката. Така в теория на слабите взаимодействия имаме лептонен заряд, лептонен ток, мюонен ток и т.н. Съответно в сила са законът за запазване на лептонния заряд и уравнения аналогични на тези от електродинамиката. За обяснение на ядреното (нуклон-нуклонното) взаимодействие Х. Юкава по аналогия с фотона от електромагнетизма допуска съществуването на квант на ядреното взаимодействие - пиона. Изхождайки от уравнения, аналогични на тези от електродинамиката той извежда (през 1934 г.) уравнението за потенциала на ядреното взаимодействие. Разбира се ядрените сили притежават и ред особености, които не съществуват при електромагнитните (например малък радиус на действие, зарядова независимост и др.), но имат и ред сходства - централна и нецентрална компонента на силите, пропорционална зависимост от разстоянието и т.н.

В 1964 г. Гел-Ман и Дж. Цвайг се опитват да направят класификация (аналогично на Менделеевата таблица) на елементарните частици, създавайки кварковия модел. В него има много идеи, родени вследствие на аналогия между вече съществуващите модели на елементарни частици. Така например, по аналогия със съществуващите частици и античастици се предполага, че съществуват кварки и антикварки. Допуска се съществуването на заряд (макар и не цял) на кварките, също така по аналогия с моделите (съответно с характеристиките) на елементарни частици, като протони, пиони, неутрони, мезони, ланда-частици и др., на кварките се приписват квантови числа и спин, при което по аналогия с дотогава съществуващите теоретични модели, съответно са в сила законът за съхранение на електричния и барионен заряд, на енергията, на импулса, на спина и т.н.

Тук ще отбележим факта, че през последните 40 години се откриха огромен брой нови (макар и кратко-живеещи) елементарни частици. За обяснение на свойствата им се налага постоянно изменение, допълване и усъвършенстване на съществуващите модели. Така, кварковият модел се усъвършенства, като голямата роля за това принадлежи на аналогията между системите от знания на слабите и електромагнитните взаимодействия. След взаимодействието и обединението на тези две системи, през 1968 г. С. Вайнберг и А. Салам създават теорията на електро-слабите взаимодействия. От 1974 г. по-нататък се правят аналогични опити за създаване на единна теория на електромагнитните и силни действия в трудовете на А. Салам и Ш. Глешоу. След 1970 г. Ст. Вайнберг предлага кварковата хромодинамика за обяснение на силните взаимодействия. Моделите продължават да се усложняват и роят, като през 1975 г. Глешоу и А. де Рухула предлагат съчетан хромодинамичен и кварков модел на свързаните състояния на кварки и антикварки. След 1975 г. Х. Харари предлага допълнен кварков модел на адроните, добавяйки ново квантово число за "тежест".

Видно е, че новите теоретични системи във физиката (а и не само във физиката) се генерират главно на базата на аналогово взаимодействие между вече съществуващи системи от знания. Тази тенденция в развитието на научните дисциплини обаче, има както положителни, така и отрицателни страни. Често, генерираните чрез аналогия между теоретичните системи нови знания, изчерпват възможностите си за развитие (причините за което сме разгледали), при което вече не се раждат системи от знания с качествено нови понятия (със съответстващо ново съдържание), с нови принципи и закони.

В тази връзка трябва да кажем, че философията е най-независима от аналогията, защото нейните понятия, базисни концепции и изводи могат да се изведат директно от наблюдаемите обекти и събития, като всяко конкретно явление може да служи за източник на философски разсъждения и изводи. Това е така, защото философските закони са всеобщи и са в сила за всяко явление, като не е нужно един вид обекти да се моделират чрез друг вид, съответно не е нужно една система от знания да взаимодейства аналогово с друга, за да се ражда нова знаниева система, обясняваща явления, свързани с една от двете системи. Разбира се това не означава, че не може или няма условия между философските концепции да възникне аналогия. Тя понякога се поражда и има положителна роля, т.е. във философските знания по изказаните съображения, грешката при идеите, генерирани чрез аналогия е

156

по-малко възможна, защото всеобщността на твърденията е голяма и обхваща голям (пределно общ) кръг от явления, съответно грешката или верността е валидна за всички тях и често е очевидна.

Ще отбележим, че през XX-ти век аналогията започва да играе съществена роля и в обществените науки. Осъществява се аналогово взаимодействие между далечни една от друга области на познанието. Например между социологията и естествените науки, като физика и биология. Това води до възникване на различни социологични модели, повечето от които за съжаление са далеч от реалността. Когато говорим за възникване на нови знания чрез аналогия между вече съществуващи знания, то трябва да подчертаем, че първопричина за познанието (и съответно за възникването на ново знание) е непосредственият опит, след което може да дойде обобщението, да се формират определени знания и между тях вече да се осъществи аналогово взаимодействие. Възможно е дадена идея да се роди по аналогия между съществуващи знания, след време да се появят нови факти, които да променят тези знания, родили идеята и тогава тя вече може да се появи отново в по-друга форма, вследствие на аналогията между вече обогатените и променени нови знания.

Заключение

Положителните страни на аналогията се изразяват главно в две направления. Първо, поради материална единност на света и съответното сходство между явленията, приемствеността между научните знания за различните обекти въз основа на аналогия е плодоносна и изучаването на един обект е от полза за изучаването на друг. Второ, генерацията на идеи чрез аналогия е продуктивна, защото колкото повече знания съществуват, толкова по-лесно и повече нови такива могат да се генерират. Минусите на аналогията основно са два и те са в диалектична връзка с двете ѝ положителни страни:

1. Освен сходства, между явленията (и съответно между знанията за тях), съществуват и различия, при което знанията за даден обект, генерирани чрез аналогия със знания за други обекти ще носят грешка в себе си, защото не са изведени пряко от явленията, свързани само с дадения обект.

2. Вторият недостатък на аналогията е свързан, както казахме с нейния втори положителен ефект. Когато се осъществява аналогия между съществуващи знания и се генерират нови, това често става лесно и бързо. При това обаче не забелязваме, как нашето съзнание остава лесно в плен на установени идеи и концепции, което понякога пречи да се реши даден проблем или да се развива определена система от научни знания.

Такава е ситуацията например с някои проблеми във физиката: няма непротиворечива единна представа за строежа на материята, а продължава да съществува *дуализмът вълна-частица*; не е решен и *проблемът за 3-те тела*; няма единна теория за видовете взаимодействия; няма единен космологичен модел за развитието на вселената; не е обяснен дори загадъчният закон за движението на планетите на Тициус-Боде, формулиран още през 1766 г.

Трябва да отбележим, че при появата дори на нов факт, аналогията ни кара да търсим обяснение пак по познати "канали" на мисълта, защото обяснението често се ражда от аналогия между съществуващи знания за определени факти плюс тези, свързани с новия факт. Типичен пример за това е раждането на планетарния модел на атома след опита на Ръдърфорд по разсейване на α-частици от атоми.

Литература

Амосов, Н. 1969. *Искуственный разум*. Киев: Мысль.

Айзенберг, М., Гройнер, В. 1975. *Модели ядер*. Москва: „Наука".

Батороев, К.1981. *Аналогия и модели в познании*, Новосибирск:„Наука".

Веников, В. 1976. *Теория подобия и моделирования*. Москва: Мысль.

Лайтман, А., Трайс, Р. 1979. *Сборник по теории относительности и гравитации*, Москва: "Мир".

Поликаров, А. 1972. *Методология на научното познание*. София.

Поликаров, А., 1981. *Очерци по методология на науката*. София: Наука и изкуство.

Рузавин, Г., 1974. *Методы научного исследования*. Москва: Мысль.

Старченко, А., 1962. *Роль аналогии в познании*. Москва: „Наука".

Уемов, А., 1964. Основные формы и правила выводов по аналогии. В кн.: *Проблемы логики научного познания*, Москва: „Наука".

Уемов, А., 1970. *Аналогия в практике научного исследования*. Москва: „Наука".

Уемов, А., 1962, Аналогия и модель. // *Вопросы философии*, № 3.

Хилл, Т., 1976. *Современные теории познания*. Москва: "Мир".

Шрейдер, Ю., 1971. *Равенство, сходство, порядок*. Москва: "Мир".

Штофф, В., 1966. *Моделирование и философия*. Москва: „Наука".

Bochenski, I., 1959. Über die Analogie. In: idem. *Logisch Philosophische Studien*. Freiburg.

Brodbeck, M. 1959. *Models and Theories*. New York.

Bunge, M. 1973. *Method, Model and Matter*. Dordrecht.

Hesse, M. 1970. *Models and Analogy in Science*. Notre Dame: University of Notre Dame Press.

Kennedy, B., 1972. *Models, Analogy and Theory Construction in Physics*. // *A Review of General Semantics*, Alabama, vol. 29, № 5.

Lakatos, I. 1978. *The methodology of scientific research programs. Philosophical papers*. Univ. Press, v. 8.

Nagel, E. 1979. *The Structure of Science*. Columbia University.

Oppenheimer, R. 1965. Analogy in Science // The American Psychologist vol.11, № 3.

Popper, K. 1959. *The Logic of Scientific Discovery*. London: Hutchinson & Co.

II. Глава

КОМПЛЕКСНОТО ОТНОШЕНИЕ МЕЖДУ ФИЛОСОФИЯ И НАУКА

Иванка Райнова

ПРОБЛЕМАТИЧНОТО ОТНОШЕНИЕ „ФИЛОСОФИЯ – НАУКА" ВЪВ ФЕНОМЕНОЛОГИЯТА

Увод

От 19 век насам, след бързия възход на науките и промените в разбирането за научност, статутът на философията бе поставен под въпрос[1]: тя бе принудена не само да се бори за признание, но дори и за правото си на съществуване, както подчертава Дерида в редица свои пубикации и в частност в книгата си *Правото на философията* (Derrida 1990). Отричането на научността и достиженията на философията от страна на учени и технократи, а оттук и дестабилизирането на нейното място и положение в рамките на академичната общност доведоха до „кризата на идентичността" на философското знание (Шнеделбах), която се дебатира от век и половина насам (виж Hecht 2012). Колкото и различни да са реакциите на философите в това отношение, те могат да се сведат до две противоположни позиции – опитът за ново обосноваване на философията като наука (Брентано, Хусерл), респективно по подобие на науките (позитивистите), или отказът от подобно обосноваване (екзистенциалистите). Съществуват и някои опити за междинни решения, които се опитват главно да притъпят, ако ли не да премахнат опозицията между философия и наука (напр. Паулсен).

---

[1] Тези проблеми са разработени по-подробно в книгите ми *Sein, Sinn und Werte* (Raynova 2017) *Бездната на самостта и отблясъците на абсолютното* (Райнова 2019). Настоящата статия доразвива проблема за отношението на феноменолозите към науките и научното познание и представлява в този смисъл допълнение към тази тематика.

Както отбелязва известният историк на философията Херберт Шнеделбах, кризата на философската идентичност се появява вследствие на разпада на *„абсолютния* идеализъм" на философските системи на Фихте, Шелинг и Хегел. Характерна особеност на този абсолютен идеализъм са три основни тези, а именно: единството на мислене и битие, единството на истинно, добро и красиво, науката за абсолютното като философска система. Целта да се преодолее „абсолютния идеализъм" отвежда философите до заместване на трите идеалистически тези с други, тоест възникват опити за заместване на метафизиката чрез онтологията като науката за битието, на заместване на абсолютното чрез цялото, тоест чрез светогледа, както и на концициране на истинното, доброто и красивото като ценности, тоест като аксиология (Schnädelbach 1999, 17-18, 131-137). Към това бих добавила и следното. Първо, с разпада на тъждеството между битие и мислене, както и с търсенето на т.нар. *differentia specifica* на философията, особено място започват да заемат все повече логиката и теорията на познанието, към които някои дори се опитват да сведат философията като такава. Второ, осъществяват се различни опити за класификация на науките и на научното познание, което довежда до известното деление на науки за духа, където се търси специфичното място и новата роля на философията, и науки за природата, от които философията бива разграничена. Една от заслугите на Шнеделбах е, опитът му за типологизиране на решенията, предложени като изход от идентичностната криза на философията, в четири разновидности, а именно:

На първо място, философията се опитва да направи също, което правят и науките, тоест да намери едно място в спектъра на признатите изследователски науки – тя се концентрира върху историко-херменевтичните изследвания и се самоопределя като наука за духа. На второ място, тя отвежда към признаване на самата наука като философия на епохата, като резултатът е сциентизмът в най-различни варианти. На трето място, осъществява се загърбване на традиционния философски модел и новото определение на философията като критика, която впоследствие включва и една фундаментална критика на философията. Накрая, на четвърто място, следва да се вземат предвид най-различните опити за реабилитиране на философията чрез ново обосноваване на нейните задачи и нейния метод. Тези четири начина за преодоляване на кризата на идентичността на философията определят и до днес спорното саморазбиране на философите. (Schnädelbach 1999, 119).

Че такива опити за преодоляване на „кризата на философията" съществуват, включително и до днес, няма спор. По-проблематичен ми изглежда опитът на Шнеделбах за ситуиране на някои мислители било в един, било в друг от споменатите четири типа решения. Напр. причисляването на Киркегор, екзистенциалните мислители и Хайдегер към третия тип – философията като критика –, може да е основателно, но те биха могли да бъдат причислени и към четвъртия тип – опитът за реабилитиране и реформиране философията, а самият Хайдегер и към първия, историко-херменевтичния вид философстване. С други думи, тази типология не трябва да се възприема по един радикален начин, а по-скоро като посочване на видове решения, които не се изключват непременно и които съществуват понякога в комбиниран вид. При това не трябва да се забравя, че философията имплицира винаги известна критика и, че едва ли има виден философ, който да не обосновава своите идеи чрез критична дискусия с други философи. В настоящата статия аз ще предложа конкретизация на тази обща картина чрез кратко представяне на различните парадигматични решения, предложени от Брентано, Хусерл, Хайдегер и Рикьор. Тезата, която ще аргументирам гласи, че антисциентизмът, който се смята за присъщ на феноменологическите направления, не означава непременно отрицание на науките и научността. Това, което феноменолозите отричат е сциентиския редукционизъм, тоест

свеждането на знанието до частнонаучното фактологично позна-
ние, натурализирането на интенциите, редуцирането на мисленето
до следствие от биохимични процеси и пр. Оттук насетне, както
ще се опитам да покажа, феноменолозите застават на различни по-
зиции по въпроса за отношението между философията и науките и
стигат дори до противоположни възгледи.

1. Поставянето на философията на научни основи: Франц Брентано

Франц Брентано е един от първите философи, който специ-
ално анализира проблема за кризата, или както той се изразява за
„обезкуражаващото" положение на философията. Нещо повече,
неговата концепция за необходимостта от поставяне на филосо-
фията на научна основа ще окаже решаващо влияние както върху
Хусерл, така и върху ранния Хайдегер. Като причини за настъпи-
лото „недоверие във философията" Брентано изтъква упреците на
учените, че философията е абстрактна, спекулативна и практи-
чески неплодотворна, че не стига до еднозначни истини, че ѝ лип-
сва научност (Brentano 1929a, 85-100). Затова той обосновава не-
обходимостта от едно двойно реформиране на философията –
поставянето ѝ върху научна основа и обръщането ѝ към практи-
ката:

> Днес повече от всякога излизат на преден план социал-
> ните, практически въпроси. (...) Очевидно е, че социалните
> явления принадлежат към психичните и никое друго зна-
> ние, способно да въведе ред, не може да бъде привикано
> тук на помощ, освен познанието за психичните закони, ко-
> ето ще рече философското знание. (Пак там, 99-100)

Още в тезите на своя хабилитационен труд (1866 г.) той
подчертава, че философията трябва решително да протестира
срещу делението на науките на спекулативни и точни, екзактни

[1 теза] и, че „истинският метод на философията не е никой друг освен този на природните науки" [4 теза] (Brentano 1929b, 137). Последното твърдение трябва обаче да се доуточни, за да не се стигне до погрешното впечатление, че става въпрос за някакъв вид сциентизъм. Напротив, чрез тази теза Брентано възприема Аристотеловия подход за изхождане от опита и за изследване на частите с оглед целостта им, което изисква едно по-висше познание, една „първа философия". Затова ученикът на Брентано Оскар Краус тълкува четвъртата теза по следния начин:

С израза 'природонаучен метод' на философията Брентано визира от самото начало 'първата философия', метафизиката; тя е за него, както и за Аристотел, питане относно биващото и допуска подобно на всяко природонаучно запитване (...) само един отговор, който си служи с индуктивните методи за създаването на хипотези. (Kraus 1924, XV-XVI.

По-късно с развитието на своята теория за психологията и делението ѝ на генетична и дескриптивна Брентано ще преосмисли проблема за научността на философията и ще стане ясно, че методът ѝ трябва да бъде не просто този *на* природните науки, а че следва да процедира *по аналогия* на тях, тоест по аналогия на природонаучното създаване на хипотези. Краус посочва в този контекст, че за разлика от генетичната психология, която е каузално-описателна и индуктивна, дескриптивната не е, въпреки че и тя изхожда от опита на нагледа и че си служи с екзактни експерименти; нейните хипотези и знания се постигат изведнъж и непосредствено, без индукция и са по същество априорни и аподиктични. Дескриптивната психология е в този смисъл допълнение и обогатяване на природонаучния подход, а не отъждествяване с него и/или негово приложение (пак там, XVII и XX).

Така философията се оказва една *особена наука*, доколкото предлага една подредена съвкупност от интелигибелни знания, които са, от една страна, *теоретически* (вътрешна връзка или подредба на понятия и съждения), а от друга – *практически* (знания, ръководени и обединени от една външна цел) [Brentano 1963, 6-8]. Именно превръщането на философията в наука, в психологическо изследване на феномените и на техните първоначала, включваща като основна съставна част т.нар. „дескриптивна психология или описателна феноменология", ще окаже решително влияние върху философското дело на Хусерл. Важно е да се подчертае, че макар и Брентано да означава своята дескриптивна психология с термините феноменология и феноменална психология, той я разграничава от схващането за феноменологията като непсихологична наука, занимаваща се с неемпирични нагледи и понятия (виж Brentano 1924, 13 и 1925, 276-277). Това различие бележи *централния момент* в писмената дискусия между Брентано и Хусерл относно това, коя философска наука следва да служи за първооснова на останалите. Според Брентано, психологията е основа не само на етиката, естетиката, политиката и пр., но и на логиката, докато за Хусерл логиката като чиста наука е непсихологична. Не трябва обаче да се забравя, че под влияние на Брентано *първоначалното* схващане на Хусерл за феноменологията имплицира като първо стъпало психологията. Така, целта на *Философия на аритметиката* (1891 г.) се състои в „логическо изясняване на дадена наука с помощта на психологически изследвания" (Hua XII, 7), което ще рече, че чрез анализ на съдържанието и произхода на основни понятия на аритметиката трябва да се достави фундамента и научния метод на философията (Пак там, 13). Хусерл обаче съществено разграничава психологическото описание на феномена, което е обект на дескриптивната психология, от анализа на неговото значение, което е задача на чистото логическо изследване, като посочва необходимостта от една *фундаментална наука*, която трябва да предхожда и основава философията (Пак там, 31). Тази най-обща задача ще приеме по-конкретни контури в *Логически изследвания* (1900-1901 г.), където ще бъдат приведени аргументи в подкрепа на тезата, че никоя друга освен феноменологията не може да бъде тази фундаментална наука.

2. Висшата отговорност на трансценденталната феноменология за останалите науки: Едмунд Хусерл

В предговора към първото издание на *Логически изследвания* Хусерл признава, че е поставил под съмнение убеждението си, че е възможно да се изясни дадена наука с помощта на психологически анализ и, че е отхвърлил първоначалните си философско-математически убеждения в полза на едно „ново обосноваване на чистата логика и теория на познанието" (Husserl 1993, VII), налагащо да се преосмисли мястото и ролята на науките. Той тематизира в този контекст „несъвършеното състояние на науките", тяхната теоретическа невъзможност да достигнат до последните начала, нито пък да докажат първоначалните предпоставки на своите теории. Фактът, че това важи дори и за математиката – най-напредналата от всички науки, представляваща самия идеал за научност, показва, че е необходимо едно теоретично допълнение на частните науки чрез метафизиката като „първа философия" и логиката като наукоучение, т.е. наука за науките. Подобно на Брентано Хусерл определя науката (*Wissenschaft*) чрез знанието (*Wissen*), което ни доставя очевидност относно правилността на съжденията по даден въпрос. Но понятието наука включва нещо много повече от семплото знание – науката е „систематична връзка в теоретичен смисъл и в това се състои обосновката на знанието, както и съответно свързването и привеждането в ред на поредицата от обосновки" (пак там, 15). С други думи, науката е средство за систематично постигане на истини. Общата логика може да служи за наукоучение, доколкото е нормативно изследване на специфичните форми на научност като

169

системни единства (пак там, 25-26). За разлика от психологията, която е обвързана със субективността и мислещия субект, чистата логика изследва идеалните възможности на познанието, основани в чистото априорно съдържание на познанието, независимо от субекта (срв. пак там, 211, 227, 238-239). Подобно на логиката, феноменологията изследва също идеалните условия на познанието, но се отнася предимно до ноетичните му възможности, до неговото интенционално съдържание и идеалния смисъл на интенцията (Brentano 1925, 1, 16). Във втория том на *Логически изследвания*, където феноменологията се тематизира подробно, все още се използва термина „дескриптивна психология" за означаване на емпиричното феноменологическо описание, но феноменологията се тълкува вече, за разлика от Брентано, като наука за изясняване на условията на априорното познание, служейки за общ фундамент и на философията, и на психологията, както и за изясняване на изворите, от които произтичат основните понятия и идеалните закони на чистата логика (пак там, 2-3). Хусерл изрично подчертава:

> Ако понятието психология се разбира в стария смисъл, то феноменологията не е дескриптивна психология; присъщата ѝ чиста дескрипция (т.е. проведеното въз основа на единични нагледи на преживявания [...] същностно съзерцание и дескриптивното фиксиране на онагледената в чисти понятия същност) не е емпирична (природонаучна) дескрипция, а изключване на естественото провеждане на всички емпирични (натуралистки) аперцепции и полагания. (...) Феноменологията (...) се занимава с възприятията, съжденията, чувствата и пр. като такива, с това, което е присъщо на тях априори, като нещо необходимо всеобщо, а именно като чисти особености на чистите видове, с това, което се вижда изключително въз основа на чисто интуитивното възприемане на същностите, на същностните родове и видове (...). Значи не психологията, а феноменологията е фундамента на чисто логическите, както и на всички рационално критически обяснения. (Пак там, 18)

Това, което Хусерл ще запази така или иначе от Брентано-вото учение без съществени изменения, е изискването за научност и безпредпоставъчност, както и теорията за очевидността.

Радикализирането на разбирането за феноменологията[2] и „окончателното напускане на почвата на психологията, даже на дескриптивната" (Hua II, 7) довежда Хусерл до обосноваването на концепцията за трансценденталната феноменология като изследване на конституиращото съзнание и изключване на всички обективни аксиоми. В *Идеята за феноменология* (1907) Хусерл вече съвсем ясно артикулира своята концепция, като се разграничава в няколко съществени пункта от Брентано.

Първо, Хусерл съзнателно определя феноменологията като „наука за чистите феномени" (Hua II, 46) в противоположност на Брентановата ѝ дефиниция като „наука за психичните феномени". Това означава по-конкретно, че трябва да се изключат трансцендентните предпоставки и да се насочи изследването на съзнанието към *смисъла* и *валидността*.

Второ, изключването на трансцендентното изисква един специфичен метод, чрез който да се напусне полето на естествената нагласа и да се премине към феноменологическата, отвеждайки до чистия феномен и чистото съзнание. Този метод на редукция, наречен на места *епохе*, чрез който всичко емпирично и трансцендентно се поставя „в скоби", бележи не само принципната новост на Хусерловата феноменология, но и основното ѝ различие спрямо философията на Брентано, основана на емпиричния метод (пак там, 58).

Трето, Хусерл противопоставя изрично този метод на природонаучния, като подчертава, че феноменологията се занимава

---

[2] Относно цялостното развитие на феноменологията на Хусерл виж по-подробно главата "Генезис и запитване" в книгата ми *От Хусерл до Рикьор* (Райнова 1993, 10-38).

с анализ на същностите и с изследване на конституираните в непосредствената интуиция общи съотношения между нещата:

> Това, което я отличава от обективиращите априористки науки, са нейният метод и нейната цел. Феноменологията процедира, като съзерцава и изяснява, като определя и различава смисъла. Тя сравнява, различава, свързва, привежда в отношение, отделя частите или пък премахва отделни моменти. Но всичко това се осъществява в чистото съзерцание. (...) Съзерцаващото и идеизиращо процедиране е присъщо само на най-строгата феноменологична редукция, то е един специфично философски метод, доколкото този метод е същностна част от смисъла на критиката на познанието и с това на всяка критика на разума (включително и тази на оценъчния и на практическия разум). (Пак там, 58)

В този смисъл феноменологическата теория на познанието „не може в никакъв случай да се гради върху която и да било естествена наука" (пак там, 36), нито пък да процедира по модела на природните науки. Същевременно трябва да се има предвид, че радикализацията, с която са свързани всички тези съществени различия и която бележи постъпателното обособяване на Хусерловата феноменология от дескриптивната психология, е ярко свидетелство за факта, че Хусерл изхожда от редица съществени тези на Брентано – тезите за научността и безпредпоставъчността на философията, за нейната особеност и независимост от другите науки, за очевидността и вътрешния характер на познанието, времевостта и пр. –, но без да ги възприема епигонски, а като ги реинтерпретира и съществено видоизменя. Ярък резултат от това е публикуваното през 1911 г. прочуто произведение на Хусерл *Философията като строга наука*.

Във *Философията като строга наука* Хусерл подлага на критика, от една страна, „суеверието" на науките, тоест наивната им вяра във „фактите", във фактически съществуващото, а от друга, игнорирането на предпоставките, върху които се основават техните знания. Тъй като науките не са в състояние да обосноват своето знание, задачата на това обосноваване принадлежи именно на философията, при условие обаче, че самата тя съумее да се конституира като „строга наука". В това произведение Хусерл не използва понятието „криза" на научното познание или на философията, а си служи с думи като *Not*[3] (нужда, беда, неволя, притеснение), *Weltanschauungsnot* (нужда от светоглед), *Geistesnot* (духовна нужда / неволя на духа) и *Lebensnot* (нужда на живота / житейска неволя).

Философската нужда като нужда от светоглед ни притиска. И тя нараства все повече, колкото повече се разпростират границите на позитивните науки. Невероятното изобилие от научно „обяснени" факти, които последните ни даряват, не може да ни помогне, тъй като тези факти водят по принцип, заедно с науките като цяло, до едно измерение обвито със загадки, чието решение е от жизненоважно значение за нас. Естествените науки не са ни разкрили нищо от загадката на действителната реалност, тази реалност, в която живеем, действаме и съществуваме. Всеобщото убеждение, че това е тяхна задача, но че те просто още не са достатъчно готови за това, мнението, че те принципно могат да направят това, се прие от по-проницателните хора за суеверие. Необходимото разграничение между естествознанието и философията като наука, изградена по принципно различен начин, макар и да влиза в определени области в същностна връзка с естествознанието, е на път към да се наложи и изясни. (...) Натуралисти и историцисти се борят за светогледа, но и едните и другите се опитват от различни страни да реинтерпретират идеите

---

[3] В българското и в руското издание понятието Not е преведено като нужда. Според мен обаче, Хусерл играе с полисемантичността на думата като я използва и в смисъла на нужда, и на неволя, и на бедствено, критично или кризисно положение. Затова в превода на следващия пасаж съм се опитала да предам тази езикова игра.

във факти и да превърнат цялата реалност, целия живот в неразбираема, безидейна смес от „факти". Общото между тях е суеверната вяра във факта. (Hua XXV, 55-56)

Следователно, тази неволя, която произтича в действителност от науките, от тяхното суеверие, което робувайки на фактите затъмнява смисловата връзка на световото цяло и на живота, трябва да бъде преодоляна чрез феноменологията като една нова „философска наука". Последната се отличава не само от позитивните науки, но и от светогледите и т.нар. философии на светогледа, които се характеризират със стремеж към мъдрост и съвършена добродетелност (пак там, 49). Докато светогледите са обвързани с дадена епоха и култура и са поради това променливи и ефимерни, истинската, философската наука, е насочена към вечното, към нетленното: „Науката е название за абсолютните и непреходни ценности", подчертава Хусерл (пак там, 52). Затова на учения е нужна не мъдрост, а теоретичен талант с помощта на който да може да обогати човечеството с вечно валидни ценности. За разлика от натурализма и историцизма, които са знание за факти, както и от светогледа като ориентирано към дейността учение за мъдростта, феноменологията като философска наука е учение за същностни (пак там, 35, 47). Въпреки, че същностното изследване (*Wesensforschung*) се движи в областта на чистата теория и не представлява изследване на съществуването (*Daseinsforschung*), то се отнася до реалния свят и реалния човек, чрез влиянието, което указва върху тях с цел да донесе благодат на човечеството чрез „съкровището на вечно валидните величини". Според Хусерл „всяка непреходна ценност след като бъде открита веднъж, принадлежи на съкровищницата на цялото останало човечество и определя оттук веднага материалното съдържание на идеята за образование, за мъдрост, за светоглед" (пак там, 52). Борбата за преодоляване на кризата на науката, характеризирана като упадък във фактическо знание, е от централно значение доколкото е решаваща за съдбата на човешкия род, тоест за осъществяването на идеята за вечност на човечеството. Оттук става ясно, че философията като строга наука, която трябва да спомогне за това осъществяване, притежава със самото това едно по-висше призвание от всяка друга наука и друг светоглед, но също така и по-голяма историческа и етическа отговорност.

Идеята за отговорността на философията за развитието на човечеството, която е най-общо формулирана във *Философията като строга наука*, бива доразвита в по-малко известната студия „Размисъл върху идеята за един индивидуален и общинен живот в абсолютна самоотговорност"(1924). В началото на изследването си Хусерл изяснява отношението между теория и практика като издига тезата, че колкото по-фундаментално и универсално е познанието, толкова по-голяма е отговорността. Той подчертава, че в познавателните форми на теоретичната истина се съдържат всички останали ценностни и практически истини. Висшата отговорност на трансценденталната феноменология произтича именно от това, че тя като фундаментална универсална наука, като теория на теориите, включва в себе си всяко познание и го развива систематично. Трансценденталната феноменология се намира в един кръговрат между отговорността за всички други науки, от една страна, и абсолютната и радикална самоотговорност, от друга. Хусерл разширява допълнително тази отговорност като добавя към нея и социалната мисия на философията като ултимативно знание, която тя трябва да осъществи. Той аргументира тази идея като я обвързва с концепцията си за връзката между двата телоса – телоса на знанието и телоса на индивидуалния и общностния живот. Телеологическият характер на универсалната философия бива обоснован чрез тезата, че философията като всезнание е всъщност една идеална цел, която не може да бъде постигната от един-единствен философ, нито от една единствена философска общност. Всезнанието като „универсално единство на цялото знание" е телос, тоест „абсолютна крайна идея, която ръководи всеки философ и всяка философска общност" (пак там, 196). Става въпрос за едно постъпателно усъвършенстване на знанието, разпростиращо се във вечността, което не следва да се разбира като исторически факт, а като идеал. Въпреки това, този идеал не е просто някакво теоретично хоби на човечеството, а помага на отделния човек да живее в абсолютна самоотговорност. Хусерл обяснява това по следния начин:

> Като вземем предвид, че всеки вид човешка дейност, желание и усещане може да стане предмет на науките, където ще бъде превърнато в теоретична тема, и като вземем предвид, че всяко теоретично познание може да се обърне в нормативност, която става правило за възможен праксис, то тогава става ясно, че философията, разбрана като универсална наука, призвана да предава праизвора, от който всички науки извличат своето обоснование, то тогава ние виждаме, че една такава философия не може да бъде теоретично хоби на човечеството, че философският живот трябва да се разбира като живот изобщо, основан на абсолютна самоотговорност: отделният личностен субект като субект на личен живот, желае в целия си живот, в цялата си практика да взема свободно решения и то така, че във всеки момент да има правото да носи отговорност пред себе си за своето решение. (Пак там, 197)

Задачата на философията се състои за Хусерл в това, да накара хората да осъзнаят идеята за самоотговорен индивидуален и общностен живот като им разкрие нейните стъпала или стадии на развитие. Тези стадии са, първо, донаучните мотиви, които фокусират погледа на човека върху тази идея, като напр. образцови постъпки и образцови личности, които служат отначало за подражание, а впоследствие намират последователи, второ, обосноваването на норми и нормативни правила и, трето, приемането на закони. По този начин философията като универсално познание и единна наука бива поставена в служба на общността.

Докато студията „Размисъл върху идеята за един индивидуален и общинен живот в абсолютна самоотговорност" (1924) очертава контурите на универсалната философия като телеологическо развитие на човечеството, изнесеният десет години по-късно доклад „Кризата на европейското човечество и философията" (1935), както и последвалото произведение Кризата на европейските науки и трансценденталната феноменология" (1935/36), са концентрирани върху историческите форми на развитие на тази телеологическа идея. В тях се артикулира специално значението на Европа и на европейския дух, като Хусерл стига до една прекомерно евроцентристка позиция, която не мога да коментирам тук[4]. Ще отбележа само, че за Хусерл философията като европейски продукт е създала една нова духовна форма и нормативност относно безкрайните задачи и идеали на човечеството, която стои над ума и духа на другите народи/нации и трябва да ги поведе и доведе до едно свръхнационално цяло, до една всеобщност (Allsozietät). В това се състои т.нар. „архонтова" функция на философията (Hua VI, 336). Това нейно предназначение е телеологично зададено в древногръцката философия, но в ново време той се изгубва и се стига до криза. Тази криза, която той нарича „*неволя на метода*" (*Not der Methode*) е причинена от упадъка на рационалността, от изпадането в едностранчивостите на научния обективизъм и натурализацията на духа, в забравата за субекта и др. (пак там, 339). Това важи не само за природните науки, но и за науките за духа като напр. психологията.

> Чрез своя обективизъм психологията изобщо не може да стигне до душата в същностния й смисъл, тоест до аза, който действа и страда. Тя е в състояние да обективира и индуктивно да третира оценъчния опит, опита на волята, сведени до изрази на телесен живот, но може ли да направи

---

[4] По този въпрос виж по-подр. статията ми "Phänomenologie als Antwort und Verantwortung. Von Husserl bis Derrida" (Raynova 2016).

това и по отношение на цели, ценности, норми, може ли да дискутира разума, например като „предразположение“? (...) Нуждата от реформа на съвременната психология като цяло става все по-осезаема, но все още не се разбира, че тя се е провалила чрез своя обективизъм, че изобщо не може да стигне до същността на духа, че нейното изолиране на обективно мислената душа и нейното психофизическо реинтерпретиране на съществуването-в-общност е погрешно. Тя със сигурност не е работила напразно и може да ни покаже много емпирични правила с практическа стойност. Но тя е толкова истинска психология, колкото и моралната статистика, с нейните не по-малко ценни прозрения, е морална наука. (Пак там, 343-344)

Тази криза на европейското човечество може следователно да бъде преодоляна, според Хусерл, само ако духът осъзнае своите задачи и своята отговорност като се обърне от наивната насоченост навън – навътре, за да се завърне към самия себе си и остане там в своето чисто самоосмисляне. Или както той патетично завършва:

Кризата на европейското съществуване има само два изхода: залезът на Европа в нейното отчуждаване от собствения й рационален жизнен смисъл, деградирането до неприязъм към духа и до варварство или възраждането на Европа от духа на философията чрез един окончателно преодоляващ натурализма героизъм на разума. Най-голяма опасност за Европа е умората. Но ако ние като „добри европейци“ се борим срещу тази опасност на опасностите с онази храброст, която не се бои и от безконечна борба, тогава от унищожителния пожар на неверието, от тлеещия огън на изгубената надежда в посланието на Запада, от пепелта на голямата умора ще се въздигне Фениксът на една нова жизнена дълбина и одухотвореност като залог на величаво и необхватно човешко бъдеще: защото само духът е безсмъртен. (Пак там, 347-348)

Хусерловата идея за необходимото духовно възраждане на Европа бива различно реципирана във феноменологията и в съвременната философия. От една страна той бива упрекван в евроцентризъм, както и в идеализъм, интерпретиращ историята неадекватно и оставащ без реално приложение, от друга страна концепцията му за жизнения свят бива възприета от мнозина като завръщане към проблематиката на екзистенцията и ежедневния практически живот и съответно преосмислена в тази насока. Независимо от тези понякога противоположни прочити, Хусерловата критика на науките, в частност на психологизма, бива гласно или негласно възприета от повечето феноменолози и, както ще видим, доразвита в различни посоки.

3. „Науката не мисли": Мартин Хайдегер

Влиянието на Брентано се разпростира, макар и не толкова отчетливо колкото у Хусерл, и върху Мартин Хайдегер, който, описвайки своя път във феноменологията подчертава, че Брентановият труд *За многозначността на понятието биващо у Аристотел* (1862 г.) му е послужил за опорна точка в началните му опити за навлизане във философията и за откриване на проблема за битието (Heidegger 1976, 81). Най-общо, това влияние се изразява в отричане на трансценденталния идеализъм на Хусерл и завръщане към проблемите на живота. Под влияние на Брентано първоначалното отношение на Хайдегер към науките е по-скоро позитивно, отколкото негативно. Така в лекциите си *Основни проблеми на феноменологията* (1910/1911) Хайдегер твърди, че „'*феноменологията*', това е наименование на *метода* на *научната философия* изобщо" (Heidegger GA 24, 2). Това схващане се променя коренно, особено след *Битие и време* (1927), за да кулминира в *Писмо за хуманизма* (1946) в противоположното схващане, според което стремежът към научност на философията бива възприет като концесия в полза на техническото мислене:

Оттогава [откакто мисленето бе технически интерпрети-
рано] философията се намира в постоянното затруднено
положение да трябва да се легитимира пред науките. Тя
смята, че най-сигурният начин да успее в това начинание
е като се самовъздигне в ранга на наука. Но това усилие е
отказ от същността на мисленето. Философията е преслед-
вана от страха да изгуби уважение и значимост, ако не е
наука. Това [да не е наука] се счита за недостиг, равнозна-
чен на ненаучност. В техническото тълкуване на мисле-
нето битието като елемент на мисленето бива пожертвано.
(Heidegger GA 9, 314-315)

За да се разбере защо и как Хайдегер стига до ревизия на
първоначалната си позиция, трябва да се проследи както еволю-
цията на разбирането му за философията, така и еволюцията на
критиката му на науките, което е една прекалено обширна тема,
която тук мога да скицирам само частично и то в най-общи ли-
нии.

Хайдегеровата критика на науките се формира главно под
влиянието на Дилтай и Хусерл. Целта на Дилтай не е била тол-
кова да се критикуват науките, колкото да се осигури научността
на хуманитарните науки, тоест да се създадат такива духовно-
исторически категории, които да бъдат аналогични на природо-
научните. Както е известно, Дилтай различава два вида катего-
рии: формални категории, подчинени на законите на формалната
логика, които са общи и за природните, и за хуманитарните на-
уки, и реални категории, които са валидни само за природните
науки. Такава е напр. категорията за каузалност, която позволява
от едно действие да се направи заключение за неговата причина.
Тази категория обаче не работи в хуманитарните науки, където
става въпрос за действащи субекти, чиито постъпки не могат да
бъдат обяснени каузално, а само разбрани чрез изясняване на
преследваните от човека цели и чрез вникване на Аза в Другия.
Ето защо категориите и методите на хуманитарните науки

трябва да се обединят в една херменевтика, произтичаща от процеса на живота.

В *Битие и време* (1927) Хайдегер възприема от Дилтай както подхода, така и някои негови основни категории като време, времевост и разбиране, като ги реинтерпретира в трансцендентален план и превръща оттук в екзистенциали. По този начин той се озовава в една област, която се намира на дистанция както спрямо природните, така и спрямо хуманитарните науки. За Хайдегер, както и за Хусерл, феноменологията е преди всичко метод, който нито дедуцира, нито индуктивно доказва, а борави с непосредствената очевидност на даденото, тоест на феномените. Но за разлика от Хусерл, ранният Хайдегер не се опитва да обоснове фундаменталната си онтология като строга наука, нито да изследва чистото съзнание, а да анализира екзистенциалите и основните битийни структури на *Dasein*. Това разбиране съставлява основата на неговата критика на науките: науките подхождат наивно, изкуствено и погрешно, когато третират съществуващото, което сме самите ние, като нещо подръчно, тоест като вещ, или пък като нещо налично, като живо същество с определени отличителни белези. Затова екзистенциалната аналитика се разграничава и от антропологията, и от биологията, и от психологията, доколкото отличителен белег на *Dasein* е не неговото наличие (*da*), а неговото разбиране и способността му за проециране на собствените си възможности.

След *Битие и време*, в частност в доклада „Епохата на картината на света" (1938)[5], Хайдегеровата критика на науките се засилва и радикализира, доколкото се обвързва с метафизиката. Подобно на Хусерл, Хайдегер счита, че науките на новото време

---

[5] Аз се спирам на този доклад, тъй като той е най-подреден. От този период съществуват и други текстове, които имат пряко отношение както към науката, така и към осмислянето, но те са по-кратки и в известен смисъл по-„разхвърляни" (виж GA 65 и GA 66).

почиват върху определени предпоставки, които науката игнорира. И тъй като според него тези предпоставки са „метафизически", те могат да бъдат разкрити само чрез една критика на метафизиката. Научното мислене на новото време се отличава от това на древна Гърция или средновековието от една страна чрез въвеждането на експеримента, изследването, системността, специализацията и институционализирането на знанието, а от друга чрез различното разбиране на биващото сведено до изследователски предмет. Науките на новото време опредметяват биващото, така че само това, което е предмет се смята за биващо. Това опредметяване се осъществява чрез пред-ставянето като поставяне пред наблюдаващия на биващото като предмет, така че ученият да може да се увери нагледно в неговата даденост. Науката като теория за действителността е действено, изкуствено пред-ставяне на предметното. В този смисъл „науката не мисли", а пред-ставя, разкрива предметното. Но нейното разкриване е същевременно скриване, забулване на въпроса за битието и затова нейната истина свети със светлината на привидността (*Schein*).

Хайдегеровата критика на науките бива разширена през 50те и 60те години като се обвързва в частност с въпроса за развитието на техниката. Причина за това изострено внимание към науката е нейното непрестанно нарастващо влияние и актуалното й господство над всички други форми на познание. В своята лекция „Wissenschaft und Besinnung" („Наука и осмисляне"), Хайдегер подчертава, че „през вековната си история западната наука е постигнала една власт, която не може да бъде открита никъде другаде на земята и която в крайна сметка е на път да се разпростре върху цялото земно кълбо." (GA7, 39). Оттук той си задава въпроса дали науката е просто вид човешка дейност свързана със жаждата за знание или нещо повече – една съдба, чийто смисъл убягва на науките. За да стигнем до този скрит смисъл ние трябва първо да тръгнем от това що е наука. Хайдегер определя науката с едно кратко изречение: „Науката е теория за действителното" (пак там, 40). Но според него това изречение не следва да се разбира като някаква дефиниция или готова формула, а по-скоро като начало на размисъл относно въпросите що е действително и що е теория?

Изясняването на понятията действително и теория изисква да разкрием техните първоначални значения, поради което Хайдегер счита, че трябва да се върнем назад към етимологията, в частност към древногръцкото мислене и поезия, където те са се появили, и да проследим как значенията им са се видоизменили в историята на мисълта. Хайдегер свърза действителност (Wirklichkeit) с действане (Wirken) като подчертава, че да действаш, значи да вършиш, да извършваш действие. Думата според него ни отвежда назад към индогерманския корен dhē, а оттук към древногръцкото θέσις (тезис, теза) – поставяне, полагане, положение. Да вършиш обаче не означава просто специфична човешка дейност характеризираща се с ефикасност, а движение, което се среща и в природата:

> Растежът и движението на природата (φύσις) също е действие и то точно в смисъла на θέσις. Едва в по-късни времена φύσις и θέσις се оказват противоположни области, което в края на краищата се оказва възможно само поради общото, лежащо в тяхната основа. (Пак там, 42).

Φύσις е θέσις, тоест по-лагане от себе си извън себе си, про-извеждане и довеждане на нещото до поява като пребиваващо (Anwesen). Извършването на действие значи, че нещо се про-явява като биващо или че човекът съ-действа за тази поява/про-ява. Хайдегер свързва действането (Wirken) и с произведеното/произведението (Werk). То според него отговаря на древногръцкото ἔργον, като под това не трябва да се разбира ефективното действие на успеха като причинно-следствена връзка, а това, че нещо се поставя или полага като нескрито. Едва по-късно, след Аристотел и особено в по-ново време ἔργον се схваща като *causa efficiens*, като успешно следствие от някакво действие. При това Хайдегер свързва успех (Erfolg) със следствие (Erfolgen), с нещо, появяващо се в-последствие (Er-folg). Тези понякога дълги етимологически обяснения са важни дотолкова, доколкото те целят да обяснят прехода от първичното битийно измерение на действителното към фактичното и фактологичното, считано за единствената истина, а в последствие и успеха на науките, тяхното влияние и нарастваща власт.

> Следствието в смисъл на резултат от действие се явява като нещо, получено в хода на някаква дейност, което сега означава полагане на усилие [с оглед постигане на успех] (Leisten) и работа. Постигнатото в резултат на такава дейност е действително. Думата „действително" се използва днес в смисъл на увереност и означава същото като „несъмнено" и „вярно". Вместо „това несъмнено е така", ние казваме: „наистина е така", „в действителност е така". И това, че думата „наистина" съвпада от началото на новата ера, от 17 век насетне по смисъл с „несъмнено" не с нито случайно, нито безобидна приумица на променящото се значение на думите от речника ни (пак там, 47-48).

Тази промяна в употребата на „действителното" отразява изместването от действието като поява на нещо като биващо към битуващото като фактичност, тоест като неподлежащ на съмнение факт, като пред-стоящ предмет (Gegen-Stand). Хайдегер пояснява, че думата „предмет" се появява за пръв път през 18 век като превод на латинското *obiectum* и добавя, че нито средновековната, нито гръцката мисъл не означават действителното или биващото като предмет. Как се стига до този обрат, в който действителното се превръща в пред-стояща предметност, а биващото в предмет на пред-ставяне (Vor-Stellung) може да се разбере според него като се свърже действителното с теорията, тоест като се запитаме какво значи теория когато казваме, че „науката е теория за действителното".

Съществителното „теория", отбелязва Хайдегер, идва от гръцкия глагол θεωρεῖν и притежава високо и тайнствено значение. Глаголът θεωρεῖν възниква от обединението на корените θέα и ὁράω. Θέα („театър") е зрелище, поглед, лик, наглед в който нещо се появява. Платон нарича този наглед, под който биващото се показва каквото е, „ейдос". Да си видял нагледно биващото, εἰδέναι, означава да знаеш, да притежаваш знание. Вторият корен в съставната дума „теория" е глаголът ὁράω, означаващ да гледаш нещо, да го обгръщаш с поглед, да го оглеждаш. Така θεωρεῖν е θέαν ὁρᾶν: да виждаш явното лице на настоящето и да бъдеш зрящ благодарение на такова видение. Оттук Хайдегер посочва, че начинът на живот (βίος), посветен на теорията, е наричан от гърците βίος θεωρετικός, тоест начин на живот на съзерцателния човек, взиращ се в чистия облик на настоящето. За разлика от това, βίος πρακτικός е начин на живот, посветен на действане и правене. Когато се извършва това разграничение, подчертава той, не трябва да се забравя, че за гърците съзерцателният живот, в най-чистата му форма като мислене, е най-висшето действие. Това е така, защото „теорията" в най-стария смисъл на думата означава *съхраняващо съзерцание на истината*. Старогерманската дума wara (откъдето wahr, wahren и Wahrheit, истина) произтича от същия корен като гръцката ὁράω, ὧρα: ϝορα и препраща също така към истината. Промяната в това разбиране настъпва, когато теорията се обвързва с латинското conteplatio. Глаголът contemplari означава да се отдели нещо в определен участък и да се огради с ограда. Немската дума Betrachten (разглеждане), която е аналог на conteplatio, включва думата Trachten идеща от латинското tractare, третиране, разработване, тоест целенасочена работа, преследваща нещо, което следва да се обхване и фиксира като сигурен резултат. Оттук именно започва според

Хайдегер намесващата се роля на науката, която като теория би трябвало да бъде чисто познание, но всъщност оказва вмешателство под формата на поставяне и разработване на действителното, което бива пред-ставено, обективирано и обезпечено чрез неговата предметност (пак там, 52).

Доколкото съвременната наука е теория смисъла на представяне, а не на съхраняващо съзерцание на истината, това се оказва от решаващо значение за нейния метод на раз-глеждането (Be-trachten), тоест за проследяващо-установяващия подход. В тази връзка Хайдегер припомня често цитираната теза на Макс Планк, че „действително е това, което е измеримо" и отбелязва, че решението какво за науката (физиката) може да се счита за достоверно знание зависи от измеримостта и съответно от изчислението. Да изчисляваш в широк смисъл означава да взимаш нещо пред-вид, да разчиташ на нещо, очаквайки определен резултат. Но съществува нещо което остава незабележимо, което убягва от предметното, фактично пред-ставяне. Теорията установява действителното, в случая на физиката – неживата природа, в рамките на дадена предметна област на науката. Но природата бива [west] още преди това „установяване" и обективирането й винаги зависи от това биване (Wesen) на природата. В този смисъл природата е *неизбежното* (das Unumgängliche), онова, без което теорията не може, но което като цяло, като същност/битийност [Wesen] остава за нея *недостъпно*. Същото се отнася и до психологията, и до историята, и до филологията – във всички тези области битийната същност на обективирания предмет, с който те се занимават, остава скрита и незабелязана. Нещо повече, дори и тези науки да желаеха да проникнат в нея, те не биха били в състояние, защото няма как да опредметиш и пред-ставиш битийната същност на природата, на човека, на историята, на езика и пр. Затова „науките не са в състояние със средст-

186

вата и подходите на тяхната теория да пред-ставят себе си като на-ука" (пак там, 60). Тази неспособност не означава обаче „криза". Когато се говори днес за „криза на науките", трябва да се има пред-вид, че това се отнася само до основни понятия на отделните науки, но не и до науката като такава. Напротив, подчертава Хайдегер, „науката върви с по-сигурни стъпки от всякога" (пак там, 61).

Поради това, че „неизбежното" е останало незабелязано, целта на Хайдегер е да насочи вниманието към него като към нещо достойно за запитване (das Fragwürdige). Да поемеш по по-сока на това запитване изисква осмисляне, *Besinnung*. Хайдегер извежда значението на Besinnung от древногерманското sinan, sinnen, за да означи навлизането в смисъла (Sinn). Отбелязвайки, че френският превод на Besinnung с méditation е неадекватен, Дерида пояснява, че sinan препраща етимологически към sind-an и доколкото sind значи път, Besinnung означава да тръгнеш по пътя на смисъла, да осъществиш преход от езика към някакъв скрит смисъл (Derrida, 124). Тук няма да навлизам в спецификата на интерпретацията на Дерида, според който Besinnung като по-емане по пътя на смисъла няма друго значение освен това, че смисълът на пътя е вървенето по самия път. Важното за нас в случая е, че Хайдегер посочва един път, по който мисленето следва да тръгне, за да постави поне като въпрос това „неиз-бежно", което убягва на науките. Да поставиш нещо като въпрос разбира се съвсем не значи да решиш въпроса. И, наистина, Хай-дегер не предлага никакво решение, защото всяка една област отвежда до различно запитване и до различен път, като отвежда с това търсещия на различно място. Смисълът от Besinnung (ос-мисляне) се състои според него в насочване на науката към същ-ността на това, с което тя се занимава и да тематизира по този начин скритата му предпоставка. Същото важи впрочем и за фи-лософията, която според късния Хайдегер е стигнала до своя край и следва да се заеме наново с въпросите в какво се състои собственото й занятие (Sache) като мислене, що е мислене и каква е задачата на мисленето (виж GA 7, 127-144; GA 8, 3-113; GA 14, 67-90; виж по-подробно Raynova 2018, 113-123).

Начинът, по който трябва да процедира осмислянето, като противоположен на проследяващо-установяващия подход на науките, Хайдегер нарича *Gelassenheit zum Fragwürdigen* – спокойното, освободено от стремежа към успешно постигане на резултати запитване относно същността. С понятието Gelassenheit, което включва глагола lassen (оставяне на нещо такова, каквото е), Хайдегер означава тази основна нагласа на мисленето, която го отличава от метафизическото пред-ставяне във фиксирани категории и понятия (GA 7, 63).

Както вече отбелязах, въпросът за науката се свързва от Хайдегер тясно с въпроса за техниката. Върху Хайдегеровото разбиране за техниката е писано не само изключително много, но и несравнимо повече, отколкото за разбирането му за науките. Тук аз ще се спра накратко само върху аспекта на връзката между техниката и науките. Преди това следва все пак да посоча, че докладът „Въпросът за техниката" (1953)[6] не може да бъде разбран напълно, ако не се вземат предвид предходни текстове на Хайдегер, които подготвят този въпрос[7] и в частност „Платоновото учение за истината" (1942 / виж GA 9, 203–38). В този доклад Хайдегер показва, че в Платоновата философия се осъществява една метафизическа промяна относно същността на ис-

---

[6] Докладът е изнесен през ноември 1953г. в рамките на една поредица от лекции, организирана от Баварската академия за изящни изкуства, в присъствието на такива реномирани учени като Вернер Хайзенберг. Това е първата по-значима публична поява на Хайдегер след премахването на забраната му да преподава през 1951г.

[7] „Въпросът за техниката" се предхожда от четири текста, известни като „Бременски доклади", изнесени през 1949г. (виж GA 79).

тината. Последната вече не се разглежда като характерна за битието не-скритост (ἀ-λήθεια), а като правилност на погледа, който зърва битието в неговата откритост. Така истината се поставя във връзка с човешкия субект, който я схваща и разпознава. За Хайдегер това бележи началото на западния когнитивен и оперативен контрол над битуващото с неговия принцип на субектността, който става ръководен за метафизиката от Платон насетне като преминава през особен вид развитие във „волята за власт" на Ницше, за да стигне до същността на съвременната техника. Така платонизмът се оказва предисторията на техниката, а тя от своя страна – последната форма на платонизма. На базата на тази интерпретация Хайдегер поставя десетина години по-късно въпроса за природата на техниката с цел да се разкрият перспективите на едно мислене, излизащо отвъд метафизиката.

Ако сравним „Наука и осмисляне" с „Въпроса за техниката", ще видим, че връзката между науката и техниката съвсем не е случайна, защото и двете са вид дейност, която полага (Stellen) нещо като нескрито, тоест раз-скрива. Но в хода на историята (на метафизиката), особено в модерната епоха, се получава из-местване (Ver-stellung) и изкривяване на първоначалния смисъл на разкриването на битието, поради което тази дейност се превръща в пред-става (Vor-stellung), както е в случая на науките, и в (Ge-stell), както е в случая на техниката.

За разлика от общоприетото разбиране, което счита техниката просто за приложение на науката, Хайдегер преобръща перспективата като пренасочва погледа от технологиите към същността на техниката и отбелязва, че „същността на техниката изобщо не е нещо технично" (GA 7, 7), тъй като техниката и същността й са две различни неща. Това означава, от една страна, че техниката не е само технология, тоест инструментално прилагане на резултатите от научните изследвания, а е същностно свързана с науката, доколкото се основава на нейното тълкуване на битието. От друга страна, самата техника е начин за онагле-дяване и опознаване на света, тоест особен вид раз-скриване. Срещу инструменталното схващане за техниката Хайдегер при-вежда гръцкото понятие τέχνη, което е свързано с ποίησις, както и с ἐπιστήμη, за да покаже, че отначало техниката не е била раз-бирана като използване на средства, а като про-явяване (hervorbringen): тя способства за появата на неща, които за раз-лика от естествените явления не възникват сами и участва по този начин в най-първичното събитие на истината, в процеса на разкриването и появата на света. Това определение бива обаче изместено на заден план в съвременната техника и превърнато в своята противоположност — разкриване на възможности, които могат да бъдат използвани, трансформирани и съхранени. Хай-дегер нарича това предизвикателство поставяне (Stellen) на при-родата в перспективата на възможностите ѝ да доставя енергия, която да се извлича и съхранява (пак там, 17). Става вече въпрос само за това как да се разкрие, овладее и осигури наличието (Bestand) и запаса на ресурси. По този начин техниката се прев-ръща в Gestell или Ge-stell, тоест поставяне/представяне на при-родата като чист ресурс и съответно в средство за натрупване на суровини. В този процес техниката се обособява, става авто-номна и човекът, който смята, че я управлява се оказва всъщност само поръчител/началник на наличието (Besteller des Bestandes). Загубата на власт над техниката стига дотам, че той самият бива възприет като наличие, като суровина, тоест като „човешки ма-териал", обективиран в предмет на пресмятане и „развъждане". Прекомерната експлоатация на природните ресурси и на човеш-ката енергия отвежда до битийното изпразване и на двете. Край-ното следствие на всичко това е според Хайдегер изгубването на същността на човека и на човешкото като такова.

Макар и Хайдегер да предупреждава, че „където цари Ge-stell, там има най-силна опасност", той вижда възможност за излизане от тази ситуация и привежда в този смисъл словото на Хьолдерлин, че „където има опасност, там се появява и онова, което може да ни спаси" (пак там, 29). Хайдегер посочва две взаимосвързани насоки за преодоляване на опасността от техниката – промяна в поведението на човека, от една страна, и в дейността му, от друга. Промяната в поведението се състои в това, да се приеме със спокойствие предизвикателството на техниката, за се добие опит за това що е Ge-stell и да се проникване в неговата същност от гледище на съдбата на битието. Вместо да се отдръпне или откаже от техниката, човекът трябва да се вслуша в нея, да се отдаде на опита и на осмислянето. Разбирането като ново отношение към техниката дава възможност за една дейност, отговаряща по-адекватно на същността на техниката. Тази дейност е изкуството, която като ποίησις стои в родствено отношение към τέχνη, доколкото „някога τέχνη е означавало извеждането наяве (Hervorbringen) на истинното в красивото. Τέχνη е означавало също ποίησις на изящните изкуства" (пак там, 35.). Въпреки, че изкуството само по себе си не може да премахне опасностите от техниката, то е в състояние да ги онагледи и назове, а също и да ни върне към истината, към истинската същност и предназначение на човека, състояща се в това, да „пази същността на битието в нейната истина" (das Wesen des Seins in seine Wahrheit zu wahren, GA 79, 70).

Всичко казано дотук означава, че е нужно първо да осмислим своята същност и тази на битието в тясната им взаимовръзка, което пък изисква на свой ред да поставим въпроса за начина на мислене, доколкото „мисленето е истинското действане, ако по действане разбираме да се захванем със същността на Битието като такова (Seyn), за да подготвим онова място, в което то ще намери езиков израз за себе си и за своята същност" (пак

там 71). Мисленето, което Хайдегер има предвид, не е нито на-
учно, защото науката не мисли, а пред-ставя, нито философско,
защото философията не стига до същността и по-скоро скрива,
отколкото раз-скрива ставането на истината на битието в съ-би-
тието (Ereignis). Мисленето следва да преосмисли същността
чрез това, което той нарича „обрат" (Kehre). Обратът е спокой-
ното крачене напред по обратния път на историята на метафизи-
ката, за да се стигне до пред-философското мислене на битието
на древните гърци и да се тръгне оттук по пътя на едно друго
начало, пре-обръщащо съдбата. Чрез промяната в човешката
нагласа и дейност Хайдегер се опитва да преодолее както огра-
ничеността на науките и опасностите от техниката, така и сте-
рилността на философията, от която те произхождат и която той
отъждествява с метафизиката. Или, казано с други думи – къс-
ният Хайдегер не противопоставя наука и философия, както това
често става в дискусиите между философи и частни учени, а ме-
тафизика и мислене чрез осмисляне.

4. Диагнозата" на хуманитарните науки и „семантичният дуализъм": Пол Рикьор

За разлика от Хайдегер, Рикьор интерпретира Дилтай в
една по-друга насока, която му позволява да постави феномено-
логията в диалог с различни науки. Той подема идеята на Дилтай
за необходимостта от една херменевтика като обединяваща зна-
нията на хуманитарните науки, която Рикьор нарича „обща хер-
меневтика" и която той разработва методологически като фило-
софска херменевтика, или по-точно като херменевтична феноме-
нология. Рикьор отбелязва в тази връзка, че основаването на хер-
меневтиката във феноменологията е възможно по два начина –
чрез *късия път* на онтологията на разбирането на Хайдегер, про-

цедираща чрез аналитиката на *Dasein*, обозначена още като „директна онтология", и чрез *дългия път* на анализа на езика, означен като „епистемология на интерпретацията", преминаващ от семантичното изясняване на поливалентните изрази през рефлексивния план на саморазбирането, за да стигне най-сетне до самите онтологични корени на разбирането.

Следва да се има пред вид, че още от началото на философската си кариера, Рикьор е обхванат от стремежа да преодолее Хусерловия идеализъм по посока на една феноменология, която не отрича просто психологизма, а търси диалог с психолозите. Затова за разлика от Хусерл и по подобие на Мерло-Понти[8], който набляга на връзката между феноменологичната философия и хуманитарните науки, Рикьор подчертава, че натуралистичното познание за човека – това на емпиричната психология, на психофизиологията, на психопатологията и пр. – не трябва да се отхвърля напълно, тъй като това обективно, наивно познание често имплицитно съдържа „една добра феноменология", боравеща с „факти", които могат да бъдат използвани като *диагноза* на феноменологичното преживяване. Чрез преосмисляне на тази диагноза, феноменологията може активно да участва в работата на психологическата наука, като разработва „същностите" на преживяването, намиращи се в напрежение спрямо научните понятия (Ricœur 1986a, 68).

Една от основните заслуги на Рикьор, която бива оценена от представители на различни хуманитарни науки като историята, социологията, литературата и пр., се състои в неговия опосредстващ подход по отношение на т.нар. „спор за методите",

---

[8] Първоначално бях планирала в тази четвърта част на статията да представя специално концепцията на Мерло-Понти за взаимоотношението между философията и хуманитарните науки и неговите приноси, но тъй като текстът за Рикьор стана прекалено дълъг, а този за Мерло-Понти пък беше още по-дълъг се наложи да премахна по-дългия.

който се води от края на 19 век между привържениците на обяс-
нението, обективирането и епистемологията, от една страна, и
защитниците на разбирането, на науките за духа и онтологията,
от друга, спор, който продължава и в наше време. От особено
значение в това отношение са две статии от 70те години, вклю-
чени в сборника *От текста към действието* (Ricœur 1986b), на
които ще се спра накратко.

В „Херменевтичната функция на дистанцирането" (1975)
Рикьор посочва, че съществува една антиномия, характерна за
цялата философия на Ханс-Георг Гадамер и тя се състои в про-
тивопоставянето между отчуждаващо дистанциране и принад-
лежност. Това противопоставяне е антиномийно, защото по-
ражда следната ситуация: от една страна, отчуждаващото дис-
танциране е нагласата, чрез която става възможно обективира-
нето, което господства в хуманитарните науки и обуславя науч-
ния им статут, от друга страна то е вид провал, защото разрушава
фундаменталната и изначална жива битийна връзка, чрез която
принадлежим и участваме в историческата реалност. Оттук въз-
никва алтернативата, залегнала в самото заглавие на *Истина и
метод* на Гадамер: или практикуваме методологическата наг-
ласа и с това губим онтологичната наситеност на изследваната
реалност, или практикуваме нагласата на истината, но тогава
трябва да се откажем от принципа на обективност в науките за
човека (Ricœur 1986b, 101). Рикьор не приема тази алтернатива
и се обръща към текста, който според него е парадигмата на дис-
танцирането в комуникацията, но същевременно позволява да се
вникне в опосредстващата диалектика между дистанциране и
(само)разбиране. Текстът, чрез който се разгръща някакъв дис-
курс и се превръща в произведение си служи с езика като мате-
риал, който трябва да бъде обработен и оформен. Оттук самият
дискурс се превръща в praxis и technè. Възниква обаче въпросът
какво става с дискурса, когато той преминава от словото към

писмото? Според Рикьор от една страна се получава фиксиране, което запазва дискурса от разруха, а от друга писмото придава автономност на текста. Тази автономност, която е всъщност отчуждаващо дистанциране (Verfremdung, distanciation aliénante), е обаче нещо позитивно, което не може да бъде сведено до вредата от деформирането, както счита Гадамер, защото „благодарение на писмото ‚светът' на *текста* е способен да доведе до появата на света на *автора*" (пак там, 111). Рикьор подчертава:

> Тази автономност на текста имплицира едно първо важно за херменевтиката следствие: дистанцирането не е продукт на методологията и оттук нещо добавено и паразитно, а е съставна част от феномена на текста като писмо. Със самото това то е и условието за интерпретация, при което Verfremdung не е само това, което разбирането трябва да преодолее, но и това, което обуславя разбирането. Това ни позволява да открием между обективирането и интерпретацията едно по-малко дихотомно отношение и една по-голяма допълняемост, отколкото тази, която бе установена от романтичната традиция. (пак там, 112)

Доколкото текстът е за някого, той предполага усвояване, разбиране от страна на читателя на това, което Гадамер нарича „нещото на текста" и което Рикьор тълкува в случая като „свят на произведението". Този свят, отбелязва той, не се намира *зад* текста, а *пред* него като онова, което произведението разгръща и разбулва, откъдето произтича и следното важно следствие:

> Следователно да разбираш, значи да се саморазбираш пред текста. Това значи не да налагаш на текста ограничената си способност да разбираш, а да разтваряш себе си за текста и да получаваш от него една по-обширна самост… (пак там, 117)

Същевременно усвояването на света изисква една вътрешна критика, едно преодоляване на отчуждаващото дистанциране по посока на завръщане към самостта. Затова Рикьор подчертава, че метаморфозата на Аза в разбирането включва както усвояване (Aneignung, appropriation), така и отчуждаващо отдръпване (désappropriation) от усвоеното. В последна сметка, това свидетелства според Рикьор, че дистанцирането е условие за разбирането. Така всъщност той което доказва, че обективирането и обективността не са подходи, присъщи само на природните науки, а са също така важни и дори неизбежни за философията, и за хуманитарните науки като цяло.

Тази проблематика намира по-нататъшно развитие в статията „Обяснение и разбиране. Върху някои забележителни връзки между теорията на текста, теорията на действието и теорията на историята" (1977), където Рикьор си поставя за цел да оспори дихотомията, която определя термините разбиране и обяснение като две различни епистемологични области, върху която е изградено и делението между философията и науките. За постигането на тази цел Рикьор създава едно междинно пространство, което премахва разграничителната линия на Дилтай между естествените науки, процедиращи според него чрез обяснение (Erklären), и науките за духа, основани на теорията за разбирането (Verstehen). Рикьор показва как полезните за теорията на текста медиации могат да се превърнат в инструменти за изграждане на една концепция за действието и една теория на историята, при което обяснението само по себе си се оказва недостатъчно и се налага самото то да премине към едно второ ниво, това на рефлексивността и на разбирането. След дълги детайлни анализи, които тук ще спестя, Рикьор стига до едно двойно заключение.

Първо, на епистемологично ниво не съществуват два метода – само обяснението е методично, докато разбирането е по-скоро неметодичния момент, който в науките за интерпретацията се съчетава заедно със момента на обяснението. Този момент предшества и обгръща обяснението. На свой ред обяснението разгръща аналитично разбирането. Тази диалектична връзка между обяснение и разбиране има за следствие твърде комплексното отношение между хуманитарните и природните науки, което според Рикьор не представлява нито дуализъм, нито монизъм. Доколкото обяснителните процедури на хуманитарните науки са аналогични на тези на науките за природата, континуитетът между тях е осигурен. Но доколкото разбирането доставя един специфичен компонент, било то под формата на разбиране на различни знаци в една теория на текста или пък на разбиране на интенции и мотиви в една теория на действието, дотолкова съществува и един непреодолим дисконтинуитет между тези две области на знанието. Но дисконтинуитетът и континуитетът съществуват *между* науките така, както разбирането и обяснението *в* самите науки.

Второто заключение на Рикьор е, че епистемологичната рефлексия отвежда към едно по-фундаментално тълкуване на онтологическите условия на диалектиката между разбиране и обяснение. Според него философията се интересува от разбирането именно защото в самата сърцевина на епистемологията се сблъскваме с принадлежността на нашето битие към битието на другите същества и към самото битие като такова. Нещо повече, тази принадлежност е първична по отношение и на обективацията, и на релацията субект-обект. Затова Рикьор завършва с предупреждението да не се забравят битийните корени, върху които се основава не само науката, но и философията:

> Ние бихме изпаднали в една пагубна дихотомия, ако философията след като се е отказала от това да предизвика или да поддържа методологически схизъм, реши да създаде едно царство на чистото разбиране… Струва ми се, че философията има не само за задача да изясни първоначалното отношение между принадлежността ни към бити-

ето и определен битиен регион, който дадена наука изследва като обект чрез определени пригодни за това процедури. Философията трябва да е способна също така да отчете движението на дистанциране, чрез което това отношение на принадлежност изисква да се превърне в обект, тоест в обективно и обективиращо третиране от страна на науките, и да отчете съответно движението, чрез което обяснението и разбирането се изискват взаимно едно друго в чисто епистемологичен план. (пак там, 182).

Както отбелязва Франсоа Дос, идеята за диалектиката между обяснение и разбиране на Рикьор намира положителен отглас и рецепция във френската социология (Dosse 2008, 130-134). Към това следва да се добави, че Рикьор, наред с Хабермас, е един от съвременните философи положили голямо усилие за поддържане на сериозен диалог, не само със социолози и хуманитаристи, но и с представители на природните науки. Емблематичен пример в това отношение е дискусията му в края на 90те години с Жан-Пиер Шанжьо, професор по молекулярна невробиология във френския институт „Пастьор“ и Колеж дьо Франс, бивш ученик на Нобеловия лауреат Жак Моно. Дебатите между Рикьор и Шанжьо се разпростират върху различни въпроси, които тук не мога да разгледам в тяхната цялост, затова ще се спра само на два от тях, доколкото те стоят в центъра на разискванията и илюстрират най-добре общото и различията между позициите на спорещите страни. Това са въпросът за живия опит и мисленето, от една страна, и въпросът за нормативността на човешкото поведение и дейност, от друга. Не случайно те са залегнали в заглавието на книгата от дискусията – *Това, което ни кара да мислим. Природата и правилото* (виж Ricœur 1998).

Основната цел, която си поставя Рикьор в този дебат, е да определи приноса на невробиологията и на науките за живота като цяло за проникване и разбиране на живия опит (le vécu) и да покаже същевременно неприемливостта на тезата на Шанжьо, че интенциите трябва да бъдат натурализирани. С оглед на последното Рикьор аргументира невъзможността да се сведе феноменологията до научния подход на невробиологията или с други думи – нередуцируемостта на философския и на научния дискурси един към друг. Тази своя теза Рикьор означава накратко като *семантичен дуализъм*: „Моята основна теза е, че дискурсите, поддържани от едната и от другата страна [от философията и от невробиологията], свидетелстват за две хетерогенни перспективи, тоест те не са редуцируеми един към друг и не могат да бъдат изведени един от друг" (Changeux/Ricœur 1998, 23).

Рикьор припомня в началото на дебата, че неговата философска позиция се основава на феноменологията, обединена с подходите на рефлексивната философия и на херменевтиката и в този смисъл ще използва едно общо понятие за феноменология (пак там, 11). В случая това означава да се тръгне от рефлексивното обръщане на субекта към самия себе си, към способността му да мисли, действа и чувства, способност, която потъва и се изгубва в хода на екстериоризирането на познанието и в практиката (Changeux/Ricœur 1998, 11-12). Така, във феноменологията става дума за живия опит и интенционалността на съзнанието, тоест за състояния или действия, характеризиращи се с намерения, мотивация, ценности. Науката, напротив, се интересува от биологичните процеси, от невронните връзки, от невронната система и пр. Това са два съвсем различни подхода към живото човешко същество, при което философско-феноменологичният тематизира отношението към тялото в модуса на живия опит, тоест на т.нар. собствено тяло (corps propre), докато научният осъществява обективиране на тялото, възприето като предмет (corps objet). Този семантичен дуализъм не може да бъде преодолян, защото макар и живият опит да предполага телесното, то се разбира в смисъл на собствено тяло, а не в смисъла на обективираното предметно тяло на естествените науки. Това разграничение е важно от една страна, защото то показва, че става въпрос именно за семантичен, а не за онтологичен/метафизичен дуализъм, разграничаващ две субстанции – материално тяло и нематериална душа, а от друга, защото ни предпазва от смесване на различни нива на дискурс. Такова смесване, такава „семантична амалгама" се получава според Рикьор, когато напр. се твърди, че „мозъкът мисли", което е неправилно:

> Ментално преживяното имплицира телесното, но в един смисъл, който е нередуцируем до обективното тяло, изследвано от природните науки […] Така мога да кажа, че моите ръце, крака и т.н. са мои органи в смисъл, че ходя с краката си, вземам с ръцете си; но това е въпрос на опит и не е нужно да се оставям да бъда затворен в онтологията на душата, за да говоря по този начин. От друга страна, когато ми кажат, че имам мозък, нямам жив опит, който да отговаря на това, аз го научавам от книгите […]" (пак там, 23-24).

На това място, перифразирайки Хайдегер, според когото науката не мисли, а пред-ставя, би могло да се каже, че според Рикьор „мозъкът не мисли", защото който е чел *Волевото и неволевото* (1949) или *Самият като друг* (1990) знае много добре, че когато става въпрос за това *кой* мисли, отговорът на философа е „аз" (или „ти", „той", тя"), а не „мозъкът", като с това се указва на две неща – на мисленето като човешка способност и на идентичността на мислещия.

Според Шанжьо двата дискурса, научният и философският, не си противоречат непременно, а са допълняеми. Така например, чрез химическите дейности може да се обясни вътрешното отношение между анатомичната организация на невроните и връзки, от една страна, и поведението, от друга. Чрез въвеждането на функционалната динамика – концепция използвана и от Спиноза – може да се изясни според него връзката между анатомията и поведението, между невронното описание и възприемано-преживяното. Макар и Рикьор да се съгласява с това и да отчита заслугите на невробиологията, той защитава категорично тезата си за хетерогенността на научния и на философския дискурс и посочва конкретно в какво се състои проблема:

> Не само анатомичното и поведенческото трябва да бъдат поставени в отношение, защото те са в крайна сметка от една и съща страна, тази на обективното познание, но също и поведението, наблюдавано и описано по научен път, от една страна, и живия опит, описан според смисъла му и в термините на това, което Кангуилем нарича „жизнени ценности", от друга. Именно на това ниво двойствеността на дискурсите се превръща в проблем. (пак там, 26)

Същият проблем съществува според Рикьор и в отношението между невронната структура и организация на мозъка и психиката. Рикьор подлага на критика в това отношение безкритичната употреба на Шанжьо на понятието каузалност по отношение на прехода от невробиологичното към психичното. Вместо причинно-следствена връзка Рикьор предлага по-скоро да се вземат пред вид различните измерения на човека, респ. неговата сложна конституция, без да се обяснява монистично редукционистки неговото единство. За тази цел той въвежда термина субстрат:

> Тук предлагам да приемем термина „субстрат", за да опишем връзката между тялото като обект и живия опит на тялото, а оттам и между мозъка и мисленето. Терминът „субстрат" идва от древногръцката традиция за обяснение на каузалността, по-точно от Аристотеловата теория за четирите причини. Аристотел прави разлика между материална причина, формална причина, действена причина и целева причина. […] Използвам дискурса за материалната причина само в смисъла на ограничение, като причина sine qua non, за да се противопоставя на екстраполациите на

„елиминативисткия" монизъм, този на Чърчланд напри-
мер. В собствения ми дискурс прибягването до термина
„субстрат" действа като коректив на семантичната толе-
рантност, която ученият си позволява, когато казва напри-
мер, че „този и този невронен комплекс предизвиква та-
кива и такива психични ефекти". На действената каузал-
ност, която Вие защитавате, аз противопоставям субстрат-
ната каузалност в ограничителния смисъл, който току-що
споменах. С готовност признавам, че това понятие за суб-
страт е само димна завеса на прага на неуверения преход
от семантика към онтология. За да запазя това понятие за
субстрат в рамките на логиката на корелацията, ще го
свържа с това за индикацията. Ето защо предлагам да ка-
жем: мозъкът е субстрат на мисълта (в най-широкия сми-
съл на думата), а мисълта е индикация на една невронна
структура, която стои в основата ѝ. По този начин субст-
ратът и индикацията представляват двете страни на едно
корелационно отношение, притежаващо два входа. (Пак
там, 54-55)

Така Рикьор се опитва да избегне не само амалгамата на
дискурси, но и натурализирането на феноменологичната дес-
крипция и свеждането ѝ до вид психологическа интроспекция.
Според Рикьор разликата в случая е между наблюдение и само-
наблюдение. Във феноменологичната интерпретация „субектът
познава себе си като имащ обект пред себе си. При научната ин-
терпретация, напротив, субектът бива превърнат в един от обек-
тите: той влиза в отношение обект-обект; но в тази ситуация на
обективиране се премахва отношението субект-обект, което е
интенционално отношение, липсващо в дискурса на невролога"
(пак там, 75). Една от трудностите според Рикьор се състои в
това, че за да свърже мозъчната активност на субекта с психич-
ните му състояния, ученият като наблюдател трябва да прибегне
до някакво посредничество, тоест да се довери на описанията и
разказите за житейския опит на наблюдаваното лице. Това пос-
редничество е следователно езикът, който се различава от чисто

личната, субективна интроспекция, доколкото включва между-личностната комуникация. Последната обаче е несъвършена, има понякога неразбиране или недоразумения, както отбелязва Гадамер, и затова изисква на свой ред интерпретация. А това поставя под въпрос физиката на интроспекцията на Шанжьо. Рикьор подчертава:

> Ние сме далеч от интроспекцията на Огюст Конт. Това, ко-ето се нарича (в науките днес) интроспекция е само абстрак-тен момент от тази междуличностна практика. Дори в най-интериоризираната си форма тя се състои, по думите на Платон на Платон в "диалог, който душата води със самата себе си". Това, е което наричам "вътрешен форум" – беседа на себе си със себе си. Този вътрешен форум има свой соб-ствен статут които, както изглежда, вие никога няма да ус-пеете да обясните във вашата наука. (Пак там 77)

Рикьоровият семантичен дуализъм изглежда в известен смисъл смекчен по отношение на следващия основен въпрос, който се поставя пред философията и науките, а именно въпро-сът за нормативното измерение на човешкия живот, тоест за мо-ралните, политическите и правните норми, регулиращи индиви-дуалното и общественото съществуване. Рикьор тръгва от разг-раничението между етика и морал, добре известно от неговата „малка етика“ в *Самия като друг* (Ricœur 1990). Опирайки се на Аристотел, според когото целта на етиката се състои в блаженс-твото като висше благо, Рикьор определя етиката като постигате на "добър живот с и за другите в справедливи институции", до-като моралът, както го разбира напр. Кант, се характеризира с деонтологичния си нормативен характер. В своята "малка етика" Рикьор се опитва да установи един баланс, едно диалектическо отношение между основния етичен стремеж към добър живот и универсалните морални норми, които поставят тази етична цел на изпитание, като приема примата на етиката спрямо морала, но същевременно и необходимостта етическата цел да бъде регулирана от морални норми (пак там, 220-223). Стъпвайки на това разграничение в дебата с Шанжьо, Рикьор защитава тезата за биологичните предпоставки на етиката – или, както той се изразява, за "биологичната подготовка" –, които свидетелстват за определен континуитет, и за дисконтинуитета между тази биологична подготовка и моралните норми. С други думи, етическият стремеж към добър живот е вкоренен в живия опит на биологичните предпоставки, но моралните, политическите и правните норми са автономни. Рикьор пояснява:

> Това, което наричам етика, за разлика от морала с неговите закони и забрани, за мен е много силно вкоренено в живия опит, дори и моментът на преход към нормата да е неизбежен. Защо е необходимо това? Ами защото животът, в своята еволюция, ни е оставил сами. Искам да кажа, че биологичната организация може да ме доведе до определени наклонности към сдружаване, към доброжелателност, но има и насилие, има и война, и следователно ние се сблъскваме със забраненото – с убийство, с кръвосмешение, така че се намираме в отношения на континуитет-дисконтинуитет, континуитет между живота и етиката, която е вкоренена в живота, и дисконтинуитет на нивото на морала, който поема управлението за своя сметка, след като животът ни е оставил насред път, без да ни даде правила, които да накарат мира да надделее над войната, над насилието. Тази позиция, поне що се отнася до дисконтинуитета, е в съответствие с позицията на Кант. Особено съм привързан към неговото произведение Идеята за една всеобща история от световно-гражданска гледна точка, където той показва, че животът ни е завещал бремето на "асоциалната социалност" и възлагайки ни "задачата" за създаване на един мирен политически режим. (Changeux/Ricœur 1998, 30)

Рикьор предлага да се схване отношението между биологичните предпоставки към етичен живот и моралните норми като вид необходимост за привеждане в синергия на реда на човешките стремежи и желания и реда на нормативното (пак там, 229-230). Тази синергия е възможна под формата на това, което Аристотел нарича „практическа мъдрост“.

Шанжьо от своя страна набляга на континуитета между биологичното и нормативното, тъй като най-основно и за двете е оцеляването на индивида и вида: „Философите са съгласни с биолозите относно този основен принцип, въпреки контекста, в който го представят. За Спиноза ‚усилието да запазиш себе си е първата и единствена основа на добродетелта‘. За Ханс Йонас ‚императивът да има човечество е изначален‘, като Йонас добавя още и повелята: ‚това човечество да продължи трайно да съществува в бъдещето‘“ (пак там, 233-234).

Рикьор се съгласява отчасти с Шанжьо, но нанася няколко важни коректури. Той отбелязва, че думата „живот“ е двузначна, доколкото физическият живот и физическото оцеляване е едно, а „добрият живот“ друго. По-нататък той подчертава, че желанието за оцеляване на индивида е като на всеки един член на вида, но връзката между Аза и нормата включва и нещо по-различно, а именно незаменимостта на индивида и на индивидите по отношение един към друг. Императивът на Йонас за отговорността предполага според Рикьор проектът за човешкото оцеляване да бъде подкрепен от правила за благоразумие, които биват причислени към „евристиката на страха“, тоест отчитането от страна на всеки човек на опасностите и вредите от своите действия. По този начин именно оцеляването се превръща в морален и политически императив и официалният му статут на норма го различава съществено от простото индивидуално желание за оцеляване, където съдбата на индивида и този на вида са неясно разграничени (пак там, 237-238). Тези различия обаче биват игнорирани в естествознанието.

От тези дебати се вижда ясно, че късният Рикьор поддържа твърдо тезата си за семантичния дуализъм, сиреч за принципното различие между частнонаучния дискурс и философския. Колкото и изкусително да е търсенето на един трети дискурс – нещо, което са се опитали да сторят според него Декарт и Спиноза –, Рикьор счита, че не съществува навес, от който да може да се види някакво единство между невронна система и преживяване или пък между биология и нормативност. Затова Рикьор подчертава, че изповядва „агностицизъм" по отношение на всякакви опити за трети дискурс (пак там, 37). Тази твърда позиция може да изглежда учудваща, като се вземе пред вид опосредстващото становище, което защитава Рикьор в споменатия по-горе „спор за методите". Същевременно трябва да се отчете разликата в отношението между философия и хуманитарни науки, от една страна, и тази между философия и естествени/невробиологични науки, от друга. Докато в първото отношение интерпретацията на текста може да играе опосредстваща роля, във второто, където става вече въпрос за живия опит и тялото, подобна медиация се оказва, поне за Рикьор, невъзможна. Характерно за последвалия отзвук от този дебат е, че докато антиредукционистки настроените философски среди възприемат положително концепцията за семантичния дуализъм, частни учени като Шанжьо, а също и редица феноменолози продължават да търсят и предлагат опосредяващи звена между двата дискурса (Petit 2003, 2006, 2015; Gallagher / Schmicking 2020; Gallagher / Zahavi, 2021).

Заключение

Обобщено може да завършим със заключението, че почти всички феноменолози, с изключение на късния Хайдегер, се опитват да обосноват философията като фундаментална наука, която да послужи за основа на хуманитарните науки. Различията между тях се отнасят до въпросите коя философска дисциплина е найфундаментална, коя следва да бъде основа на останалите, а оттук и на останалите хуманитарни науки. За ранния Хусерл това е логиката, за Хайдегер онтологията, за Левинас етиката, за Шелер и Рикьор философската антропология. Може да се види, че като цяло най-реципирани от страна на науките са онези феноменологични теории, които не отричат научните достижения, а се опитват да очертаят границите на валидност и на научното, и на философското познание с цел да ги приведат ако не в пряко взаимодействие, то поне в диалог. С това се обяснява съвременното влияние на Мерло-Понти, чиито идеи биват реципирани преди всичко от нео-когнивистите. Доколкото под влияние на Мерло-Понти в по-ранните си трудове Рикьор прави опит за преодоляване на пропастта между подходите на философията и на хуманитарните науки, дотолкова там се получава и един по-успешен „диалог", отколкото при дискусията с Жан-Пиер Шанжьо, поради което неговите схващания намират положителен отзвук и приложение в социологията, историята, лингвистиката, литературознанието, изкуствознанието, религиознанието и др. Особено интересен е и фактът, че така наречената *Daseinsanalyse* на Бисвангер и Бос, която се основава на Хайдегеровото *Битие и време*, просперира и до днес в психотерапевтичната практика като алтернатива на психоанализата.

Литература

Райнова, И. 1993. *От Хусерл до Рикьор.* София: Университетско издателство „Св. Климент Охридски".

Райнова, И. 2019. *Бездната на самостта и отблясъците на абсолютното. Към херменевтиката на феноменологическите ценностни теории.* Vienna: Axia Academic Publishers.

Brentano, F. 1929a. Über die Gründe der Entmutigung auf philosophischem Gebiete. In idem, *Über die Zukunft der Philosophie*. Nebst den Vorträgen: Über die Gründe der Entmutigung auf philosophischem Gebiete / Über Schellings System / und den 25 Habilitationsthesen, Leipzig: Meiner, 1929, 85-100.

Brentano, F. 1929b. Ad disputationen qua theses gratiosi philosophorum ordinis consensu et auctoritate pro impetranda venia docendi. In idem, *Über die Zukunft der Philosophie*, Leipzig: Meiner.

Brentano, F. *Geschichte der griechischen Philosophie*, Bern: Francke, 1963, 6-8.

Brentano, F. 1924. *Psychologie vom empirischen Standpunkt*, Bd. I, Hamburg: Meiner.

Brentano, F. 1925. *Psychologie vom empirischen Standpunkt*, Bd. II, Hamburg: Meiner.

Chageux, J.-P. / Ricœur, P. 1998. *Ce qui nous fait penser. La Nature et la Règle* (avec J.P. Changeux). Paris : Odile Jacob.

Dosse, F. 2008. *Paul Ricœur. Les sens d'une vie (1913-2005). Chapitres annexés*. Paris : La Découverte.

Gallagher, S. et Schmicking, D. (eds.). 2020. *Handbook of Phenomenology and Cognitive Science*. Dordrecht: Springer.

Gallagher, S. Zahavi, D. 2021. *The Phenomenological Mind: An Introduction to Philosophy of Mind and Cognitive Science*. 3th ed. London, New York: Routledge.

Hecht, J. 2012. Tractatus-Preis: Herrscht ewiger Friede in der Philosophie? Ein Interview mit Herbert Schnädelbach. // *Die Presse*, 6 Juni.

Heidegger, M. 2000. *Die Frage nach der Technik* (GA 7), Frankfurt am Main: Vittorio Klostermann, 5-36.

Heidegger, M. 2002. *Was heisst Denken?* (GA 8), Frankfurt am Main: Vittorio Klostermann.

Heidegger, M. *Zur Sache des Denkens* (GA 14), Frankfurt am Main: Vittorio Klostermann.

Heidegger, M. 1976. Brief über den Humanismus. In ders. *Wegmarken* (GA 9). Frankfurt am Main: Klostermann.

Heidegger, M. 1989. *Beiträge zur Philosophie [Vom Ereignis]* (GA 65), Frankfurt am Main: Vittorio Klostermann.

Heidegger, M. 1997. *Besinnung* (GA 66), Frankfurt am Main: Vittorio Klostermann.

Heidegger, M. 2007. *Die Grundprobleme der Phänomenologie* (GA 24), 2. Aufl., Frankfurt am Main: Vittorio Klostermann.

Husserl, E. 1958. *Die Idee der Phänomenologie* (Hua II), Den Haag: Nijhoff.

Husserl, E. 1970. *Philosophie der Arithmetik* (Hua XII), Den Haag: Nijhoff.

Husserl, E. 1975. *Logische Untersuchungen. Erster Band: Prolegomena zur reinen Logik* (Hua XVIII), Den Haag: Nijhoff.

Kraus, O. 1924. Einleitung des Herausgebers. In: Franz Brentano. *Psychologie vom empirischen Standpunkt*, Bd. I, Leipzig: Meiner, XVII-XVIII.

Petit, J.-L. (éd.). 2003. Repenser le corps, l'action et la cognition avec les Neurosciences // *Intellectica*, n° 36-37.

Petit, J.-L. 2006. Sur la parole de Ricoeur : « Le cerveau ne pense pas. Je pense. » // *Revue d'Histoire et de Philosophie Religieuse*, T 86, n°1, p. 97-109.

Petit, J.-L. (dir.). 2015. "La naturalisation de la Phénoménologie 20 ans après". // *Les Cahiers Philosophiques de Strasbourg*, N°38.

Raynova, Y. B. 2016. Phänomenologie als Antwort und Verantwortung: Von Husserl bis Derrida. // *Labyrinth: An International Journal for Philosophy, Value Theory and Sociocultural Hermeneutics* 18(1):5-30, DOI: https://doi.org/10.25180/lj.v18i1.43

Raynova, Y. B. 2017. *Sein, Sinn und Werte. Phänomenologische und hermeneutische Perspektiven des europäischen Denkens*. Frankfurt am Main u.a.: Peter Lang.

Raynova, Y. B. 2018. „L'âge de la non-philosophie": Martin Heidegger et François Laruelle. // *Labyrinth*, 20 (1), 108–142. https://doi.org/10.25180/lj.v20i1.121

Raynova, Y. B. 2022. The "Hermes Qualities": From Interpretative Translation to Translative Hermeneutics. // *Analecta Hermeneutica* vol. 14 , online at: bit.ly/3cqmvgS

Ricœur, P. 1986a. Méthode et tâches d'une philosophie de la volonté. In idem. *A l'école de la phénoménologie*, Paris : Vrin.

Ricœur, P. 1986b. *Du texte à l'action. Essais d'herméneutique II*. Paris : Seuil.

Ricœur, P. 1990. *Soi-même comme un autre*, Paris : Seuil.

Schnädelbach, H. 1999. *Philosophie in Deutschland 1831-1933*. Frankfurt am Main: Suhrkamp.

Габриела Касърова

ОТНОШЕНИЕТО ФИЛОСОФИЯ–НАУКА У ВИТГЕНЩАЙН: КРИТИЧНИЯТ ПРОЧИТ НА АЛЕКСАНДЪР КЪНЕВ

Увод

Изходният пункт на настоящата статия е прочитът на *Философски изследвания* на Александър Кънев, който е един от най-сериозните изследователи на философията на Витгенщайн в България[1]. Трудовете на Кънев съдържат различни анализи свързани с границите на езика, етиката, логиката, смисъла, реалността, както и една цялостна визия за историята на Западната философия и нейните трансформации, на които тук не мога да се спра по-подробно и затова ще засегна само онези въпроси, които имат пряка връзка към проблема за отношението между философия и наука у Витгенщайн. Макар и това да не е за Кънев основната тема в творчеството на Витгенщайн, той я е разработил достатъчно ясно и обосновано, за да бъде изведена като сравнително отделен проблем от неговата рецепция на австрийския мислител.

Ще започна с изясняването на природата на философските проблеми, интерпретирани от Кънев през призмата на късното творчество на Витгенщайн, след което ще се опитам да изясня защо темата е поставена точно по този начин, къде той не се съгласява с твърденията на Витгенщайн и каква по-точно е неговата

---

[1] В тази връзка следва да се споменат трудовете му *Смисъл и реалност: Късният Витгенщайн и традиционната философия* (Кънев 2013), *Витгенщайн за границите на езика* (Кънев 2005a), *Западната философия: Витгенщайн, Хайдегер, Гадамер, Дерида – парадигми, революции, перспективи"* (Кънев 2005b).

аргументация. Накрая ще представя собствените възгледи на Кънев относно бъдещето на философията като наука, както и неговият принос в това отношение.

1. Понятията философия и философски проблем у Витгенщайн

В едно от своите изследвания Кънев (Кънев, 2019, 9-10) изказва надеждата, че философията може да отговори на най-дълбоките въпроси свързани с човешкото съществуване, каквито са животът, произходът на доброто и злото, природата на свободата, справедливостта и истината. Същевременно той отбелязва, че философският му оптимизъм е базиран на остарели предпоставки – че философията е в състояние да изясни условията на самото съществуване, а не само условията на нашия достъп до нещата. В контраст с този оптимизъм се намира според Кънев дълбокия песимизъм на Витгенщайн относно бъдещето на философията, както и схващането, че великите философски теории са част от миналото. Последните може би не са всъщност „велики“, защото, както отбелязва Витгенщайн, те се опитват да отговорят на въпроси, които дори не са смислени. Като проследява историческите предпоставки за появата на песимистични визии относно бъдещето на философията, Кънев посочва, че появата на критично и песимистично настроените философи съвпада с възхода на не-реалистките позиции във философията, какъвто е бил случаят със софистите и скептиците в древна Гърция (Кънев, 2019, 9-10).

Основата на песимизма на Витгенщайн се корени в схващането му, че философията и философските проблеми са болест на мисленето (Витгенщайн 1988, 317) и, че те са напълно безсмислени. За Кънев това твърдение съдържа един сериозен пропуск, доколкото аналитичният философ дори не се е опитвал да го аргументира. Не само от *Философски изследвания*, но и от цялостното творчество на Витгенщайн не става ясно в каква степен това твърдение е валидно или не за цялата световна история на философията, тоест дали то е универсално или се отнася само за конкретна философия (например за Китайската) и определен исторически период, или за определена културна традиция (като да речем Западната). Дали това е константно или променливо понятие? Кои са факторите и двигателите на промяната, ако приемем, че такива има? Не става ясно също какъв точно смисъл влага самият Витгенщайн в думата „философия" и „философски проблем", което е много проблематичен момент от гледище на собствената му философия. Кънев подчертава, че би следвало да се има предвид „обичайното" използване на думата „философия" и „философски проблем", но приема, че това е нещо изменящо се в хода на историята, доколкото дори самите професионални философи влагат различен смисъл, а що се отнася до науката там понятието философия често се използва в научен, но и в ненаучен контекст и оттук самото „обичайно използване" отново остава неизяснено. На фона на всички тези неясноти, Витгенщайн изгражда голяма част от философията си. Нещо повече, той дори се превръща в един от най-значимите представители на съвременната Западноевропейска философия. Кънев посочва две основни причини, поради които Витгенщайн допуска подобни пропуски и неясноти: първата се състои според него в непознаването от страна на Витгенщайн на историята на философията, а втората, в това че Витгенщайн не би могъл да обхване целия исторически развой на философията.

Категоричният извод на Кънев е, че разбирането ни за философия винаги е предпоставено от „сегашното" ни разбиране за философия (Кънев 2013,190). Това е от решаващо значение за отговора на въпроси като тези дали проблемите, поставени от антични мислители като Сократ и Платон са философски или са свързани само с употребата на езика, дали традиционната философия съвпада с метафизиката или съдържа и нейната критика. С други думи, това са въпроси, на които не можем да дадем еднозначен и общовалиден отговор. Възможно е античните мислители с поставените от тях проблеми да са определени като „философски“ от позицията на днешното ни разбиране, тоест по-късно от тяхното фактическо възникване. Като се позовава на *Философски изследвания* и късното творчество на Витгенщайн Кънев приема в неговия дух, че когато говорим за „философия“ и „философски проблем“ трябва да използваме съвременното разбиране за демаркационна линия относно тези понятия, за да определим кое е и кое не е философия. И щом веднъж успеем да определим „що е философия“ би било по-лесно да я дефинираме като наука или като нещо различно от науката. Той дава пример, с който доказва наложената демаркационна линия за това що е философия или не, и това е Нютоновата естествена философия, която днес определено не бихме нарекли „философия“ в обичайното използване на думата. Същевременно не можем да установим дали философските дискусии на неговото време не са повлияли на Нютон. Според Кънев, макар и нестабилно да звучи определението „обичайно“ и само по себе си да повдига редица допълнителни въпроси, от гледище на възгледите на Витгенщайн на нас ни се налага да го използваме по начина, по който той би го направил.

2. Проблематичното отношение философия–наука

След като сме приели с Витгенщайн „обичайното“ използване на думата философия в съвремието ни, то вече имаме някаква основа, за да разграничим философията от не-науката, да я причислим към нея, или да намерим мястото, което заема днес философията спрямо науката, тоест какви са допирните им точки, какви са спомагателните функции и значението на философията спрямо науката, ако има такива.

На това място се налага да се посочат различните възгледи за това дали философията е наука и какво е отношението й с останалите науки. В тази връзка могат да бъдат посочени три основни възгледа или нагласи към философията:

(i) Философията е наука

(ii) Философията не е наука, но има и трябва да има продуктивни връзки с науката

(iii) Философията не може или не показва да има продуктивни концептуални връзки с науката (виж Стефанов 2011)

Витгенщайн може да бъде причислен към третия вид нагласа към философията, доколкото тя според него отдавна е спряла да отговаря на призивите на обществото, не е нужна, а е по-скоро пречка, тоест една болест на мисленето. Кънев, както посочих, отхвърля този краен възглед, но въпросът е къде в тази схема може да бъде ситуирана собствената му позиция.

Кънев подчертава (Кънев 2013, 289), че позитивистите считат, че съществува една линия на развитие, в която всяка следваща форма на мислене измества предходната: религиозно, метафизическо и научно мислене, но не е склонен да се съгласи с това безкритично, тъй като това би означавало да се приеме съществуването на някаква надисторична същност. За Кънев на места отношенията между тези типове мислене могат да са несъвместими, в друг контекст обаче може да не са. Така или иначе, наличието на единствена гледна точка по този въпрос трябва да се избягва, тъй като води до абсолютизиране. С други думи, за Кънев не съществува науката като такава. Науката е едно комплексно променливо единство от свързани по различен начин феномени на познание и интерпретации, които са съобразени със своето време и са ограничени от определена парадигма.

Оттук отношението философия–наука може да бъде проследено в две основни посоки. От една страна, Кънев се опитва да изясни ролята на философията в съвремието ни, тоест какви са нейните перспективи като автономна наука и какво е отношение й с останалите науки, а от друга – какви са тълкуванията на Витгенщайн по този въпрос и с какво той може да бъде полезен на философията, въпреки негативното си отношение към метафизиката. Позицията на Кънев стои вероятно най-близо до втората нагласа, според която философията поддържа продуктивни връзки с науката, без обаче да е самостоятелна наука. Но нека все пак да видим по-точно дали нещата стоят точно така.

Кънев (Кънев 2013:193) отбелязва, че Витгенщайн се концентрира върху проблема за объркванията в употребата на езика и говори за философски проблеми „изобщо", тъй като и в *Логико-философски трактат*, и във *Философски изследвания* твърди, че всички философски проблеми са свързани с неразбирането на логиката на езика ни – те са безсмислени и нямат нито когнитивен, нито некогнитивен смисъл, за разлика напр. от религиозните въпроси. Тези твърдения на Витгенщайн обаче се поставят под съмнение от Кънев. Неговите критични бележки към Витгенщайн могат да бъдат резюмирани по следния начин:

(i) Витгенщайн не е описал никъде граматиката на понятието емпирия, а я приема за саморазбираща се. Но тя е нещо динамично, променящо се в хода нашето познание за света. Всякакви аисторични генерализации са проблематични и трябва да се избягват.

(ii) Дори днес някои философи[2] приемат философските твърдения за принципно неемпирични.

---

[2] Като Пърс, Джеймс, Дюи, които посочва Кънев (Кънев 2013, 194)

(iii) Погрешно е едно философско разделение от типа емпирично–неемпирично да бъде представено като чисто граматическо. То е по-скоро свързано с философските теории на познанието и реалността ни, а двете постоянно се променят и подлежат на актуализация.

(iv) Ако подобно философско разделение „работи“, то досега бихме имали отговор на редица основни философски въпроси. Но от античността до днес те са тези, които предизвикват твърде бурни дискусии, без да има консенсус във философията поне по най-съществените проблеми.

Консенсусът е един от основните аргументи, които се използват срещу философията, за да се докаже, че тя не е наука. Изтъква се, че щом няма единство на мненията на учените по определени въпроси, то тази област на знание е спорна. Докато философията се опитва да се справи с този и подобни проблеми, емпиричната наука е в своя разцвет и просперира все повече. Витгенщайн е категоричен, според Кънев (Кънев 2013, 175), че философските проблеми са не просто трудни, а принципно нерешими поради неемпиричното си съдържание и, че това е причината за липсата на консенсус или поне за някакъв задоволителен прогрес. Значи ли това, че трябва да признаем пълната автономност на науката спрямо хуманитаристиката? Ако приемем твърдението на Витгенщайн – да. Няма как да има консенсусни решения на „проблемите на философията“, няма как да има напредък, докато да речем в математиката и логиката е възможно и те се радват на такъв. Но дали липсата на консенсус идва само от това разграничение между теория от емпирия? Тук Кънев заявява, че дори и да не можем да бъдем еднозначни, все пак такова разграничение е необходимо за осмислянето на фундаменталната разлика по отношение на развитието на философията и естествознанието. Но той самият не се задълбочава в изясняването му, може

217

би защото днес границите не са толкова ясни и поради това не желае да се обвърже с един единствен прочит.

Дори да приемем, че във философията няма консенсус по определени въпроси пита се дали това важи само за философията. Кънев отбелязва (Кънев 2013:286), че дори най-успешните научни теории не са застраховани от замяна, но и учените, които осъзнават този факт, все пак допускат два типа грешки: онтологически и епистемологически. Първата основна грешка се състои в допускането, че най-добре потвърдената научна теория автоматично отхвърля всички останали възгледи, които в някои от своите части водят до противоречие. Пример за това е еволюционната теория в контраст с чисто религиозните нагласи за света. Трябва да приемем или едната, или другата теория. Кънев прави препратка и към късния Витгенщайн, доколкото той поне се опитва да съхрани религиозните езикови игри, като отрича „сблъсъка", а привидната несъвместимост отдава по-скоро на неразбирането на характера на религиозните твърдения – религиозните твърдения нямат когнитивен характер, не казват как стоят нещата, а формулират рслигиозни практики. Кънев посочва обаче, че не може религиозното да се сведе само до практиката и да се смята, че дълбоко вярващите привърженици на религията гледат на съществуването на Бог, рай, вечен живот, само като на начин да осмислят религиозни действия, защото за тях религиозните вярвания имат и когнитивен смисъл. Втората грешка се състои в това да се смята, че всичко, което може да знаем, се получава единствено чрез емпирично познание и теории. Макар и тук да е оставена поне възможността за появата на нови теории и да е отчетена относителността, хипотетичността, все пак какво „е" и какво „не е" истина и реалност зависи от емпирични изводи, като се приема, че метафизиката няма никакво отношение към феномена на науката. Така напълно се отхвърля всяко философско тематизиране.

Кънев приема, че философията има и спомагателна роля в научното познание. Той не смята за негатив липсата на консенсус във философията, поне такъв какъвто го има в науката, защото „истина" за двете би могло да означава нещо принципно различно. А и плурализмът във философията е нейната сила и различна гледна точка, която предпоставя възможността за нови подходи в науката. Добре би било, разбира се, да има консенсус, но не в отговорите на философските въпроси, а по отношение на правилата за философстване, ако те са съобразени с природата на предмета на философията, а не с този на формалните или емпиричните дисциплини. Това обаче би било възможно, според Кънев, само ако съществуваше абсолютна гледна точка към реалността и нейното познание (Кънев 2013:274). Консенсусът би бил важен за философията, ако спомага за установяването на универсални и надисторични истини. Но тя не може да се ограничи чрез приемането на правила, каквито има при формалните науки. Нейната роля се състои в това да премахва чрез плурализма си всякакъв вид ограничения, включително и такива, каквито са тезите на науката.

3. Въпросът за легитимността на философията и нейното бъдеще

За разлика от Витгенщайн, Кънев отделя по-сериозно внимание на въпроса за ролята на философията в съвременния свят, въпрос, който според него е бил някак маргинализиран. Каква е ролята на философията от гледна точка на развитието на модерната наука и какви изводи можем да направим, изхождайки от песимистичната нагласа на Витгенщайн относно философията? – пита той. Докато Витгенщайн не влага големи надежди във философията и я приема за „сбъркана", без пряко отношение към живота на хората, то Кънев заема обратната позиция. Наистина, науката има съществена роля в живота ни, но философията също не бива да бъде подценявана. Кънев подчертава (Кънев 2013:275), че във време на непрестанен научен прогрес, настъпил след научната революция от XVI-XVII век, Западната култура променя стандартите си за успех и науката се превръща във все по-фундаментален фактор на културното и обществено развитие. На този фон философията се опитва да се обоснове като наука, тоест да постигне резултати каквито имат „признатите“ науки. Оказва се обаче, че философията не може да се надява да получи особен обществен престиж и песимистично настроените като Витгенщайн изглежда са били прави. „Философията в опитите си да се обоснове като наука търпи неуспех след неуспех и е заплашена от криза на легитимността и маргинализация“ – пише Кънев (Кънев 2013, 270). Кризата на легитимността на философията е повлияна според него от две положения. Първо от неясната относно това, дали съществуват изобщо каквито и да било научно значими резултати във философията, и второ, от извода, че ако философията не може да представи научно значими резултати, то едва ли има смисъл от нся.

За да обоснове смисъла от философия, Кънев приема една оптимистична визия като застъпва идеята, че философията се легитимира чрез самата себе си, чрез търсенето на отговори, чрез дискутирането на различни проблеми, включително и на постоянното поставяне на въпроса относно собствения си статут, независимо от това, дали този въпрос се поставя в позитивен или негативен план. Ако дискусиите бъдат преустановени, ако приемем, че тя няма когнитивна стойност, че е неспособна на прогрес, а е вечно раздираща се от разнородни и противоречиви възгледи и интерпретации, то това би означавало край на философията като познание. Но тъкмо в интерпретативния плурализъм се състои според Кънев ползата от философията.[3] Именно в този контекст Витгенщайн, макар и да критикува традиционната метафизика, всъщност помага с поставянето наново на въпроса относно философията. Или казано по друг начин, песимистичната му визия води до позитивни резултати. Разбира се това твърдение не може да бъде прието като някакъв аргумент относно въпроса дали философията е или не е наука и каква точно е спомагателната ѝ роля по отношение на научното познание, ако има такава. Всъщност науката не е нещо неподвластно на промяна – не бива да я абсолютизираме и да избягваме факта, че тя няма някаква надисторична същност.

Защо обаче във философията няма прогрес? За Кънев (Кънев 2013:273) основен критерии за липсата на философски прогрес е отсъствието на общоприети резултати и някакво положително влияние върху развитието на другите науки. Докато науките имат поне относителен консенсус и биха могли да се надграждат с времето, да се правят нови и нови открития, то философията се характеризира с фундаменталните си разногласия, а нейните решения (ако изобщо ги има) като че ли изобщо не влияят на развитието на науката. Ситуацията когато философията е била общоприета за „царица на всички науки" и когато философията и науката са вървели ръка за ръка, коренно се е променила от Декарт насам. Затова дори и всяка протонаука да е тръгнала някога от философията, това не се отнася за „тук и сега".

За Кънев (Кънев 2013:270) философите са тръгнали в две посоки, по които можем да вървим и ние, за да открием отгово-

[3] Тук възниква и въпросът дали плурализмът е съвместим с научния реализъм. Повече по темата за новия реализъм, плурализма и науката можем да открием в статията на Кънев „New realism, pluralism and science" (New Perspectives on Realism № 1, 193-215) и книгата му *New realism: Problems and Perspectives* (Kanev 2020).

рите в самата философия. В първата посока са тръгнали философите, които смятат, че с откриване на правилна методология тя ще може да се установи като наука (Декарт, Кант, Хегел, Хусерл), а във втората философите, които са настроени песимистично относно научността на философията (Витгенщайн, Дерида, Рорти). Според Кънев обединяващото двете групи философи се състои в схващането, че дискредитирането идва от липсата на консенсусни решения. Но дали наистина това е чак такъв проблем?[4] За да внесем яснота по въпроса, нека разгледаме един пример от съвременна област на научното познание, който е използван и от Кънев.

Физиците Стивън Хокинг и Ленард Млодинов – едни от най-авторитетните учени, – представят идеята за Великия дизайн съвсем достъпно, макар и да илюстрират сложни материи в науката като М-теорията. Тази теория разбира се не е нито емпирично проверима, нито в обозримо бъдеще би могла да бъде такава, нито пък е всепризната от останалите учени, но за сметка на това активно си преправя път към университетите, поне като вид теория, която черпи от авторитета на учени-физици и математици и затова звучи като напълно научна. Хокинг (Хокинг 2012:204) намира място и за въпроси като „Защо има нещо вместо нищо?“, „Защо съществуваме?“, „Защо има точно такъв набор от физични закони, а не други?“, като се опитва по рационален начин да обясни възникването на Вселената. С други думи, излиза, че има области на знанието като космологията, при които няма единен закон и при които липсата на емпирична проверимост и консенсус сякаш не са реална пречка, докато за философията подобна липса се отчита за съществен проблем. Общото обаче е това, че ясните разграничения стават проблематични и в науката, и извън

---

[4] В *Революции във физиката от Галилей до наше време* Азаря Поликаров обяснява подробно как се осъществява преминаването от една научна парадигма към друга (виж Поликаров 1996).

нея, защото горния пример показва навлизане на физиката в метафизиката.

Кънев смята, че именно наличието на противоречия, липсата на единство, както и несъвместимите философски позиции, които няма как да са едновременно верни, но и не могат взаимно да се елиминират, ни карат да се усъмним в това дали философията има реален принос в разширяването на знанието ни за света и в прогреса на останалите науки (Кънев 2013, 296). Това той нарича *когнитивно основание*. И още – постиженията на философията не биха могли да служат като основа за консенсусни обществени действия и практики. Това той нарича *практическо основание*. Чрез разногласията си философията дори възпрепятства на пръв поглед обществената дейност. Песимизмът на Витгенщайн по отношение на бъдещето на философията като значима сфера на интелектуална дейност акцентира само върху когнитивните основания, тоест те са един вид изчерпващи се с развитието на науката. Витгенщайн обвързва проблемите на философията с граматически обърквания и с необходимостта от тяхното преодоляване. Но за Кънев философията е вътрешно нехомогенно и динамично единство от по-силно или по-слабо свързани дискурси, което няма някаква аисторична природа, а исторически непрекъснато еволюира, заедно с трансформацията на останалите сфери на културата. Няма неутрални метафилософски стандарти между философските и нефилософските дискурси. Тоест Кънев смята, че самата философия има вътре в себе си различни критерии за разграничение – една философска традиция определя друга като нефилософска и пр. Важното е, че дори и да е така, това е въпрос не толкова на някаква вечна, аисторична природа на философията, а на дискурсивен контекст и интерпретация. Кънев отхвърля едностранното приемане от страна на Витгенщайн на теоретичността като единствено основание на философията. Философията е и практика на култивиране на мисленето, помощник при създаването на нови понятия и гледни точки и критично дистанциране от доминиращи дискурси, а всичко това не се нуждае от консенсус във философията.

За Кънев (Кънев 2013:295) също няма основание да се приема идеята за „зрялост" на науките. Всъщност тесните специализации са едни сравнително млади феномени от гледна точка на историята. Няма доказателства, че постигналите консенсус дисциплини не могат да се върнат в развитието си обратно към състояния на дълбоки разногласия по фундаментални проблеми. Нима общността на физиците не може в бъдеще да се раздели на различни лагери по отношение на въпроса коя фундаментална теория за физичните феномени е най-добра? Би могло да се каже, че доколкото естествознанието е способно да постига истината за природните явления, а истината е една, то твърде вероятно е една теория да се оказва по-добра от другите. А какво е истина, достижима ли е, кои са критериите за истинност – това са все философски въпроси. Песимистичната визия за философията не може да се докаже за в бъдеще, нито може да се предскаже бъдещето на философията или това как ще се развие отношението наука-философия. Затова Кънев нарича всякакви едностранни изводи относно бъдещето на философията „несигурна работа".

Има още един фактор, които като че ли действа демотивиращо в търсенето на отговори на въпроса за консенсуса във философията. Кънев определя съвремието ни като динамично и забързано. Но динамичността днес предполага да бъдем максимално предпазливи към най-ценния си капитал – времето с което разполагаме. Затова Кънев (Кънев 2013, 297) смята, че именно забързаното ни ежедневие кара хората да не отделят прекалено много време на неща, които не са сигурни. Сигурна е науката, а не философията. Оттук идва и въпросът, защо да се влагат усилия да се разбере дадена философска система, при положение, че тя

224

се отхвърля от друга философска система? Реалността днес е такава, че ако някой иска да научи повече за вселената и космоса, ще е по-добре да изучава физика, отколкото метафизика (Кънев 2019, 10).

Философията също се е превърнала в тясно специализирана през последния век, отбелязва Кънев (Кънев, 2019:15), но това не решава проблемите ѝ, нито е довело до увеличаващ се напредък спрямо основополагащите философски дисциплини. Ставайки по-специализирана, философията става и все по-фрагментирана и отчуждена от останалите области на изследване и културните практики. А това за Кънев е пагубно и затова той се противопоставя на нарастващата изолация на философията от другите културни и научни практики, като се стреми да покаже, че е възможно да се философства по начин, които е не само строг, но и достъпен за по-широка аудитория. Философията не бива да е само за професионални философи, тя би могла да даде свой принос и в големите съвременни научни, културни и политически дебати. В това се състои според него основната идея на Новия реализъм, към който причислява и себе си.

Бъдещето на философията не е аналогично на бъдещето на науката, те не вървят по едни и същи исторически пътища на развитие, затова и резултатите, които постигат, са различни. Дори във философията да няма разширяване на познанието ни, в смисъла на постигане на някакви истинни твърдения, то тя допринася да се разгърне концептуалното пространство около нас (Кънев 2013, 283). Освен това, философията е необходима, доколкото винаги ще има нужда от критична рефлексия на самото научно познание. В този смисъл може да приемем с Кънев, че въпреки маргинализирането на философията, тези нейни достойнства не могат да бъдат отнети или изключени като част от научното познание, нито сега, нито в бъдеще.

Друг момент в критическата рецепция на Витгенщайн от страна на Кънев, който е свързан с легитимността и бъдещето на философията, засяга проблема за езиковите игри. Витгенщайн не изяснява според Кънев какви са техните правила, когато става въпрос за дискусия върху фундаменталните проблеми на обществото, религията, културата или дебати относно взаимоотношението на различните области на познанието, като например отношението между наука и религия. Кънев се пита, доколко Витгенщайн може да изключи напълно една смислена дискусия по тези въпроси и дали в такъв контекст езиковата игра няма да придобие философски характер. Възниква и въпросът, дали в определен исторически момент не е необходимо да има мета-езикови игри, които да дискутират правилата на другите езикови игри. В заключение Кънев посочва, че възгледът на Витгенщайн е „плоска мрежа от партикуларни езикови игри, между които липсват отношения на обосноваване, фундиране и йерархия" (Кънев 2013, 284), а това е резултат от липсата на аргументация за правилата на езиковите игри, както и лишаване от когнитивно съдържание на нормите на различните практики. Изводът, който следва оттук според Кънев е, че или Витгенщайн е приел, че няма езикови игри, в които да могат да се обсъждат горните въпроси, или ако има такива, те ще са безсмислени.

Цялостната песимистична визия на Витгенщайн за философията е следствие от проблема за научността. Кънев отбелязва (Кънев 2013, 285), че упадъкът, които отчита Витгенщайн, е свързан със сциентизирането на западната култура. За него сциентисткото отхвърляне на философията не е едностранно, защото има смисъл в това да се отчетат неуспехите на философията и да се търсят начини тя да стане наука и да има съизмерими резултати с тези на науката. То има и културен аспект – сциентизирането на целия човешки живот и опитът на философията да се докаже като наука е вид помощник за постигането на надмощие на науката.

Кънев отчита в тази връзка, че философията не може да се справи с нарастващата сила на науката.

Въпреки, че нарича едностранчивите предсказания за бъдещето на философията „несигурна работа“, Кънев е уверен (Кънев 2013, 282), че все пак философията има свое място. Ако Витгенщайн не бе пренебрегнал историята на отношението между философия и наука, тоест факта, че науките са възникнали от лоното на философията, той би могъл да стигне до други изводи, без да бъде толкова краен и песимистичен относно бъдещето ѝ. Но от къде можем да бъдем сигурни, че за в бъдеще няма да бъдат открити нови изследователски полета? Кънев дава в това отношение много добър пример с интердисциплинарните проекти. Наистина, все по-често се появяват теми, свързани с привидно съвсем различни области на знанието, но които спомагат да се изследва даден проблем от различни страни и да се открият по този начин общи точки и взаимни връзки. Да се приеме, че без съдействието на философията подобни изследвания са възможни, би било твърде смело начинание. Такива изследвания днес се смятат за иновативни и в тях се влагат много ресурси. Кънев ги определя като неизяснен вид познание, който се нуждае от осмисляне на едно философско мета–ниво. Той предвижда също, че след като получат определени изводи, решения и доказателства, тази предметни области ще се обособят като самостоятелни научни дисциплини. Това означава, че процесът на обособяването на знанието не е приключил с обособяването на науките за човека от философията, а е непрекъснат процес с неясни контури. Аисторичният анализ на Витгенщайн допринася съществено за неговия песимизъм и съставлява един от основните недостатъци на неговата философия. Това не му позволява да види ползите от философията, които се състоят според Кънев в създаването на нови концептуални връзки, формулирането на нови научни теории, осмислянето на връзките между старите, а може би дори и доставяне в бъдеще на критерий на научните теории, позволяващ да издържат на философска критика.

Кънев подчертава (Кънев 2013, 299-300), че в исторически план никога не е имало толкова много дискусии относно перспективите на философията, нито толкова много негативизъм и фактът, че това да се случва на фона на нарастващия брой философски конференции, институти и факултети е един парадокс. Същевременно самото наличие на подобни дискусии помага за нарастването на плурализма на гледни точки, защото за разлика от миналото комуникацията днес се осъществява изключително бързо[5], философи от цял свят могат да споделят опит и да правят виртуални обсъждания. В този смисъл песимизмът на Витгенщайн изглежда в синхрон с господстващата съвременна нагласа към философията. Но може да се запитаме, отбелязва Кънев, защо Витгенщайн и неговият възглед, че философските теории са безсмислени, се появява точно в този исторически момент? Защо не се е появил в средновековието, когато философията и религията са вплетени в единство? Според Кънев Витгенщайн се е появил точно тогава, когато е трябвало, защото идеите му съвпадат с появата на стремеж у философите към откриване на едно сигурно начало, на една „Архимедова гледна точка" свободна от предразсъдъци, заблуди и чиста хипотетичност. Това обаче го обвързва с традицията на философията и то доста по-силно от колкото сам той би искал.[6]

---

[5] Връзката на философията и виртуализацията е изяснена по-подробно от Васил Проданов в книгата му „Бъдещето на философията" (Проданов, 2005).

[6] Кънев обяснява прехода от един тип преобладаващо философско настроение към последващите в историчен план, във въведението към сборника New Realism (Kanev 2019, 9-16), съставен под неговата редакция, включващ докладите от Националната Хумболтова конференция, проведена у нас на 26-28 май 2017 г.

Заключение

Въпреки че отношението философия-наука днес се движи в широки граници, намиращи се между полюсите на антагонизма и хармоничното взаимодопълване, за Александър Кънев няма съмнение, че философията има свое собствено място и, че бъдещето ще я позиционира винаги наново. Ценното в критичния прочит на Витгенщайновата философия се състои според мен в това, че Кънев успява едновременно както да разграничи, така и да представи допирните точки между философското знание като теоретична и практическа дисциплина. Позовавайки се на исторически аргументи, Кънев прогнозира една оптимистична визия за бъдещето на философията, като критикува едностранното и неисторично отношение на Витгенщайн към философските проблеми, както и неговите песимистични прогнози относно бъдещето на философията. Чрез представянето на проблема за консенсуса като един от критериите за авторитет на знанието и помощник в издигането му в ранга на наука, Кънев успява да изтъкне предимствата на плуралистичната визия за философията като способност за критична оценка на реалността. Генерирането на многообразие от несъвместими теории би могло да се вижда не само като пречка, а и като стъпало към откриване на нови перспективи, при което едното не отхвърля другото, защото би могло в определен момент от историята на човека да бъде вярно първото, в друг – второто. Независимо, че философията днес страда от криза на легитимност и маргинализация, нейната саморефлексия и постоянното й самопроблематизиране я поддържат, което означава, че не е загинала, а продължава да съществува като проблем на мисленето. Към това следва да се добави, че човешкото знание не се изчерпва с научното познание, поради което всичко, което се намира отвъд него, винаги ще предизвиква у нас учудване и ще бъде двигател за метанаучни и философски изследвания.

Литература

Кънев, А. 2005a. *Витгенщайн за границите на езика*, София: Академично издателство „Ценов".

Кънев, А. 2005b. *Западната философия: Витгенщайн, Хайдегер, Гадамер, Дерида - парадигми, революции, перспективи*, София: Издателство "Идея".

Поликаров, А. 2016. *Революции във физиката от Галилей до наше време*, 1996, София: Академично издателство „Проф. Марин Дринов".

Проданов, В. „Бъдещето на философията", 2005, София, Фабер.

Стефанов, А. 2011. Лекция по Теория на познанието. Велико Търново: ВТУ „Св. Св.Кирил и Методий",(26 март 2011).

Хокинг,С. 2012. „Великият дизайн", София: ИК Бард.

Kanev. A. 2007. „New realism, pluralism and science". // *New Perspectives on Realism* № 1, 193-215.

Kanev. A. 2020. *New Realism: Problems and Perspectives*, София: Университетско издателство „Св. Климент Охридски".

Галина Декова

ИЗКУСТВОЗНАНИЕТО КАТО ФИЛОСОФИЯ И НАУКА

Въведение

Научната дисциплина история на изкуството е институционално установена едва през XIX в. и наследява една продължителна и неизменно съпровождаща културната история на човечеството традиция на коментиране и обсъждане на произведенията на изкуството.[1] Този коментар може да е биографичен, дескриптивен или тълкувателен и в първия си етап се обособява в наратив за последователно развитие на човешките способности и завладяването с тях на нови територии. В различни исторически моменти този разказ изпълнява различни обществени функции, например за социалната легитимация на творците или е свързан с определен политически ред. Историята на изкуството или изкуствознанието е науката за историческото развитие предимно на изобразителните изкуства в тяхното иконографско, иконологическо и материално определение и изследва и описва културната функция на изкуството от гледна точка на художествено-формалните дадености на съответното произведение и от гледна точка на процеса на създаването му. Понятията „история на изкуството" и „изкуствознание" са продукти на XIX в. и се свързват с Йохан Йоахим Винкелман, който за първи път предприема точен стилов анализ и изследвания на античното изкуство. Едно от ранните отбелязвания на термина *Kunstgeschichte* е в осмото издание на енциклопедията Брокхаус от 1833 г., където тя е категоризирана като „основна част от историята на културата" (Pfisterer 2020: 39).

---

[1] През 2010 г. Хумболтовия университет в Берлин чества 200 години от съществуването на специалността.

Интересна роля в затвърждаването на специалността като дисциплина със собствена методика и обективни резултати понякога изиграват и произведения на изкуството. Такъв е случаят със скулптурната група Лаокоон или картина от Ханс Холбайн млади, около която се разгаря т.нар. Дрезденски спор (*Dresdner Holbeinstreit*) от 1871 г. В него става дума за картината „Мадона на кмета Майер", която представя Богородица с младенеца и семейството на базелския дарител Якоб Майер цум Хазен, която съществува в два варианта – оригинал, създаден от Ханс Холбайн Млади през 1526 г. и копие на картината от XVII в. в Дрезденската галерия на старите майстори. През годините двете произведения преминават през ръцете на различни собственици, но в един момент копието е продадено като оригинална картина на Холбайн на Мария Медичи. От този момент нататък в обръщение в европейските колекции на изкуство са две произведения и историците на изкуството спорят за това, как двете произведения се отнасят едно към друго. След като години наред изследователите са принудени да преодоляват дистанцията между Дармщат и Дрезден за да ги сравняват, през 1871 г. в Дрезден се организира изложба, на която двете картини са експонирани една до друга. По това време в Дрезден се състои конгрес на водещите историци на изкуството на времето и спорът е решен еднозначно не въз основа на интуитивни предположения и мнения, а с нови методи като стилов анализ и изследване на формалните изобразителни стойности. По-късно получените резултати се потвърждават и от рентгенови изследвания. За историята на изкуството и нейното развитие като наука е основна определящата роля на немската философска традиция и ако трябва да се посочи един централен неин проблем, то той би се състоял в задачата ѝ да определя и актуализира границите на художествения феномен по отношение на същностните и функционални характеристики, ценностните и социално-културните му параметри.

Историята на изкуствознанието е история на развитието на една прагматична теория на изкуството като исторически феномен и като такава повдига въпроса на кого служи. Историята на изобразителното изкуство, което по традиция се приема за основен предмет на изкуствознанието, се развива заедно с променящите се представи и функции на изобразителното изкуство. Целта на предмета е да изследва художествените обекти според тяхното съдържание, да определи формалните им параметри, да ги класифицира по хронологически и топографски принцип и да анализира рецепцията и въздействието им. Принципно идеята за постъпателното развитие на изкуството е симптом за постепенното изгубване на чувството за единство между човека и света, защото открива съзидателната роля на човека творец, а не се фокусира единствено върху божеството и неговия представител (Prange 2002: 41). Така както според Хумболд „разбираме реалността само такава, каквато ни я представя езикът", така и легитимацията на историята на изкуството подлежи на аргументация, защото ако произведенията на изкуството са предмети от реалността, процесът е свързан с понятията. Тази просвещенска постановка е в конфликт не само с мистичния светоглед на примитивния култ към изображението, но и с някои по-нови тенденцията към идеализиране на изкуството и възвеличаване на твореца през XIX в., когато се приема, че изкуството не подлежи на вербализиране, а трябва да бъде единствено преживяно. Тази нагласа предопределя основната антиномия в теорията на изкуството – позицията на изобразителното изкуство между разума и чувствата и възможността за научно познание относно апориите на неговото възприемане.

В най-ново време Волфганг Кемп разработва теорията за естетика на рецепцията, известният специалист по средновековно изкуство и теоретик на изкуството Ханс Белтинг разисква изкуството в контекст (заедно с автори като Вернер Буш, Михаел Баксандал, Светлана Алперс и други), феминистичната история на изкуството се разисква от автори като Гризелда Полък, Зигрид Шаде, Линда Ноклин и други. Тези трансдисциплинарни подходи са предопределени от теориите на културологията във Франция и въвеждането на дискурсите и според Г. Полък интелектуалната експлозия от началото на XX в., отеква едва през 1960-те години върху отделните клонове на хуманитаристиката и по-специално върху изкуствознанието и предизвиква изследователите към преразглеждане на митологемите. Социологията на изкуството е специално разисквана от автори като Мартин Варнке, Клаус Хердинг, Т. Дж. Кларк и други. Като напълно самостоятелна дисциплина днес се определя теорията на образа, свързана предимно с името на базелския професор Готфрид Бьом, както и на Хорст Бредекамп от Берлин.

От гледна точка на институционалното си развитие и професионалната практика в музея или академията, през XX в., днес изкуствознанието или историята на изкуството функционира в плътно изградена система от дейности и професии, която има генералната задача да произвежда и възпроизвежда историческото минало, така че да позволи то да бъде подложено на систематично обследване в настоящето (Preziosi 2009: 7). От самото си начало и във връзка с останалите професионални практики, които го допълват, дейността на историка на изкуството е винаги в, посока на един синоптичен преглед на миналото, който да намери своята употреба и приложение в съвремието. Така за изкуствоведа настоящият момент е поле за демонстрация или сцена на определен сегмент от миналото, който може да се рамкира като обект на исторически пожелаваното: като нещо, в което модерният човек може да потърси ориентири за решаването на днешните си проблеми.

Определение и степен на разработеност

Предметът история на изкуството (*Kunstgeschichte*) се изучава в световните университети и художествени институти (у нас единствено в Художествената академия), но със същия термин се обозначава и занимаието с историята на изкуството, т.е. субектът и обектът на това занимание носят едно и също наименование. Историята на създаването на изкуство може да се нарича история на изкуството и това се смята за естествено, но за субекта – историята на писането за история на изкуството нещата стоят по различно. Един от предложените изходи – въвеждането на термина изкуствознание (*Kunstwissenschaft*) довежда до дебат за методологията, защото историците на изкуството, особено позитивистите, се свенят да използва думите „наука" и „изкуство" в словосъчетание. Особено се притесняват от възникването на необективна „научна" представа за изкуството. Други предложения включват наука за история на изкуството *Kunstgeschichtswissenschaft*, но този термин така и не се налага.[2] История на изкуството в крайна сметка е историята на всичко, което се създава и се случва в областта на изобразителното изкуство, а под писането й може да се разбира всяко занимание с историята на изкуството, при което пишещият произнася определена преценка.

Следващо терминологично затруднение е свързано с това, че сферата на изкуството обхваща много повече видове изкуства

---

[2] Предложението е на Херман Бауер, асистент на Ханс Зедлмайер в Мюнхен (Bauer 1976).

освен визуалните. От друга страна музиката, литературата, театъра имат своите съответни научни направления – музикознание, история на литературата, театрознание. Една от причините за това узурпиране на термина изкуствознание от изобразителните изкуства е издигнатото в култ по време на Ренесанса свойство на живописта и скулптурата да придават видима форма на идеите. Именно тогава живописта и скулптурата се причисляват към останалите свободни изкуства – музика и поезия. Днес значението на тези категории отново е под въпрос и имаме основание да се запитаме какви предметни рубрики покриват понятията „изобразително" и „визуално" и дали при настъпилата инфлация на образа и невероятните възможности за мултиплициране на изображението, все още е възможно те да се прилагат по същия начин за произведенията на изкуството, както и да се правят опити последните да бъдат подреждани в историческа последователност.

Настоящата статия няма да се спира върху нормативното значение за изкуството на други феномени, свързани с неговото етаблиране и функциониране. Това са институции като академията, музея, експозицията, художествената критика, културното наследство, мемориалът, а ще направи опит за преглед на отделни станции и основни представители и аспекти на тази проблематика. Една от възможните изследователски траектории е да се проследи пътя от апологетичното самодоказване на необходимостта от наука за изкуството до историзма, или от литературната обосновка на еманципацията на занаята и нареждането му в редицата на свободните изкуства, към разглеждане на предмета като документ за отминали исторически процеси.

Една от най-важните референции за историографията на академичната дисциплина изкуствознание е капиталният сборник *The Art of Art History* (Preziosi 1998, 2009). В него известният професор от Калифорнийския университет представя антология от текстове на водещи изследователи според основни дебати и теми, като за начална точка избира появата на термина „естетическо" през XVIII в. като обособен предмет на изследване, свързан с генерирането на знание за човешката природа и познание. В сборника са засегнати общи въпроси за изкуството и естетиката и конкретни, засягащи режимите на рецепция, генериране на смисъл, тълкуване, идентичност, пол и други. Второто актуализирано издание на този корпус специално обръща внимание върху „плахия спиритуализъм" на тази „неуверена наука" (*coy science*) в прикрития светски теологизъм на епистемологичния ѝ подход (Preziosi 2009: 5)[3].

Друга нова публикация, предназначена да въведе читателя в историческото развитие на специалността, с автор Улрих Пфистерер, понастоящем директор на Мюнхенския институт по история на изкуството, е посветена на една дисциплина, която се намира едва в началото на своето развитие (Pfisterer 2020). В преглед на моментното състояние и институционалното развитие на изкуствознанието през модерната епоха той се връща към нерешените от самото възникване на предмета проблеми. Например: как историчността на произведението се отнася към физическото му присъствие в настоящето? Или: каква е връзката между изкуството като носител на информация и предметът на художествената дейност като обект на естетическо преживяване? Едно от твърденията в изследването е, че основно свойство на историята на изкуството е да забравя и подминава. А наука, която се занимава с това да обрича на забвение, разполага съответно с неизчерпаеми ресурси за припомняне. По силата на тази логика авторът изважда наяве някои ексцентрични теории от миналото, сред които опита на Вил-

---

[3] Доналд Прециози има отделно изследване, посветено на скромността на изкуствознанието в смисъл на интровертност, уединение – *Rethinking Art History: Meditations on a Coy Science*, 1989.

хелм Вецолд от началото на XX в. да обоснове една „естетико-би-ологическа история на изкуството" (Pfisterer 2020: 111)[4]. В своето обобщаващо съчинение Пфистерер въвежда система от четири категории, в които попадат историческите или съвременни теории за изкуството и които определят метода им. Първата от тях е идеята за вечното настояще на художественото произведение и за гениалния, изпреварващ епохата си творец; втората – история на изкуството според Пфистерер може да бъде написана от гледна точка на произведението или предмета изобщо и неговата функция на носител на историческа памет. Тази перспектива включва и вниманието към занаятчийското или индустриално произведение. Трета по вид е историята на предмета, която се пише от гледна точка научната еманципация и включването на историята на изкуството сред университетските специалности. По право на последно място в хронологичен, но и в оценъчен ред, авторът поставя въпроса за институционализирането на дисциплината и практикуването на професията на „изкуствоведа", който е особено важен за начина на основаването, както и за днешното състояние специално на българското изкуствознание.

Днешният подход към историята на изкуствознанието означава дисциплината да се възприеме като дискурс и отворена система от твърдения, която може да предостави дефиниции, но същевременно изключва други. Следователно трябва да се приеме наличието на много възможни истории на изкуството. В този смисъл на пресечна точка между история, творческа практика и философия е съставен един от сборниците на университет Льовен *Art History*

---

[4] Неговите идеи са обобщени в „Художествената творба като организъм" (*Das Kunstwerk als Organismus*), 1905 г.

after Deleuze and Guattari (2017) с приноси на значими автори, които работят в областта на теорията и художествената практика едновременно.[5]

Идеите за изкуството

Историята на теорията на изкуството може да се изведе пряко от възгледите за самото изобразително изкуство в определен исторически период, както е ясно, че това, което днес наричаме изкуство не винаги е било обект на разискване. Освен това различните изкуства имат различно дълги истории на тълкуване и е естествено, че история на литературата и поезията е много по-древна от тази на изобразителното изкуство и изобразителното творчество се приема за равно на останалите свободни изкуства едва много късно. Процесът на неговото отделяне от занаятчийството налага апологетичния характер на ранното писане за изобразителното изкуство. Предхождаща научния дискурс и анализа е култовата употреба на изображенията и вярата, че те са неизменни обиталища на сакралното, представа, която естествено изключва идеята за прогреса и ролята на индивида. Така в буквалния смисъл на понятието история на изкуството възниква едва в обществата, които скъсват с мистичния светоглед. Първоначално теорията на изкуството се занимава с онтологическия статут на произведението и неговото отношение към реалността и природата, дали е равно с природната красота или може да се съизмерва с нея. Това отношение предопределя амбивалентното отношение между изкуство и философия

---

[5] Сред авторите са Елизабет фон Самсонов, философ и съвременен артист, Джеймс Елкинс, един от водещите мислители и теоретици на образа в природата, науката и изкуството, археологията. Публикациите му обхващат широк спектър от теми и са предназначени и за любители и практици на изкуството.

по-късните епистемологични и онтологични въпроси. По-късно Аристотел поставя основите на литературната теория като основна парадигма на философията на изкуството и го изследва през въпроса за поетиката, стиловия анализ, функцията и въздействието. Християнската доктрина за Възкресението, освобождението от законите на физическия свят и аскетизма доминира отношението към изобразителното изкуство през Средновековието. Възгледите върху изкуството през Античността се определят от идеята за неговия онтологически статут и от представата, че красотата не е присъща на нищо, създадено от човека. Свеждат се до дълга традиция от опити да се обоснове единният характер на произведението във връзка с всеобщите принципи на мирозданието (Heinrich 1982: 12), а от гледна точка на методологията се свързва с описания на изображения и събиране на биографична информация, които понякога са част от по-общи трудове (като при Плиний Стари и неговата *Naturalis historia*). Подобни са и описанията на произведения на изкуството като част от архитектурната декорация при Витрувий в неговите „Десет книги за архитектура“, в които архитектурата заема централно място сред изкуствата. Значението на трактата му не съвпада с момента на неговото написване, а той е оценен едва през Ренесанса, когато оказва значително влияние върху художници и мислители като Албрехт Дюрер и Леонардо да Винчи. Около средата на XVI в. Джорджо Вазари, архитект, придворен художник на Медичите и биограф на големите флорентински творци, въвежда идеята за *rinascita* – възраждането. Смятан за баща на изкуствознанието, Вазари е автор и на други ключови понятия за историята на изкуството като „готика“, което сумира произведения, които той, като почитател на античния идеал, намира за варварски и лишени от естетическа стойност (от итал. *gotico*). Основното му съчинение „Животописи на най-значимите живописци, скулптори и архитекти“ (*Le Vite de' più eccellenti Architetti, Pittori et Scultori italiani, da Cimabue insino a' tempi nostri)* се появява през 1550 г., а второто, значително допълнено издание, през 1568 г. То за първи път обединява артефактите и историите на техните създатели според йерархията на техните постижения, понякога в сравнителен анализ, и събира биографиите на най-изявените творци. Създаденият от Вазари мит за генезиса и кулминацията на творческия гений на Микеланджело и невъзможността да бъдат надхвърлени неговите постижения е показателен за централната проблематика на неговата историография като опит за преодоляване на универсалните правила за красивото. Трудовете на Вазари са образец за следващите поколения на една историята на изкуството като цикличен процес, развиващ се в три основни етапа, а теоретичната му концепция, изложена преди всичко в уводните части на неговия тритомник, е приносна с това, че съчетава техническото и занаятчийското начало с неоплатоническото християнско понятие за идеята. Като първи историограф на изкуството в модерния смисъл на това понятие подходът на Вазари е пример за личностното осъзнаване на твореца и обобщава ренесансовите разбирания за ролята на изкуствата. Вазари се доближава до модерната научна етика и поради факта, че пише своята история на базата на огромен фактологичен материал, въпреки че неговата история на изкуството на практика обслужва изкуството на неговото време и е негова апология. В тази линия на развитие процъфтяващото по това време изкуство на Ренесанса е свързано с монархическата власт и получава институционален израз в основаната през 1563 г. Флорентинска академия.

Започнатата от Вазари историографска линия е продължена с излизането на *Schilder-Boeck* на холандеца Карел ван Мандер през 1604 г. Освен художник ван Мандер е и учител на мнозина известни художници, като Франс Халс, а неговият труд е първото съчинение, посветено на теорията на изкуството, което се появява на север от Алпите. Първата част съдържа разсъждения за естеството на изкуството и основни познания за него, втората се занимава с биографиите на художници от Античността и с творчеството на известни италиански художници и скулптори, а третата с литературните извори на известни мотиви в холандската живопис. По примера на античната историография тези автори се стараят да пишат занимателна и поучителна история с акцент върху живото описание и анекдота, вместо върху документалната истина. Многобройните описания на произведения (екфразис) от епохата също следват определени реторични принципи и най-често възхваляват изяществото и живостта на създадените от художника образи.

За разлика от фламандската рецепция, отново под влияние на Вазари, френската традиция, в лицето на Джовани Белори (противно на установеното правило той вече е човек на науката, а не художник) развива интерес не към наподобяването на природата, а в посока на идеалното красиво и в стремеж към етаблиране на класически норми и по този начин създава теоретичната основа на класицизма. Моделът за тристепенното развитие е отхвърлен и на негово място се появява представата за развитието на стила в стъпките теза, антитеза, синтез. Обяснено по този начин, творчеството на определен художник се явява най-прекият и логично обоснован „среден път" между различни крайности. Идеята за умереност съвпада с програмата на основаната в средата на XVII в. Френска академия и програмните конференции, с които тя започва своята дейност. В поредица от лекции академиците разискват исторически композиции от гледна точка на античните образци, литературни извори и др. и разработват нормите, зад които прозира желанието за налагане на суверенитета на монарха. Постепенно френската традиция се фокусира все повече върху личния вкус и субективното преживяване, което произведенията извикват у зрителя и усещанията. В тази плоскост се вместват разсъжденията на Дени Дидро, представител на просвещенската мисъл и първи художествен критик. Според него единствената задача на изобразителното изкуство е да разчувства и докосне емоционално зрителите и художникът, загърбвайки академичния модел и историческия жанр, трябва да насочи вниманието си предимно върху непосредствеността на израза и директния емоционален изказ, като го потърси в камерни мотиви и сюжети от ежедневието.

Така основните проблематични моменти в дисциплината изкуствознание до XVIII в. се дължат на устойчивата колективна представа за изкуството и за личността на твореца като гений, надхвърлящ или изчерпващ възможностите на своето време. Позицията на произведението на изобразителното изкуство на нещо неподвластно на условностите на времето, се дължи на това, че възприемането на останалите изкуства е обусловено от тяхното едновременно случване пред публиката. За разлика от театъра или музиката, произведението на изобразителното изкуство е нещо, намиращо се в състояние на перманентно настояще на наблюдението, което не е непременно близко до момента на създаването му. Това затруднява разбирането за ролята на произведението в историческия развой. Геният на твореца е свързан в историческото мислене за изобразителното изкуство и с вярата в съществуването на определени норми, иманентно заложени в произведението, които творецът, надарен с умения извън обичайните, трябва да възстанови. Постепенно след XVIII в., когато започва да се осъзнават и условностите на самия исторически конструкт, идеята за задължението да се „реставрира" миналото постепенно отпада.

Прокарването на граница между теория и практика в изкуството, което се случва през XVIII в., се дължи на разцвета на живописта и музиката както и на доминацията на литературно-теоретичния подход в художествената критика. От социологическа гледна точка известна роля изиграва и появата на историческа сцена на фигурата на любителя на изкуство. Този ненаучен в истинския смисъл на думата период в историята на изкуството се отнася към периода на класицизъм и маниеризъм в скулптурата и живописта, течения, които от своя страна най-често се свързват с първите археологически разкопки и разцвета на академиите. От самото начало на своето развитие изкуствоведската методология се намира между двата полюса – изолирано разглеждане и контекстуализиране на произведението, в по-широк смисъл между формализма и културологията. В обществения консенсус на методическия спектър се приема, че изкуствознанието се занимава с изкуството като част от културата на едно общество и че прави това като анализира и интерпретира произведения на изкуството.

Идея за идеала – Винкелман

През 1755 г. Йохан Йоахим Винкелман публикува в Дрезден своя първи теоретичен труд „Мисли върху подражанието на гръцките произведения в живописта и скулптурата", който може да се разглежда като подготовка на следващото му централно произведение „История на изкуството на древността". С това Винкелман поставя началото на модерната историография на изкуството и предприема първия опит за исторически анализ воден от вярата, че абсолютно присъщият на изкуството идеал е нещо, заключено в миналото, което може да бъде съживено само по пътя на историческата реконструкция. По времето на публикуването на „История на изкуството на древността" (1764) съчинението му е толкова революционно по структура и замисъл, че изобщо не може да предизвика адекватна реакция и критика.

Преобладаващият изобразителен маниер, който в този момент се намира в криза и преминава от една ценностна система към друга – от рококо към класицизъм, чиито образци са възвеличаваните от Винкелман простота и изящество на древногръцкото изкуство, превръща изкуствознанието и теорията на изкуството в заместител на нещо вече изгубено. Така новият жанр в писането за изкуството, който е свързан с процеса на създаването му и е признак на кризата на епохата, а смяната на биографичния модел с идеята за националния дух и необходимостта от държавен ред, както и пренасянето на фокуса от творците върху развитието на стила означава, че именно нацията е носител на това развитие.

За изкуствоведската мисъл Винкелман е интересен и с това, че поради северногерманския си протестантски произход, израснал в неблагоприятна и бедна на изкуство среда, интересът му към изобразителното изкуство не е бил зададен предварително. По принцип условия за изследване на произведенията естествено възникват там, където се акумулира голяма колекция (в сбирките на владетелите) или в академии и ателиета, където то бива непосредствено създавано. Теориите на Винкелман за изкуството се автоиндуцират, което предполага съществуването на предварителна философска нагласа и предпоставя съждения и очаквания за природата на изобразителното. След Винкелман авторът вече може да бъде и само външен наблюдател и изследовател без да е свързан с практическа творческа дейност и без самият той да бъде творец. Така както за историка на изкуството изследването на произведенията и рефлексията върху тях е същинският творчески акт, така и самото изкуство вече не е един от прагматичните въпроси на деня. Според Винкелман стойностното изкуство търси своя идеал в предходните епохи, поради което в съчиненията си авторът изрично подчертава, че не се интересува от биографията на съответния творец. За него развитието на стила е развитие на ценностите, а историята на изкуството се състои от възход и падение, разцвет и упадък в един биологичен ред, наследен от Вазари, като цялата визия е предпоставена от осъзнаването на величието в изкуството на древните гърци. За разлика от Вазари за първия модерен историк на изкуството стилът не е върховата точка в развитието на изкуството, а е основан върху критериите на своето време, според които може да бъде съден от историческа гледна точка.

Друг съществен принос на Винкелман за развитието на дисциплината е намереното от него приложение на речта като съзнателен инструмент за интерпретация, както и голямото му старание за „изковаване" на подходящи дефиниции, което често е процес, въвличащ и читателя. Пример за това е терминът „великост" – *Grossheit,* за което Хердер споделя: „А нашият Винкелман измисли великостта, което не може да се замести от нито едно от предишните понятия. Тогава не трябва ли и в морала да се направи разлика между качество и доброта (*Guete und Gutheit?*)" Така езикът е на практика новият инструмент, който създава методичната наука, доколкото надхвърля дескриптивното и се опитва да направи историческа преценка. Посвещението на автора в края на предговора на „История на изкуството на древността" адресира изгубения идеал, по който изкуството копнее и превръща изкуствознанието в изразител на този копнеж: „Тази история на изкуството посвещавам на изкуството и на времето" (Винкелман 1970: 39).

В друго свое произведение „Способността да възприемаме красотата в изкуството" Винкелман поставя основите на психологията на възприятието, като сравнява способността да възприемаме зрително с долавянето на музикалните звуци посредством слуха.

Времето на Винкелман се характеризира с акцент върху народностния дух и народностният характер в техните изражения в изобразителното изкуство, а „История на изкуството на древността" за първи път разисква творческия акт, протичащ у зрителя в момента на преживяването на произведението, линия, която особено се развива от следващите теоретици.

Научната дисциплина –
швейцарско-австрийско-немска школа

Според изследователите дълго след Винкелман в писането за изкуство доминират две основни направления – чувството за примирение от една страна и вярата в прогреса от друга. Първата тенденция с налаганото от нея тематично ограничение ражда историзма, а второто въвежда нови понятия за култура, народ, раса, технически прогрес. В този контекст Якоб Буркхард, първият представител на немскоезичната школа, написва своето основно произведение „Култура и изкуство на ренесанса в Италия" като израз на концепцията за култура и свобода, свобода на културата от Хердер, Фихте и Хегел е ги свързва в смислова верига, чрез която през XIX в. се търси връзката между прагматичната историография и понятието за изкуството. Връзката му с историографията на Ренесанса е във вярата в цикличността на историческия процес. Актуалността на неговите теории за съвременното изкуствознание се състои в това, че те за първи път свързват понятието изкуство с друго понятие – култура, което го превръща в един от предшествениците на социологията на изкуството. За разлика от други свои съвременници Буркхарт вижда в произведението не само исторически документ, а и своеобразна културна цел. Базелският историк на културата се посвещава на изследването на културния пейзаж от аспекта на художествената продукция за определен период или епоха. В този момент от основно значение за специалността е историята на стила, т.е. стиловият анализ на произведенията, въпроса за това как са създадени, контекстуалната интерпретация, а като допълнителни познавателни инструменти се прибавят историческите или помощнонаучни изследвания на произведенията – въпросът какво представлява създаденото. По-късно това съотношение се преобръща. Освен че внася метода на исторически анализ на предметите на изкуството, пресечната точка между историята и изкуството в съчиненията на Якоб Буркхарт обогатяват мисленето за изкуството с „красивата природа" на сетивното наблюдение, което се изразява в революционната идея за „нагледното мислене" (*anschauliches Denken*).

Следващият етап в развитието на изкуствознанието се определя от университетския дух и е прието да се обозначава като Виенска школа, защото във Виенския университет се основава първата катедра по история на изкуството като отделна специалност. Първи неин ръководител е Франц Викоф, който въвежда теорията за отделните стадии на развитие на изкуството (от архаическа епоха, през класическа, до съвременния му френски импресионизъм) като едно постъпателно развитие от художествена идеализация към индивидуализиране на художествения образ. Именно Викоф се смята за човекът, поставил основите на бъдещата теория на стила.

В края на XIX в. развитието на изкуствоведската мисъл довежда до сливането на културно-историческата мисъл с историята на стила в идеята за изкуството като самостоен език на формата, в чиято основа е един „метафизически субект". Това е или геният на твореца, или колективната воля за образност на един народ или на една епоха. Изработването на една граматика на основните понятия в изкуствознанието се явява приоритет на теоретиците от периода.

През първите години на университетското изкуствознание своеобразна негова опозиция се явяват вече утвърдените институции на европейските музеи. Във Виенския музей за приложни изкуства например е уредник Алойс Ригл, който успява да приложи научните си познания при обследването на предмети, които до този момент са били извън обсега на специалистите. Като основоположник на формалната школа в изкуствознанието, той е против разделението на изкуствата на висши и нисши, изящни или приложни и онагледява теорията си с примери от текстилния отдел на Виенския музей. Теориите на Алойс Ригл, първият съвременен историк на изкуството, оказват огромно влияние върху цялото научно направление. Преди това неизменно опитите да се историзира развитието на изкуството са се центрирали около върховите постижения и периоди, които са се разглеждали като упадък или възход. Художествената продукция задължително се е разделяла на нисши и висши форми и теми. Ригл е първият мислител, който се фокусира върху един пренебрегван преди това сегмент от историята на изкуството и се опитва да го погледне без предубеждения и от напълно нова перспектива. Той разглежда съответния артефакт не като „добър" или „лош" по отношение на идеала, зададен от духа на епохата, а измерва неговата стойност според това, дали има отражение върху съвремието и следващите епохи. Въпреки че по този начин Ригл провежда едно „обратно броене", той нарича своята теория позитивистична, но неговата преценка на практика вече не се ориентира според нормите, а зависи от следващия ход на историята. Обект на неговото изследване вече не е отделният предмет, а силите и социалните нагласи, които са станали причина за неговата поява.

Според Ригл чрез отдалечаването от античния идеал късноримското изкуство, оценявано от изследователите преди него като изключително примитивно и упадъчно, има съвсем различна стойност и огромно значение. Парадоксът, който той формулира, всъщност етаблира понятието *Kunstwollen* (художествена воля), според което и упадъчните прояви в изкуството не трябва да се пренебрегват, защото имат своето значение и са необходими за хода на историята. Смисълът на понятието стил, което Ригл налага, е коренно различно от познатото преди, защото според него произведенията са носители на генерални и обобщаващи свойства, които позволяват тяхното класифициране. Едва след като тези обобщаващи характеристики се изяснят, те определят развитието на изкуството в съответните географски, етнически или социални структури и именно това инициирано по този начин развитие, може да се нарече стил. Понятието за художествената воля на Ригл е повлияно от Шопенхауер и е ситуирано между волята и почитанието. Художествената воля е силата, насочена към преобразуването на отношението между човека и света и в дихотомията между хаптическо и оптическо възприятие разкрива психологическите възможности за интерпретиране на реалността. Въпреки че понятието, въведено от Ригл, не се налага трайно в историята на изкуството и остава епизодично, то все пак има своята употреба, и, въпреки че авторът му не е смятан за основоположник на оригинален метод в изкуствознанието, той е признат представител на определена тенденция, която кореспондира с въведения по същото време от Фройд термин от психоанализата *Triebdynamik*. Основният принос на Ригл в крайна сметка е различаването на динамиката на историческото развитие като отделен феномен. След Ригл изкуствознанието се превръща в модерна и програмна наука от областта на хуманитаристиката с влияние върху околните дисциплини. Особено вълнуваща за страничния наблюдател и за съседните теории е идеята за основните понятия. Влиятелни се оказват не толкова въведените от Ригл термини хаптическо и оптическо, а сравнителните понятия на Хайнрих Вьолфлин, които той разработва по негово влияние.

Тези *Grundbegriffe* (основни понятия) често са определяни като фикция, защото засягат само външните проявления, и с тяхното развенчаване се приема, че те са послужили на историята на изкуството единствено за изграждането на фасадата на започнатото в края на XVIII в. от Винкелман „здание на научната система".

Както никоя друга наука в световен план до началото на Втората световна война историята на изкуството се определя единствено и основно от немската научна мисъл и от програмите, приети в немските университети. Основни немскоезични школи преди Втората световна война са Берлинската школа в лицето на Карл Фридрих фон Румор, Франц Теодор Куглер, Густав Фридрих Вааген, Хайнрих Густав Хото, Хайнрих Ригл и Карл Шнаазе; Виенската школа, известна още като школа на документалистиката *(Dokumentenkunde)*. Основни представители Франц Викхоф, Алоис Ригл, Юлиус фон Шлосер, Мориц Таузинг, Рудолф Айтелбергер, Макс Дворжак, Ото Пахт и Ханс Зедлмайр, Фриц Саксл, Ернст Крис, Ернст Гомбрих. Всички те получават образованието си във Виена или са свързани по някакъв начин с интелектуалния климат на града, а Макс Дворжак налага понятието за история на изкуството като „история на духа". Дворжак е приемник на катедрата по история на изкуството след Алойс Ригл, където чете курс на тема „Идеализъм и натурализъм в изкуството на новото време". За него историята на изкуството не е формална еволюция на стила, а „история на духа" и директно проявление на духа на времето, борба между духа и материята, между идеализма и натурализма. Днес заглавието „История на духа" се приема като по-скоро добре намерена поетична метафора отколкото обосновано научно понятие, въпреки че разисква в нова светлина определена научна проблематика свързана с изобразителното изкуство.

Виенската школа се разделя на две части – първата съставена от професорите във Виенския университет, Р. фон Айтелбергер, М. Тазинг, Ф. Викоф, Алойс Ригл. Втората са последователи на Ригл и Дворжак – Ханс Зедлмайер, Георг Кашниц-Вайнберг, Ото Пехт, К. М. Свобода, Йозеф Стржиговски, Дагоберт Фрай – привърженици на класическата немска философия и преди всичко на диалектиката на Хегел, наричат ги неохегелианци – сформират новата вълна на формализма, на чиято основа се образуват немско австрийската школа на гещалтпсихологията и европейския структурализъм. През 1950-те и 1960-те години концепциите на Алойс Ригл и Вилхелм Ворингер предизвикват голям интерес от страна на пост структуралистите и това значително разклаща авторитета на водещите фигури като Ервин Панофски и Ернст Гомбрих.

Мюнхенската школа остава в историята с основополагането на формализма като съпротива на декадентството. Смятаната за фактическо начало на систематичното изкуствознание формална школа от края на XIX и началото на XX в. слага край на класическото епигонство и празното теоретизиране като разкрива нови полета за теорията и науката за изкуството. Неин основател е немският скулптор и теоретик Адолф фон Хилдебранд, а решаващо е неговото съчинение „Проблемите на формата в изобразителното изкуство". Фон Хилдебранд е преподавател по скулптура в Мюнхенската академия и разработва своите теоретични възгледи под влиянието на своите сподвижници философа Конрад Фидлер и художника Ханс фон Маре. На тях се дължи поставянето за първи път на специфични въпроси, които засягат единствено изобразителното изкуство, каквито са законите на наблюдението, логиката на зрението и други фактори, които обуславят характера на художествената форма и превръщат изобразителното изкуство в уникална човешка дейност.

Изходът от противоречията на формалната школа нейните критици и опоненти, представители на алтернативни нейни направления като духовно-историческия метод, иконологията, социологията на изкуството търсят отново в границите заложени от него.

Ако художественото изображение не се докосва нито с поня-
тииното мислене нито със словото, то тогава философските, рели-
гиозинте или други идеи художникът може да изрази само алего-
рически, по извънхудожествен начин. Този извод от фидлеровата
естетика преследва като воденичен камък изкуствоведската мисъл
на XX в. и я кара да се мята от една страна на друга - от пълното
отричане на връзките на изображението с понятията и словото до
простото абстрактно отъждествяване на изображението с мировъз-
рението на художника, понятийното мислене, езика.

Най-голям е приносът на немската класическа формална
школа в лицето на Хайнрих Вьолфлин, син на швейцарски фило-
лог, ученик на Якоб Буркхарт в Базелския университет. Учил в
Мюнхен и Берлин, а в Рим е бил близък с Римския кръжок на фи-
лософа Конрад Фидлер, живописеца Ханс фон Маре и скулптора
Адолф фон Хилдебранд, известни във втората половина на XIX в.
като римски немци, които с конструктивно мислене във формата
предлагат алтернатива на натурализма, официалното салонно из-
куство и академизма. В живописните си произведения фон Маре
се опитва да изостави „лишеното от душа копиране на действител-
ността“ и да изяви „пластическата си определеност“ и структур-
ната основа на изображението, а Фидлер възприемал изобразител-
ното изкуство в качеството му на чиста визуалност със самостойна
природа, втора реалност, резултат от независимата дейност на чо-
вешкия дух.

Концепциите за систематизиране на произведенията на
изобразителното изкуство на Вьолфлин се сформират в творчес-
ката атмосфера на римския кръжок, немската идеалистическа фи-
лософия и се явяват противоположни на целите на Виенската
школа на Дворжак. Особено влияние върху младия Вьолфлин
изиграват лекциите на Дилтай, които той слуша през 1882 г. в Бер-
линския университет. От него той заимства идеята за историята

като „философия на духа", а самата си теория нарича „емпирическа наука за проявленията на духа". Така той нахвърля своята история на изкуството като история на духовните състояния на човека. Сменяйки Якоб Буркхарт начело на катедрата по история на изкуството в Базелския университет, Вьолфлин е особено недоволен от описателните методи в историята на изкуството и разработва свой систематически подход. За него термините ренесанс и барок не обозначават различни стилове в изкуството, а са различни психологически интерпретации на стила изобщо. Вьолфлин е убеден, че за анализа и „разбирането" на произведението на изкуството е достатъчно зрителното възприятие и наричал себе си фанатик на зрението.

Хамбургска школа в е представена чрез Аби Варбург и неговите първи сътрудници Гертруд Бинг и Фриц Саксл, които са студенти на Ернст Касирер в Хамбургския университет. Ернст Гомбрих, който работи в посока на психология на изкуството и не приема марксическите възгледи на автори като Анролд Хаузер. Дистанцира се от прилагането на хегелианската идея за „светогледа" (*Weltanschauung*) върху изобразителното изкуство, защото я смята за генерализираща. Според него изследователите на изкуството трябва да са възможно най-добре информирани за спецификите на „художническия занаят". Ервин Панофски е другият учен, който надгражда теорията на Касирер за символичните форми (*significant forms*) и за произведенията на изкуството като въплъщения на фундаментални принципи или идеи, присъщи на определена култура, и превръща иконологията в основен и изключително важен метод за анализ на произведенията. Разликата с формалния метод, който разглежда творбата като лишена от културните наслоявания, тук артефактът е директно свидетелство, което „документира" личността на създателя си, религиозните и философски нагласи, всъщност целия културен контекст на създаването си. Важно е отбелязването на собственото участие на зрителя в процеса на възприемане на творбата, което Касирер изтъква – зрителят със своите психологически характеристики, предишна опитност се намесва в интерпретацията. Тези идеи от първата половина на XX в. са продължени много по-късно в дебатите за идентичността и политическото значение на изкуството.

След 1933 г. много от преподавателите от еврейски произход са принудени да напуснат Германия, родината на историята на изкуството. Най-известните сред тях са Ервин Панофски, който се установява в Принстън, Валтер Фридлендер, чиято академична кариера продължава в Ню Йоркски университет, Ернст Гомбрих е директор на лондонския Варбургски институт между 1959 и 1976 г. и много други. С това разпръскване на специалистите в отделни страни възникват важни центрове за изследване на историята на изкуството.

Основни позиции в новото изкуствознание

Най-съществените полета за изследване в новата история на изкуството вече отдавна не се ограничават до изследване на наличното, датиране, класифициране на отделните произведения, а върху изследване на функциите, структурите и социологическото значение на отделните творби както и на изкуството като цяло, с което засягат и други хуманитарни дисциплини. Ситуацията в западноевропейското изкуствознание в последните десетилетия на XX в може да се разглежда като пост-постмодернистична (виж Спасова 2016, 2018). Важен мост между философията и историята на изкуството, който запазва основния фокус и интерес към образа в качеството на му на художествено изображение, е прехвърлен с публикациите на водещия теоретик на изкуството, философа и изкуствовед Готфрид Бьом в началото на 1990-те години. Уповавайки се на феноменологията и херменевтичния подход на Ханс-

Георг Гадамер той разработва своята разширена херменевтика на образа и изследва въпроса за това как художественото изображение като сбор от формални елементи способства възникването на смисъл. Определението, което Бьом дава на този процес е „иконична диференция" (*iconic difference*). Бьом въвежда и понятието *iconic turn* и изследванията му засягат основно образа и изображението в художественото произведение. За разлика от Мичел той не се интересува от политическите, научни, обществени и популярни негови употреби. Неговият подход може да се обозначи като онтологически, тъй като е насочен към централния въпрос какво отличава образа от останалите пораждащи смисъл феномени, например езика. Историята на изкуството като наука за образа е предмет на изследванията и на другия най-важен теоретик на изкуствознанието Хорст Бредекамп. Фокус не неговата теория на образа е изображението, картината като действие, носеща самостойна „визуална сила" в качеството му на *agency*, която от една страна разкрива и разширява приетите определения за възприятие и създава една визуална епистемология, носена от комуникация на символично ниво, а от друга предявява изисквания за въвеждането на нова методология, в която описанието на въздействието на творбите и психологическата проекция да не бъде равнопоставяно или объръквано с научния анализ (виж Спасова 2007).

Заключение

Историята на изкуството днес вече не изхожда от йерархия на изкуствата, нито се фокусира само върху голямото изкуство, а обхваща всички артефакти, произведени с известна естетическа претенция. Теориите за изобразителното изкуство от XX в. могат условно да се разделят на консервативни, класически и посткласически, които сменят парадигмата и не се стремят да спазят континуитета или да продължат разсъжденията на предшествениците си. В последните години на този век изкуствознанието е мозаечна постройка без единен център или обща цел, нито с ясно обособени школи и направления. Характеризира се от множество на гледните точки и разнообразие на концепциите, въпреки че много от съвременните мислители се опират върху класическите съждения. Днес единствено практическата необходимост и институционалната практика налага необходимостта от оперативна рамка, чието конфигуриране е тясно свързано с теорията за изкуството и неговата история.

Литература

Арсланов, В. Г. 2003. *История западного искусствознания ХХ века*, Москва: Академический проект.

Бакалова, Е. 2014. Изкуствознанието в България: институции, изследователски направления, личности. В кн.: *Между образа и текста. Сборник в чест на доц. Ружа Маринска*. София: Нов български университет.

Винкелман, Й. Й. 1970. *История на изкуството на древността*. София: Български художник.

Спасова, П. 2007. *Американската аналитична естетика – въпроси около неконвенционалните произведения на изкуството*, София: Университетско издателство „Св. Климент Охридски".

Спасова, П. 2016. *Кратък пътеводител из европейската философия*, София: Петко Венедиков.

Спасова, П. 2018. За комерсиалността на изкуството. // *Философски алтернативи*, кн. 4, 45-49.

Bauer, H., 1976. *Kunsthistorik. Eine kritische Einführung in das Studium der Kunstgeschichte*. München: C. H. Beck Verlag.

Bredekamp, H. and Adam S. Labuda (eds). 2010. *In der Mitte Berlins: 200 Jahre Kunstgeschichte an der Humboldt-Universität. Humboldt-Schriften zur Kunst- und Bildgeschichte 12*. Berlin: Gebr. Mann Verlag.

Harris, J. 2006. *Art History: The Key Concepts*. London, New York: Routledge.

Pfisterer, U. 2020. *Kunstgeschichte zur Einführung*. Hamburg: Junius Verlag.

Prange, R., 2002. I. Die Idee des Fortschritts. Kunsthistoriografie und - theorie von der Antike bis zur Romantik. // *Kunsthistorische Arbeitsblätter*, № 12, 41-50.

Prange, R. 2004 Geschichte des Faches Kunstgeschichte II. Von der Romantik zur Wiener Schule. // *Kunsthistorische Arbeitsblätter*, № 7/8, 59-70.

Preziosi, D. 2009. *The Art of Art History: A Critical Anthology*. Oxford University Press.

Roholt, T. C. 2013. *Key Terms in Philosophy of Art*. New York: Bloomsbury Academic.

Tuinen, S., and Stephen Zepke. 2018. *Art History after Deleuze and Guattari*. Leuven University Press.

Warnke, M., 1970. *Das Kunstwerk zwischen Wissenschaft und Weltanschauung, 12 Deutscher Kunsthistorikertag, Köln: Bertelsmann Kunstverlag.*

III. Глава

НАУЧНО ПОЗНАНИЕ, ЦЕННОСТИ И РЕЛИГИЯ

Стефан Пенов

СЪТВОРЕНИЕ И/ИЛИ ЕВОЛЮЦИЯ : ФИЛОСОФСКИ И ЕСТЕСТВЕНО-НАУЧНИ АСПЕКТИ, ИЛИ АПОЛОГИЯ НА ФИЛОСОФСКИЯ ЛОГОС

Методология на отношението философия-наука-религия

Нашите многогодишни професионални търсения са израз както на обществена, така и на екзистенциална потребност от Истината, в конкретния случай при отношението *религия- наука-философия*. Хегел е категоричен, че "никой човек не е толкова развален, загинал и лош, и никой не е чак толкова презрян, та в него напълно да отсъства религиозното чувство", което може да се изразява дори чрез страх, гняв, мъка, ненавист или копнеж. След него Юнг поддържа изконността на духовната себеидентичност и религиозност чрез "архетипа себесност" и "архетипа на Божия образ" (Jung 1967, 392-402). Може да припомним и теориите на Соловьов за божествения източник на религията, на Л. Шестов за единството на "Атина и Йерусалим", на Шмидт – за етнографските доказателства в подкрепа на изначалния монотеизъм (Пенов 2000, 136). Самият Шмидт смята, че само развалата и упадъкът на човешката природа (допълваме: "ценностна система") са довели до политеизъм, анимизъм, монолатрия, анимизъм и магьосничество. Втората главна тема е "Сътворение и/или еволюция", или по-точно за *превъзходството на философията* над религията и частните науки. Обаче, както е започвал своите лекции по философия в университета в Лувен професор кардинал Д. Ж. Мерсие: „Добре обяснява само този, който добре разграничава понятията". Към това следва да прибавим и отчетем и методологията на Хегел. Създателят на диалектическата логика Хегел приема, че противоречия и антиномии се намират "във всички неща от всякакъв род, във всички представи, понятия и идеи", а не само в космологията "а ла Кант". Ако сравним формално-логическия подход от Аристотел през схоластиката чак до съвременния томизъм и неотомизъм с цялостната диалектическа система на Хегел, ще установим следното: методът в изходната си точка започва с "отдаване във властта на изследвания обект", с доказателството, а не с Истината. Върху снемането на противоречието и разрешаването на антиномиите се базира *диалектическият* момент на логическото. А самото логическо не е "пусто вместилище" или форма без съдържание, нито е случайна абстракция. Истината доказва себе си чрез самодвижение на понятието и то *опосредствано*. Това става по общоконструиращия (аналитико-синтетичен) метод на възхождане от теоретичната абстракция към мисловно конкретното. Диалектическото само изглежда като "игра на понятия", но има ефективни резултати. Диалектическата логика на Хегел (а също и след Уайтхед), както и Истината са неделими от цялостната система. Всяко отделно твърдение попада под класификацията на съжденията и умозаключенията за налично битие (с елементите на случайност и непълна индукция), рефлексия и аналогия, които не са доказателства и не показват природата на нещата, или стига до съждения и умозаключения за необходимост – а това води до субстанциализация на несъществуващи същности и попада под ограниченията на принципа на Окам. Едно системно изложение предполага *диалектическо самодвижение* на мисълта, акумулиране на изведено, а не на предпоставено съдържание и *диалектически синтез* в нещо трето, като истината на двете противоречиви твърдения. В този смисъл, за да избегнем примитивизма и наивния реализъм на материализма, множеството антиномии на разсъдъчното мислене,

262

задача поставена от Кант и решена от Хегел, както и крайния су-
бективизъм, следва да въведем понятието и принципите за спеку-
лативната логика като *диалектическа логика,* както и превъход-
ството на разума над разсъдъка. Ако направим изводи от съдър-
жанието и методологията, то единството на онтология, епистемо-
логия и логика е ключ за разбирането на принципите на метафи-
зиката, създаването на философски системи и единен мироглед с
елементи от философията, науката и религията. Разработените
принципи на диалектическата логика са не само обща методоло-
гия, но и евристично очертават полето за търсене на истинна и
системна теория.

Религиозната по съдържание, но надхвърляща по идеи ми-
тологията и религията и методологически превъзхождаща теоло-
гията, систематизирана и с научна форма философия започва с
Платон през V в. пр. н. е. А пръв и най-успешно успява да съчетае
възвишените идеи на Торага (/ תורה / Петокнижието на Моисей -
XIII–X в. пр. н.е.) с дълбоката философия на платонизма и идеите
на стоицизма забележителният философ Филон-юдеина Алексан-
дрийски през 1 в.пр.н.е.-1 в. (50 г. пр.н.е. – 25 г. н.е.). Пак фило-
софи са дали най-възвишените и точни определения за Бог като
трансцендентен свръхсубект (Филон) и *Абсолют (*Кузански).
Участвайки в детерминационния скок при появата на първата
последователна монотеистична религия на чудото – юдаизма на
Моше, еврейският народ обърна световната история в нова по-
сока, давайки като медиатор божествените истини чрез 613 Божи
Заповеди (248+&365) на връзката между трансцендентно и има-
нентно. Филон Александрийски ясно разграничава степените на
онтологична пълнота в битието като степени на съвършенство и
ги свързва с десетостепенната система *"сефирот"* (ספרות), като
едно единно цяло, отвъд което, казано на философски език – "в
себе си и за себе си", остава само Абсолютът, или *ЕН-СОФ* (ס ו
ס ו א); *Единното* на Платон. За кабалистите и апофатиците това е

и "божествения мрак". Филон утвърждава, че Петокнижието на Моисей потвърждава Истините на Питагор, Платон и Сенека. Според Платон „Началото е Едно"; „съществува едно „нещо", *идея,* която е медиатор между божественото и създаденото. "Творецът и бащата на Вселената" съчетал природата на битието и небитието, на „едното и другото" и от тях създал нещо трето – света и човека. Метафизичното ниво на разбиране предполага и разглеждане на Едното и Сътворението трояко: като *Свръхбитие* (над същността и съществуващото); Единното като *същност;* Единното като *съществуващо,* разпределено в съществуващото (Платон 1981, 1982, 1990); виж Пенов 1996, 2000, 2015). В *Тимей* (28-а) Платон специално подчертава, че трябва да се разграничава "вечното и несътворено битие" от „вечно сътворяваното, но никога несъществуващо". Според традицията на платонизма (както и по Лайбниц) Бог е абсолютна „монада", *„Едно"* и „Единното" и така, той е абсолютно трансцендентен, дори когато се определя като Личност в популярните религии (*Филон*). Човекът пък е устроен по модела на Вселената (Тимей 42,43, 44) и е единство от битието на душата и непълното битие на тялото. Вернер Хайзенберг (1963, гл.2 и 3; 1958) отбелязва, че, четейки Платоновия диалог „Тимей", видял как съвременната квантова физика използва формулите на триъгълника и тетраедъра при описанието на конструирането на повечето обекти на атомната физика. А известен биолог от 20 в., Г. Шрам твърди следното: "Ако ние разбираме генетичната информация като идея, то при възгледа за живата природа учението на Платон за идеите се оказва поразително правилно… Идеята е единственото устойчиво в процеса на смяната на поколения… Генетичната информация, подобно на идеите, не е материална". Така и душата се оказва истинската същност на човека и е *безсмъртна* по природа (Федон с- 102b), като несъставна от части и сродна с природата на безсмъртното начало. В човека винаги остава нещо, което е същото от детство до старост

(Пирът 207-208), независимо че тялото се променя, а с него и знанията, уменията и навиците. Освен това, имайки ефективна природа, защото може да оказва въздействие, душата несъмнено е реалност. Само че душата има избора и възможността да избира мислене и поведение – насочено към истинската духовност и битието на идеите или към чистата материя, която може само да участва в битието, защото сама по себе си би била небитие. От тук и категориите, с които мислещият човек си служи, са позитивни – идея, битие, благо, красиво, добро, душа, активност, живот, реалност (съответно като атрибути на Бога – Творец и Баща на Вселената – Върховно Благо, над битието и същността, Единното и т.н.) и клонят към безкрайност по богатство и пълнота на съдържанието. Негативните категории също имат за граница безкрайност, но тя е отрицателна: небитие, пасивност, смърт, грозно, зло, нищо, незнание, лишеност и липса на ценности.

Според Хегел Бог се открива чрез природата и чрез духа, но не на камъка, дървото и животното. Той се открива само на "мислещия дух на човека", защото "Духът Божий е в човека". И Свещеното Писание е "свидетелство на духа", а не низ от емпирични събития. "Светът е произведение на творческата енергия на необходимо съществуващия... Бог или Творец". И макар че природата носи мощния Му печат, че е предпрограмирана и представлява съвкупност от степени или нива, в които са въплътени логическите идеи на Абсолюта, тя не се саморазвива и не еволюира, смята Хегел. Според него и "двете форми", в които става "преход от една степен в природата към друга степен", а именно "еволюцията" и "еманацията", са "едностранчиви и повърхностни и полагат целта си като неопределена". Количествените различия в еволюционния подход "нищо не обясняват", а краят на еманацията е "отсъствие на всяка форма" (Енц. § 249). Природата е само "инобитие на духа", "отчужден от себе си дух, който лудува в нея" (пак там § 247). Тя е изградена от "безкрайно делима материя" и като такава е "нещо външно на самата себе си" (§ 248). Ето защо, материалният свят е нещо, "над което ние се възвисяваме", тъй като имаме духовна природа в себе си. Само *духът* е достатъчно силен, за да понесе противоречията и да се саморазвива, а от там винаги да бъде, да Е, т.е. да е *безсмъртен* (§ 381, 387, 169-170). Да се върнем на Хегел. Когато се говори за вечност на света, той не бива да се смесва с природата, защото светът или универсумът включва "както духовното, така и природното". Ако отстраним онтологичната абсолютност на света, то може да се говори само за хронологична вечност. Но тази "вечност излиза пред нас под формата на *запазване на света*. Ето защо, отговорът, който дава Хегел на въпроса за вечността на света, може да бъде само следният: Всяко "крайно и ограничено има начало "във времето, но "това начало не е първото". Поради това, трябва да се отговори само, че "светът има начало и няма начало" (§ 247).

Сътворяване и еволюция

Ако направим синкретизъм от философия, естествени науки и религия и систематизираме *шестте творчески епохи* от книгата "Битие" (в английския и романските езици -"genesis", или произход; ב ד א ש י ת - *ставане*), ще получим следната картина. Тези проблеми са актуални и техните решения битийстват, откакто според Св. Писание *(Берешит)*: בְּרֵאשִׁית בָּרָא אֱלֹהִים אֵת הַשָּׁמַיִם וְאֵת הָאָרֶץ: *Берешит боро Елохим ет а шамаим веет хоорец..."ор","...маим"; "йерев/бокер..."йом ехад,... шени,... шелиши, ревии, ... хамиши,...шиши" и т.н.: "Най-напред произлязоха/ станаха от Бога*, както небесата, така и земята, светлината… водата… Биде вечер и биде утро – ден 1, 2,..,6 / *йом-* יוֹם евр. = ден, период, времетраене/ ; И рече Господ-Бог (ל א */י/ א ד י נ י): Да сътворим човека по Наш образ, и по Наше подобие... и стана човекът жива душа...: Ето *човекът стана* като *един от Нас:*

да познава добро /тов/ и зло /ра & бе-тов / I кн. Моше – בְּרֵאשִׁית /
Берешит /Битие /Генезис 1:26, 3:22/) Според Св. Писание:
בְּרֵאשִׁית) – книга берешит-начало, ставане, произход, ще забеле-
жим, че чрез художествени образи и в поетична форма е преда-
дено нещо *обективно* и с *транссубективно значение:* „Bereshit
boro Elockim et a shamaimq ve et ho orec….yesh erev be bokerq
ayom yoim wehad, sheni, shelishi…shishi beshabat kodesh ashir
sheayu alviim omrim al aduhan".

Първо, нека отчетем, че на иврит - (יום) означава както
„ден", така и период от време". *Второ*, не е случайно, че на иврит
Божието Име („Ха Шем") и *битие* са акроними(ה ו י ה). *Трето*,
употребено е не множествено число, доколкото *Asur avodat
elilim* = Многорожието е забранено, а учтивата форма "Вие
Боже". От гледна точка на такъв светоглед и система една фи-
лософска и научна апологетика би могла да изглежда и да се раз-
вие така: Шестте "дни" на Сътворението на света от Бога пред-
ставляват *шест творчески, онтохронологични епохи.* Чрез тях,
като пише Хегел, Бог се реализира като Творец, при все че и без
света Бог е достатъчно определен (Философия религии, 2: 355-
376). През "ден I" Бог сътворява трансцендентните на сегашния
ни опит светове: *"Bereshit boro Elochim…et a shslsim…ve or"* = И
*даде Бог (Бог създаде) да произлязат (да станат) небесата и
светлината.* Създадена е йерархията на „бней Елоим" = синовете
Божии, или ангелските чинове: серафими (пламенни), херувими
(знаещи, разбиращи), престоли (небесни опори), господства (вла-
детели на сфери), сили (чудотворни), власти (над видимия свят),
начала (владеещи над по-низши духове и същества с психофи-
зична конституция), архангели (благовестители и военачалници
на небесното войнство), ангели (вестители и пазители). Съгласно
томистката доктрина това са чисти духове, личности със съвър-
шено ментално битие и ангелски безтелесни носители. Те имат

огромна мощ и свръхчовешки разум, непрекъснато интелекту-
ално-интуитивно озарение (инсайт) и непосредствено (невер-
бално) общуване. Въпреки възможностите за комуникации и ак-
тове, насочени към управление и контрол на сътворения свят, те
водят безтелесно (в материален смисъл на думата) съществуване,
не са пространствено-протяжни и пребивават в състояние на ди-
намична пулсация, при което времето е само "сега" или те са без-
смъртни.

През "ден II" Бог сътворява "твърдта", или "простора",
както и общия субстрат на материалния свят ("вода"). Тогава в
резултат от предпрограмирани и дирижирани множества от "Го-
леми взривове" и "първоначални сингуларности" или след един
Голям взрив Вселената започва да се формира и разширява и по-
лучават налично битие многомерните пространства и единното,
субквантово-механично поле. През "ден III" след *Големия взрив*
Вселената се разширява и нейната духовна програма се реализира
в космически обекти: квазари, галактики, звезди и планети. В съ-
щата епоха планетите от типа на Земята произвеждат, или по-
точно, там бива привнесена генетична информация, т.е. "семе".

През втората, третата и четвъртата епоха ("ден IV") от вре-
мевата история на материалния космос Вселената и Земята пос-
тепенно придобиват съвременния си вид. На Земята при прехода
от алгонска към палеозойска ера се появяват първаци и колонии,
хлорофилни водорасли, многоклетъчни организми. През „V ден"
на Сътворението се създават "одушевените животни" или "жи-
вите твари". Появяват се безгръбначните, а след това и тип хор-
дови. Едва „ден V и VI" съответстват на мезозойската и кайно-
зойската ери. При прехода от мезозоя към неозоя били унищо-
жени изпълнилите вече предназначението си (да създадат подхо-
дяща екологична среда за човека) гигантски земноводни, вле-
чуги, папрати, кордаити и др. Съществено е, че сътворението на
живите форми става "според видовете им" и "според рода им".

Това още веднъж потвърждава тезата на Платон и Уайтхед, че идеите-битиета от ноетичния космос или идеалните форми, т.е. споделените универсалии на Божия Ум, са образецът на Сътворението. А самият факт, че кръстосване на видовете или е невъзможно, или дава стерилно поколение, още веднъж потвърждава правилността на Библейската теза. Сътворението на човека "по Наш образ, и по Наша прилика" със съответната психофизична конституция дава възможност да се защитят тезите на Т. Аквински и Хегел (Аквински 1992, I, Q 93, а 4-5). От една страна, това може да се тълкува в смисъл, че Бог присъства в самата душа като ефект на познание и любов. От друга страна, може да се приеме, че човекът като сътворен по образа и приликата на Бога и небесното войнство, несъмнено е отражение на своя Творец. Разбира се, тази прилика може да бъде само аналогична, а не еднозначна. Това дава достатъчно основание да се приеме, че човекът е *трисъставен* като единство от *органично тяло, душа* (психичната личност на равнище съзнателно, подсъзнателно и безсъзнателно и задължително енергийно-полевите носители, със и без физичен и биологичен характер) и *дух* като изконна монада, индивидуално сътворена от Бога, разгръщаща около себе си *ментално поле* и с единство на съзнателно "Аз", самосъзнание или самосъзнаващ се дух като тоталност на личността. Заслугата е отново на философи, а не на теолози (Платон, Плотин, Прокъл, Филон, Соломон Габирол, Лайбниц, Икълз & Попър).

Съдържанието на научната ортодоксалност, кореспондираща с религиозно-философски идеи, може да се изведе, колкото от философи като Г. Хегел (Гегел 1974, 1977, 1995) и А. Н. Уайтхед (Whitehead 1926, 1958, 1955), толкова и от частни учени като И. Нютон, М. Борн (1972), В. Хайзенберг (1963), който посвети специална публикация върху темата *"Естествено-научната и религиозната истина"*. Според М. Борн и В. Хайзенберг има много фактори, които карат "физика да се сблъсква с абсолютните граници, зад които престават да са валидни точните причинни връзки". "И в сферата на живата материя и още повече в процесите, свързани със съзнанието и волята, ще се достигнат непреодолими бариери, зад които механистическото (материалистично) обяснение... ще стане напълно безсмислено" (Борн 1968, 80; 1972, 386). Хайзенберг е още по-категоричен, твърдейки, че материята се обвързва с част от реалността, като по този начин "остава място за такива понятия като Бог, човешка душа, живот". "Прагматичният, емпиричен материализъм и догматизъм трябва да бъде разрушен", защото съвременната му наука не съответства на "наивно-реалистичния начин на мислене" (1963: 168-172). Дори Айнщайн самостоятелно (1965) и в съвместната си книга с Инфелд (1968) ясно подчертава, че в новата физика не може да има равноправно място за полето и материята, тъй като "полето е единствената реалност", а понятията "пространство", "време", "материален обект (... твърдо тяло) ... науката е заимствала от донаучната мисъл" (1965: 131), (1968: 187). Сред явните креационисти можем да изброим имената на: Е. Милн, А. Едингтън, Ч. Шерингтън (1969), Дж. Икълз (1969, 1972, 1980), М. Мюниц (1965), Е. Маркес, Льометр (по Турсунов А.). Измежду по-съвременните представители на космологията и философията особено силно изпъкват Ст. Хоукинг, де Нунес, Яки (1968,1974). Дори краткият анализ показва, че създадената от Льометр-Едингтън-Милн концепция за „Големия взрив" и следваща от уравненията на Айнщайн за изкривено затворено пространство във Вселената е била възможна след *нестационарния* вариант на решение на уравненията от теоретика Фридман. При определена плътност на материята-енергия и със синтез на концепциите за първоначалната сингуларност, при еквивалентност на маса-енергия и Големия взрив, както казват професор Льометр и папа Пий, "ние наистина можем да наблюдаваме начина, по който е била сътворена Вселената". Още през първата половина на XX в. се прилага ефектът на Доплер: феноменът на „червеното преместване" на спектъра на светлината от отдалечените обекти във Вселената – галактики и квазари. Смисълът му е, че отдалечаващите се космически обекти при спектрален анализ светят по-интензивно в червения спектър, а приближаващите се – във виолетовия. Наред с „реликтовия шум", също експериментално потвърдено предсказване на „Големия взрив", и със самата теория за преоценка на „тъмната маса" на неутриното, еквивалентна с енергия, може да се допусне, че е потвърдено разширението на над 10 млрд. космически обекти, което е започнало преди 14-17 млрд. години. Но безкрайното не може да се разширява, защото след всяка точка идва друго и така до безкрай. В концепцията за първоначалната сингуларност едно космическо „яйце", със или без размери, не може да преодолее принципа на ентропия и естествения стремеж към равновесие, т.е. Големият взрив трябва да е инициран отвън или да е експликация на програма, т.е. отново да имаме *креационизъм*. Ако към него прибавим космологичните константи, принципите за антропна Вселена, то наистина без диригизма няма да имаме детерминационно, фундаментално, научно и логико-метафизично обяснение на света.

Концепции за сътворението на света

„Разумният" *креационизъм* под формата на *диригизъм* или пък на *информационен преддетерминизъм* е пуснал здрави корени и сред биохимиците, неврофизиолозите, генетиците и теоретичните биолози като: Дриш, Хаас, Портмън, Синот, Десауер, Бландино, Вл. Орлов, Юрий Симаков (с концепцията си за информационното поле на живота) и дори Д. Дубровский. Не по-малко забележителни креационисти са Нобеловите лауреати по

271

медицина и физиология като Чарлз Шерингтън (1969) и Джон Икълз (1969, 1971, 1980), които работят върху *Mind-body Problem (Corpus et spiritus)* и развиват спиритуалистични концепции съвместно, както с Ватиканската академия на науките, така и с квантовия физик Маргенау (1981- съдател на концепцията за *вероятностното психично поле)* и с философи като Карл Попър. Тук ще акцентирам само върху няколко аспекта за размисъл, които отричат плоския еволюционизъм, предизвикан от чисто материални причини. И с това няма да отричаме принципите за прогресивно развитие, изменение и движение въобще, доколкото обратното на тях е покой, стационарност, деградация, чудотворство или смърт. Тук ще обърнем внимание на три научни закона, които не могат да бъдат отминавани с мълчание и са далеч от примитивния и плосък неодарвинистки еволюционизъм. Като специално подчертаваме, че самата контрадикция *„креационизъм/еволюционизъм"* е както научно остаряла, така и собствено философски едностранчива и необмислена. Съществуват антиномии на науката като: „фаталната" взаимна зависимост на ДНК-РНК и белтъчните ензими; вирус и бактерия, при което най-простото не може да съществува без сложното! Това или усложнява идеята за произхода на живото с неговата лява асиметрия на белтъчната макромолекула – по подобие на спиралните галактики; или пък води до идея за негативна еволюция (енволюция)!? На ниво макроеволюция просто ще отбележим, че 14 милиарда неврони само в неокортекса има единствено човекът (от общо 70 до 100 млрд.). Висшите човекоподобни маймуни имат 3 до 4 млрд. Невроните не се делят или размножават самостоятелно (в процеса на индивидуалното битие те могат само да намаляват), като случаят с невробластите е просто преминаване от потенция към акт. Следователно – без да говорим за общо 80-100-те млрд. неврона у човека и само до около макс. 100 милиона у насекомите, става ясно, че никаква материална активност на съществата и условия на природната среда не превръщат животното в нещо по-висше, и особено в човек! По една чисто материална логика биохимията, структурата на клетката и дори много органи и системи на свинята са по-близо до човека, отколкото са тези на маймуни и делфини?! Многократно са използвани сърдечни клапи, част от черен дроб и други части от органи и системи за трансплантация. По-нататък ние няма да се спираме на надстроечната хипотеза за „психичната шапка" (Орлов) и ясната несводимост на психичните процеси, състояния и образувания към неврофизиологичните механизми или към химични и физични събития (Дубровски с неговата информационна теория за съзнанието, 1980; концепция на Пенов 1996; Психиката като реалност и самостоятелно битие на човешкия дух). Достатъчно е да кажем само, че във физичния свят няма болки и удоволствия, ценности, добро и зло; полезно и вредно само по себе си така, както във физиологията не съществуват психични конструкции за качества като цветове; красиво и грозно; понятия; идеи и светоглед и най-вече за "себесност".

Накрая, но не по значение, съвременните биолози и космолози често пъти предпочитат теорията за *интелигентния дизайн,* която е форма на диригизъм и научен креационизъм. Техните непримирими противници (материалисти, наивни реалисти и войнстващи атеисти-прагматици) неоснователно смесват фактите на наблюдавано развитие с еволюция по материални причини. Иначе казано, те объркват детерминацията. Обявяват за факт, че "еволюцията се е случила", но това е предпоставен извод и епентеза. Емпиричното наблюдение показва само, че има различни степени на развитост на живите същества, класифицирани по вид, род, семейства, разреди, класове и типове. Също факт е, обаче, че при живите организми от тези номенклатурни единици няма кръстосване, а когато то е възможно, то поколението е безплодно. Освен това никой от опонентите на материалистите никъде не твърди, че "еволюцията" и "теорията, която обяснява как е станало развитието", са едно и също нещо. *Дирижираното развитие* касае повече детерминацията и начина на постигане на развитието. Не е необходимо да се отрича развитието. Също така, самоувереното предопределяне на природата на "Интелигентния дизайнер" е незадължително. Самото словосъчетание "Интелигентен създател" е хипотеза, която не определя същността на този създател, а го посочва като възможност.

И креационизмът, като доста по-различна от ИД доктрина, не предполага, че ако светът е сътворен, то ще познаваме Твореца му, защото ние бихме имали работа в опита си със следствието, а не еднозначно с причината. Причината наистина се реализира чрез следствие, но законът за тъждество е неприложим за корелацията антецедент и консеквент! Този закон касае само съдържанието и обема на понятията, с които си служим. Поради това имаме пълно основание да приложим дирижираното развитие и интелигентния дизайн и към *космогенезата* – както към теорията за първоначалната сингуларност, с Големия Взрив, така и към концепцията за *инфлационната Вселена.* Разбира се, има хипотези за инфлационна Вселена с множество „черни и бели дупки" в дървояда, където началото на един локален свят се предшества от края на друг. Но и в двата случая не може да се мине или без антропния принцип, или без предпрограмиране на константите, информационно осигуряване и дори инициииращи моменти на детерминацията. Т.е. светът или световете се творят, независимо от това дали в момента Вселената се разширява, стационарна е временно или вече е започнала да се свива, което установяваме, напр. чрез съотношението на кинетична и потенциална енергия: (Е/к/ - Е/р/) /=/≥/≤ /0/) ! Научен факт е, обаче, че материално-енергийната Вселена има радиус и диаметър – {S = $\int$ V.dt= $\iint$ a.dt }, при скорост, ускорение и времеви параметри. А много факти спокойно могат да се интерпретират и креационистически, без това да засяга, дори напротив, предполагайки идеята за развитие. Самите понятия за сътворение и еволюция не са контрапозиционни. Само че в безкрайния път без окончателни резултати – науката, никога няма да имаме завършена картина на мирозданието ...

Религията /V/ или Науката → ФИЛОСОФИЯТА

Ние обаче сме се наслушали на невежи изказвания за отношението религия-наука или на злонамерената тенденциозност на "научния" (!?) атеизъм. Религията е тип цялостен мироглед "на ума и на сърцето", но тя не е частна наука. Първо, науката е безкраен път без окончателни резултати, защото на първо място тя се занимава само с външния, а не с вътрешния опит. Нека припомним, че някога по чисто научни, а не по теологични съображения светът се е свеждал само до една плоска и малка Земя, закрепена върху слонове, китове или костенурки. После започнали да смятат, че Земята е кръгла (както може да срещнете и в Стария завет на Библията), но е неподвижен център на Вселената, около който се въртят по идеални кръгови орбити планетите, а на звездния свод са закачени звезди (по Птолемей). След това светът ни (по Коперник) се е свеждал до Слънчевата система с небесен свод, над който все още се намирал "Емпиреумът на 9-те небеса". XX век донесе теориите на Льометр-Единггън-Гамоф-Милн за *първоначалната сингуларност* и космическото яйце, от което се раждат над 10 милиарда галактики преди 14-17 милиарда години. Днес все повече си пробива път концепцията за *инфлационната Вселена* с принципите на черни и бели дупки, пространствено-времеви скокове и тунели на "дървояда". Какво ще последва? Квантовата механика ни доведе до странните за сетивата и разсъдъка понятия на Айнщайн-Инфелд и Хайзенберг-Маргенау за еквивалентност и взаимозаменимост на маса и енергия, принципа за неопределеност, вълновата функция на Шрьодингер и теориите за "нематериално" и "вероятностно" поле. Юрий Симаков разви концепция за "информационное поле жизни", а Маргенау и Икълз откриха дори "психично поле" като „вероятностно физично поле“. Квантовата механика предлага абсурдни дори за математиката твърдения за 3-те кварка от типа: $1/3E + 1/3E + 2/3E = 1E$.

И науки като биология и психология показаха, че няма последен материален субстрат на паметта и мисленето, последователно се сменяха теориите за обема и теглото на мозъка (слонът има 5 кг, китът 6, а ние от 1,3 до 1,4 кг), ала това няма отношение към потенциите на паметта и мисленето. Следва постепенно акцентиране върху формата и гънките на кортекса; след това се премина към ляво асиметричните белтъчни макромолекули, накрая се стигна до експерименти с блокиране на ДНК и РНК чрез вкарване на химически активни заместители на азотни бази като 8-азогуанин, което показа, че и нуклеиновите киселини не са последен субстрат на индивидуалната памет и мисленето. По-нататък, накъде? Към „информационное поле жизни“ на Ю. Симаков, или към „вероятностното психично поле“ на Маргенау-Икълз? (178-Popper & Eccles 1977, 178; Пенов 1996, 70). Второ, частнонаучното познание е разделено на сектори и дори не може да обхване холистично света, както прави философията. Трето, частният учен винаги изключва себе си като субект от процеса на познание. Четвърто, само философията и религията могат да синтезират цялостен мироглед и само те могат да проникнат в отвъдното, трансцендентното, до което науката няма работа и достъп. Пето, религията е особен тип знание, но и преживяване (цялостно, вътрешно изпитване във и върху самия себе си и вид поведение с дейност). Тя може да даде отговор на най-значимия екзистенциален проблем: Защо въобще съществува нещо? Какъв е смисълът на живота? И заедно с философията може да посочи мястото на човека в йерархията на битието, да предостави не само теоретична методология, но и практическа методика с отговор на въпроса: Какво да се прави? "Нейната персонална функции е: психична и личностна интеграция с регулация на дейността, достигане и поддържане на душевно равновесие и върховна степен на сигурност и осмисленост на живота" (Слаников, гл.4). Полаганите при това персонални и колективни усилия водят до онтологично саморазвитие на личността и усъвършенстване на социалните общности (Пенов 1996, 2000, 2015). Хегел категорично отхвърля еволюцията като развитие от низши към висши степени (§ 247-249).

Добре обяснява, който добре разграничава!
(Професор кардинал Д. Ж. Мерсие)

Ако "Сътворяване или еволюция", то: „диалектическа детерминация и развитие, прогрес и регрес", следователно: "Саморазвитието като единство на сътворяване и еволюция": движението и промяната са факт. Те не се отричат, а въпросът е за тяхната детерминация. Развитие предполагат както неодарвинизмът, така и концепциите за диригизма: напр. креационисткия диригизъм на крупния англоамерикански философ от ХХ в. Алфред Норт Уайтхед (1861-1947). Неговата концепция включва панентеизъм, креационизъм, финализъм и диригизъм, което означава предпрограмирано, постоянно направлявано развитие, сътворяване с претворяване. Метафизиката на процеса естествено се преплита с основни идеи на католицизма и православието и особено с възгледите на епископ Калистос. Според Уайтхед Сътворението е акт на "самодетерминирана свобода", докато теолозите предпочитат "акт на милосърдие".

Следват *финализъм* (Тейар дьо Шарден), т.е. насоченост към определена цел; *емерджентизъм* на Александър, Броуд и Морган, който е опит за синтез на финализма с диригизма, но не представлява откровена креационистка позиция. Всяко развитие е новообразуване, което не се детерминира в посока от низшето към висшето. Емерджентът е внезапен скок, поява, "изскачане" на нещо ново. При това законите и причинните връзки на старото със средата му се нарушават и видоизменят. Висшето субординира всяко по-низше, но не еволюира от него, въпреки че се нуждае от средата му. Организмът обменя вещества и енергии с екосистемите. Психиката по-целесъобразно управлява органичното тяло от автоматизма на биологичните процеси. Духът се разгръща само в психична сфера. Развитието като новообразуване е внезапен *качествен скок-емерджент*, без количествен стадий. Това е акт на свобода. Последният е телеологично детерминиран, но не зависи от материални причини. От гледна точка на низшето емерджентът изглежда индетерминиран. Новите качества са изначално зададени, но не в структурите на старото. Те се появяват със скок, който е непредвидимо възникване или изплуване от наша гледна точка, но пряко или косвено са предетеминирани от Бога. Емерджентът е духовен акт. Броуд е последователен да признае, че и смъртта е емерджент или скок в отвъдното на друго равнище. Той приема както преселението на душите, така и финалната цел на Вселената, зад която е скрит от сетивата ни Божественият дух. Пълно нарушение на материални закони и принципи, победа на духа е трансмиграцията на духовната личност в космическите царства и отвъдните на сегашния опит светове.

Всички тези концепции отричат *фиксизма* с неговото мото: "Под небето няма нищо ново от деня на Сътворението". Диалектическият монизъм на Платон, Лайбниц, Хегел и Уайтхед е най-перспективен при *синтеза* на креационизма с диригизъм, панентеизъм, телеология и финализъм. Самата идея за процеси на ставане и развитие, единството на иманентна и трансцендентна детерминация напълно отхвърлят фиксизма. Платон казва: "Първо трябва да разграничим две неща – какво е вечно и несътворено битие и какво е вечно *сътворяваното*, но никога несъществуващо" (Тимей, 28 а).

Приемането или неприемането на материалистическа еволюция зависи от това как се осъществява детерминирането като единство на определяне и причинно-следствена връзка! Дали това става по материални причини, или има информационна детерминанта на инвариантата спрямо носителя на информация, духовна детерминанта или цел; или става дума за предрпограмирано, интелигентно и дирижирано развитие! Що се отнася до материята като сетивно и опитно дадено, налично битие, тя си е материална и няма духовни атрибути! Както при Сътворението на света, той не възниква от нищото, така и висшето не възниква от низшето, защото това би означавало да приемем повече/по-силно следствие от по-малкото/по-слабите причини! А това е абсурд и глупост, която не може да конкурира идеята за Всевишния Творец като недобре разбиран от нашите познания и интеректулрни потенции!

Съдържателни изводи:
Сътворение, еволюция или дирижирано развитие!?

Науката и религията са два различни погледа върху едно и също нещо (света и човека) от страна на един и същ субект, носител на човешката личност. Крайните субекти имат както общи, предустановени психични архетипове, така и обща трихотомична същност – дух, душа и тяло. Те се различават само по нивото на ментална развитост и степента на познание и морал. Тъй като необходимият Създател на света е общ за всички и всичко и е единствен (*Адонай-Елохим ехад!*), то несъмнено е, че навсякъде достатъчно задълбоченият, непредубеден и добре подготвен изследовател, особено философът, който чрез доказателства и изводимост прави системно знание от същественото и всеобщото и се стреми към холизъм, винаги може да открие *почерка на Твореца.* Юдейски философи (от рави Хилел през I в. до Лео Леви през XX в.) неслучайно наричат еволюционизма или дарвинизма „негативен възглед за света". Същевременно между науката и религията има *диалектически процес:* „Задачата се състои да се изучи всичко и да се води борба с противоречията, докато не се намери решение" (Щерман 2005). В този смисъл бих добавил, че задачата на науката е да се занимава с *естествените* откровения, а на религията със *свръхестествените* откровения и религиозния култ. Науката и религията са два различни погледа на хората, които използват различните вътрешен и външен опит, емпирично изведени понятия и сетивен наглед (в единия случай) и психологични архетипове и представи, облечени в ценностни понятия (в случая с религията). Нека си дадем сметка, че два различни погледа и метода на единния, но раздвоен човек върху един и същи свят винаги дават противоречиви, но не абсолютно противоположни светогледни картини. А това е предпоставка за синтез. За философията остава не само да бъде сама по себе си, но имайки религиозно съдържание, да остане с научна форма и собствена логика. Философията дава цялостния светоглед и метода, както и играе ролята на третото, което е истината и субординиращата система и на двете. Но всичко това изисква огромни дейностни, епистемологични и психологични усилия от личността – хармонично овладяване на тялото от душата и одухотворяване на самата душа. В този случай тялото се свежда до предикат на душата (Хегел го нарича "удобно оръдие за действие"), а тяхната истина – *третото,* или духът е общ субект и на двете, като ги снема и свежда само до свои предикати, спрямо които духът е онтологически предпоставен, а само гносеологически е изводим. Казано по Хегеловски – духът *Е,* а познанието, културата и личността стават. Те се приписват или отричат като онто-епистемо-логични предикати на онтологичен субект! На езика на религиозната философия (юдейски кабалисти, питагорейци, гностиците и шартърска школа) това означава: *Този свят е училище за безсмъртие и за хората, които намерят и имат път в живота, за тях има път и след смъртта.*

Няма осмислен мироглед без *принципите на философията*, която снема противоречието наука-религия и показва, че истината е нещо трето, което субординира и двете, но не е извън тях. Без философията те не могат да видят цялото и да схванат неговите принципи, в т.ч. и цялостната детерминация. Само философията има саморефлексия и критичен поглед към самата себе си. Работата е и в това, че не всяко "разсъждателство" може да е "философия". По този повод няма по-точна мисъл от тази на Бейкън, повторена и доразвита от Лайбниц: "Една капка от чашата на познанието (философията) ни отдалечава от Бога, но ако се пресуши цялата чаша – тя ни връща при Него. На този фон, още по-добре звучат думите на Бенедето Кроче: „Философът може най-добре и повече от свещеника да определи как трябва правилно да се разбират понятията за Бог и за безсмъртие на душата" (Бенедето Кроче-XX в.). Философски изведени са и научните принципи, които приемат развитие, но не и материалистично детерминирана еволюция. Основните аргументи на креационисти, диригисти, емерджентисти, генетици, структуралисти и виталисти се базират върху естественонаучни и метатеоретични интерпретации на групата космологични доказателства:

1. Обектите на квантовата механика не носят индивидуалност.

2. В уравнението на Шрьодингер вълновата функция "пси" на частиците няма допълнителни вътрешни степени на свобода, а принципите на Хайзенберг за неопределеност или на Бор за допълнителност също налагат ограничение.

3. Изкуствено синтезираните белтъчни макромолекули нямат асиметрията (лявата ориентация) на живите аминокиселини.

4. Фаталната взаимозависимост между нуклеинови и аминокиселини е в основата на парадигмата вируси-бактерии, организъм със собствена консервативна информация и динамично-устойчива среда.

5. Налице е самоуправление на енергийните, обменните (осмоза, метаболизъм) и информационните процеси само в *живите* организми, както и промяна на скоростта на обработка на информация като функция на значението за организма. При човека това е съзнателно, до степен, че мозъкът започва да нарушава принципа на Окам, и дори може да работи биологично нецелесъобразно (творчество, медитация, молитва).

6. Главната догма на биологичните науки "ДНК-РНК-белтъчини", според която само информацията е "действителен творец и архитект, който определя плана и строителните материали" е очевидно синтезиране на космологично с телеологично доказателство за съществуването и актовете на Бога.

7. Още по-голяма е консервативността на нервната система, която не се самовъзпроизвежда (невронът не се размножава чрез делене на клетките!). Активността на информацията, неизводимостта на живото от неживото (следствието превъзхожда причината), централната функция на нервната система, която с надстроената над нея, но несводима към друго психика е главното оръдие за приспособяване, преобразуване на средата и предимство за оцеляване и развитие показват, че дори надстроечната хипотеза за съзнанието (В. Орлов) или теорията за информационното поле на живота (Ю. Симаков) са вариант на логико-метафизичните доказателства за Бога (Пенов 1996, II § 6, 7, 1).

Според Хегел един от блестящите примери за това е паралелът между юдео-християнския мироглед и източния пантеизъм. "Индуисткият бог... е само единно... даже Брахма като субект е отсъствие на духовна субективност и е трудно да се нарече

лице... той е само в себе си", което е равнозначно на пълна ема-
нация в света, тотална иманентизация. "Юдейският бог, напро-
тив, той е само един, изключващ всички други..., няма други бо-
гове. С това той е определен не само като биващ в себе си, но и
като биващ за себе си" (Гегель 1995, 493). Освен това бог в юдео-
християнския мироглед е трансцендентен в несподелимата си
свръхсъщност – абсолютно битие – необусловено съществуване.
Той е тоталност, която няма пълна иманентизация в света. Съ-
щевременно, но в друго отношение, е иманентен, тъй като "све-
тът е произведение на Неговата творческа енергия". Не Бог е раз-
творен в света, а светът като природа, материя и тяло участва в
божествените енергии. Природата като нещо, "над което ние се
възвисяваме", чрез "Духа", или с "най-висшата интензивност на
субекта в идеалността", тя е която се разтваря двояко, в Бога и в
полето на крайния дух (Гегель 1977, 23-А). Светът има нужда от
постоянно пребиваване в Бога, защото *"Сътворението е и съхра-
нение, и запазване, и поддържане"*.

Литература

Айнщайн, А., Инфелд Л. 1967. *Еволюция на идеите във физиката,*
София: Наука и изкуство.
Айнщайн, А. 1965. *Специална и обща теория на относителността,*
София: Наука и изкуство.
Аквински, Т. 1992. *За съществуването и същността. За вечността
на света.* София: Наука и изкуство.
Ангелов, Цв. 2021. Хегеловата философия и ролята на Божествения
Абсолют. В кн.: *Философията на Хегел и религията*, София: ИК Про-
пелер.
Бачев М. 2021. Безкрайно и крайно. Хегел и световният процес. В кн:
Философията на Хегел и религията, София: ИК Пропелер.
Борн М. 1968. *Експеримент и теория във физиката.* София: Наука
и изкуство.

Борн М. 1972. *Атомна физика.* София: Наука и изкуство.

Велкова Т. 2015. *Философски импликации на теория на интелигентния дизайн.* Автореферат. София: БАН.

Гагов Хр., 2017. Науката и еволюционната теория днес. В кн.: *Традиционни религиознип светогледи и ценностите на 21 в.* София: ИК Пропелер.

Гейзенберг В. 1953. *Философские проблемы атомной физики,* Москва: Наука.

Гейзенберг В. 1963. *Физика и философия.* Москва: Наука.

Гегель Г. В. Фр. 1974. *Энциклопедия философских наук,* Т. 1: Логика; 1975. Т.2. Фил. природы; 1977. Т.3. Философия духа, Москва: Наука.

Гегель Г. 1995/1977. *Философия религии,* Т. 1. М.; *Философия религии,* Т. 2. М.

Гънгов Ал. 2017. Поглед към спекулативната логика. В кн.: *Традиционни религиозни светогледи и ценностите на 21 в.* София: ИК Пропелер.

Кубрат, Р. 2013. JHWH – Оприсъственият Бог на Стария Завет, http://le--theologien.blogspot.com/2013/04/jhwh-ii.html

Лейбниц Г. 1982. Соч. Т.1. Монадология, Москва: Наука.

Методиев С. 2015. *Постсекуларната динамика на религията в Европа.* Дисертация и Автореферат за степен доктор по философия. София: БАН.

Методиев С. 2019. Хегел и релацията: Философия и религия. В кн: *Религиозна идентичност*
и светоглед, София: ИК Пропелер.

Пенов Д. 1941. *Мироглед, дух, религия.* София: Художник.

Пенов С. 1996. *Философия на духа: Душа-тяло-Бог и свят.* София: ИК Гуторанов.

Пенов С. Слаников И. 2000. *Философия на религията,* София: Институт за философски изследвания.

Пенов С. 2015. *Диалектическият Логос на религията: Религиозната философия на абрахамичните религии,* София, ИК.Пропелер

Платон. 1982. *Федон. Пирът. Федър.* Избрани диалози т.2. София: Наука и изкуство.

Платон.1981. *Държавата.* Избрани диалози т. 3. София: Наука и изкуство.

Платон. 1990. *Парменид. Тимей.* Избрани диалози т. 4. София: Наука и изкуство.

Слаников Ив.2005. *Религията и науката като подстъпи към човека и света.* София: „Орион прес".

Хегел Г. В. Фр. 1966. *Науката логика.* Т.1, Обективна логика. София: Наука и изкуство.

Хегел Г. В. Фр. 1967. *Науката логика.* Т.2. Субективна логика. София: Наука и изкуство.

Филон Александрийский. 2000. *Толкования Ветхого Завета.* Москва: Греко-латинский кабинет Ю.А.Шичалина,

Штерман, Б. 2005. Иудаизм и теория эволюции Дарвина, https://lechaim.ru/ARHIV/156/tora.htm

Eccles J. 1977. *The Understanding of the Brain.* New York: MacGraw-Hill.

Edington A. 1928. *The Nature of Physical World.* Cambridge: Cambridge University Press.

Green M. 1972. *Hegel on the Soul. Speculative Anthropology.* Hague.

Hegel G. W. Fr. 1916, 1929, 1940, *System der Philosophie.* In: *Samtliche Werke.* Stuttgart, Bd 1,2, 3. Berlin: H. Glockner.

Hill, W.J. 1987. The Doctrine of God after Vatican II // *The Thomist: A Speculative Quarterly Review* 51(3), 395-418.

Munitz M. 1965. *The Mystery of Existence.* New York: New York University Press.

Milne E. A. 1952. *A Modern Cosmology and Christian Idea of God.* Oxford: Clarendon Press.

Penelhum T. 1970. *Survival and Disembodied Existence.* New York: Routledge & Kegan Paul.

Popper & Eccles. 1977. *The Self and It's Brain.* Berlin, London, New York: Springer.

Aquinasq T. St.1989. *Summa Theologiae.* Maryland: Westminster.

Whitehead A.N. 1926. *Religion in the Making.* Cambridge, New York: Cambridge University Press.

Whitehead A.N. 1955. *Adventure of Ideas.* New York: The Free Press.

Whitehead A.N. 1958, *The Function of Reason.* Boston: Beacon Press.

Татяна Батулева

ЗА ИНТЕРПРЕТАЦИЯТА НА ЦЕННОСТИТЕ
В ТВОРЧЕСТВОТО НА РАДОСЛАВ ЦАНОВ

Философът Радослав Андреа Цанов е роден в София на 3 януари 1887 г. През 1903 г. заминава за САЩ, за да продължи образованието си в *Oberlin College,* завършва с почести и награда за отличен успех и през 1910 г. защитава докторат по философия. Започва работа в *Rice University* в Хюстън като асистент по философия през 1914 г., а през 1956 г. се пенсионира като почетен професор. Отново се връща на работа през 1961 г. като „заслужил професор по хуманитарни науки" и настоятел преди окончателното си пенсиониране през 1974 г. Безспорен авторитет по история на идеите, продуктивен автор и уважаван преподавател, вдъхновил цели поколения студенти. През 1970 г. „Алумни асоциацията" на *Rice University* му присъжда златна значка за изключителен принос. Умира през 1976 г. в Остин, а след смъртта му университетът учредява награда на негово име.

Различни подходи към ценностите.
Историко-философски ракурси

Първите книги на Радослав Цанов са съдържателни историко-философски анализи на водещи етически и религиозни концепции, като авторът заема критична позиция спрямо всяка от тях. Тематиката им включва въпроси като: природата на морала и основни типове етически теории; проблеми на личния морал (добродетели и пороци; егоизъм и алтруизъм); социална етика (морални проблеми на семейния живот; моралното и интелектуално възпитание като път към съзряването; етика на призванието; морални проблеми на икономическата система); национален живот и международни от-ношения; проблеми на моралната философия (свобода, прогрес, цивилизация, отговорност). Понякога дадена етическа концепция се вписва в руслото на традицията, а понякога е ревизирана в зависимост от съответния контекст. Цанов дава пример с християнството в качеството му на религия на спасението, която променя из основи визията за живота, присъща на древността: висшето добро вече не е човешка и секуларна добродетел, съвършенство на човека тук и сега, а по-скоро небесна святост и благослов. Това не означава отказ от моралните качества, а нов подход към тях и включването им в нова *ценностна скала*. В християнския светоглед основните добродетели на гръцката етика са само най-ниското стъпало при раждането на реалното съвършенство на душата, подход към триадата на Св. Павел (Вяра, Надежда и Любов). Цанов подчертава, че бидейки върховна християнска добродетел, Любовта, или *caritas*, се разглежда като вътрешна духовна динамика на всяка морална добродетел. Така добродетелите се интерпретират като различни прояви на същата тази любов. Умереността, която се обвързва с аскетичността, се разглежда като липса на омърсеност и целомъдрие, като пълна отдаденост на Христос. Смелостта вече не е толкова съпротива или безстрашие, а издръжливост в понасянето на страдания в името на Христос, издръжливост, която достига своята кулминация в мъченичеството. Справедливостта в християнски контекст пък вписва дружбата и братската любов във всички отношения. По същия начин мъдростта вече не е опиращо се на собствения разум рационално прозрение, а вяра, чието съвършенство се достига в получено свише озарение. Моралният живот се разглежда не като цел, достижение или удовлетвореност на отделния човек, а като въздействие на Божията милост върху живота на грешника, като негово изкупление, възраждане и благословия (Tsanoff 1947, 21-32).

Когато говори за присъщото на Ренесанса тълкуване на кардиналните добродетели, което се оформя като опозиция на теологическия авторитет и намира ярка етическа изява във философията Джордано Бруно, Цанов отново подчертава въвеждането на нова *ценностна скала*, в която върховенството принадлежи на „Истината", пътеводна звезда в еволюцията на човешкия дух. С нея са свързани мъдростта, предпазливостта, законът, безстрашието, културата, филантропията. Става ясно, че тук етическият акцент е поставен върху независимостта като израз на новото време.

Според Радослав Цанов автори като Шлайермахер и Бенджамин Франклин правят опит за синтез на двете етически линии: тази, която произтича от гръцката философия и другата, свързана с идеалите на християнството. Той аргументирано обосновава извода, че в предложената от Шлайермахер скала, включваща кардинални добродетели като мъдрост, любов, хладнокръвие и спокойствие, се открива съчетание и взаимно допълване на Платон и Св. Павел: „Хладнокръвието и спокойствието са продължение на Платоновата умереност и смелост, но в окончателната Шлайермахерова схема те придобиват и качествата на надеждата. Също се отнася и за подмяната на Платоновата справедливост с любовта, проповядвана от Св. Павел" (Tsanoff 1947, 94-103). Подобен синтез Цанов открива и в предложената от Бенджамин Франклин съвкупност от 13 на брой добродетели: въздържаност, мълчание, ред, решителност, пестеливост, труд, откровеност, справедливост, умереност, чистота, спокойствие, целомъдрие, смирение, чието финално предписание е максимата: „Подражавайте и на Христос, и на Сократ" (Tsanoff 1947, 115-120).

В по-общ план въпросите, които поставя философът, са следните: как в съвременните условия да се осъществят ценностите, които в предишни общества са се реализирали чрез други форми и традиции; как да направим така, че обществото да стане източник и основа на още по-висши ценности; има ли начин традиционните морални добродетели да бъдат включени в нова *ценностна скала* в съответствие с актуалното развитие на обществото.

Тематиката за моралната дейност в „нейните космически параметри" е обстойно разгърната в последните му две книги *Светове за опознаване. Философия на космическите перспективи* (1962) и *Цивилизация и прогрес* (1971), която е преиздадена през 2021 г. и свидетелства за своеобразен преход от етическата към социално-политическата проблематика. Този преход, в който ценностите са ядро и основен свързващ елемент между двата типа дискурс, е обект на анализ в настоящата работа.

Възпитание и ценности

Още в своята „Етика" Радослав Цанов посочва, че етическите изследвания са се съсредоточили главно върху съдържанието на моралния живот в полето на индивидуалното и в социален контекст. Според него етическата история на нашата цивилизация може да бъде разглеждана като постоянно действащи и променливи избори на определени „кардинални добродетели", тоест такива, които имат различна интерпретация. Необходимо е, обаче, да се пристъпи към анализи на морала в икономическите и политическите отношения, които биха разкрили нови аспекти на традиционните добродетели и пороци. Това означава нов подход към моралните качества и включването им в *нова ценностна скала*. Доброто общество е онова, което дава положителен отговор на въпроса „дали чрез участието си в него животът на членовете му става по-хуманен и по-значим" ; то е базирано върху сътрудничеството и взаимното признание, защото хората не може да се разглеждат като средства за реализирането на нечии егоистични цели (Tsanoff 1947, 133). Водещата роля на етическия дискурс в творчеството на Радослав Цанов до голяма степен определя неговите разсъждения върху *ценностите*. Те са белязани от визията му за света като пространство, в което доминира драматичният принцип.

289

Той действа в областта на науката и религията, но е определящ и за сферата на морала. Всички наши избори, мисловни нагласи и предприети действия са резултат от взаимодействие или противодействие на алтернативи (Tsanoff 1962, 214). Позицията на човека, всеки негов морален акт и натрупан опит са елементи от утвърждаването на някакви по-висши ценности.

Цанов нееднократно подчертава взаимното влияние между личност и общество и посвещава специална глава на ролята на моралното и интелектуалното възпитание. В това отношение училището изпълнява определена стабилизираща роля; то, освен това, показва взаимното пресичане на индивидуалните и социалните ценности, защото възпитателният процес включва и двете страни на тази взаимна релация. От една страна, чрез него се предават на по-младите поколения вече натрупаните знания, а, от друга, се осигурява запазването на социалните ценности. „По училищата ще ги познаете", казва Цанов и обосновава тезата, че различните епохи и обществени системи се стремят към самосъхранение именно чрез предпочитанието към различни възпитателни подходи. По повод на своето съвремие той дава примери с реорганизацията на училищата в Съветския съюз, в нацистка Германия и фашистка Италия, чиято цел е насаждане на тоталитаризъм, откъсване на младите хора от традиционните принципи и превръщането им в оръдия, обслужващи новия социален ред. Националните кризи винаги започват с криза на училищата, а присъщият на демократичните общества критицизъм е насочен и към образователната система.

Цанов обръща внимание на противопоставянето между религиозни и морални ценности. Ако според някои, отбелязва той, е налице съчетание между религиозната свобода, толерантността и демократичните ценности, според други в това се крие опасност децата да бъдат тласнати към други, чужди на тяхната среда, религиозни доктрини. Цанов излага подробно позитивните и негативните страни на въведените в различните страни практики. Но при всички случаи връзката между ценности и знание следва да се запази, а водещи следва да бъдат именно *ценностите*.

Най-важната задача в това отношение се пада на хуманитарните науки, защото целта на истинското образование е не само знание, а възпитание в определена ценностна система. И това е процес, който се простира отвъд стените на образователните институции. Затова един от основните проблеми на образованието в следвоенния период той вижда в необходимостта от ревитализиране на традиционните хуманни ценности като опозиция на заразените от нацизма и агресията млади хора. Особено полезни според него са три вида унаследени ценности, които биха допринесли за изграждане на истински демократично общество. *Първата* от тях е свързана с наследството, получено от древните гърци. История, философия, епическа поезия, римско право и демократични институции, вярата в естественото и достижимо съвършенство на човека са опорните точки на тези ценности.

Второто наследство на нашата цивилизация е християнската традиция, довела човечеството до реално осъществяване на върховни духовни ценности. Това е християнската истина за безкрайната и неприкосновена душа на човека, независимо от неговата раса и социален статус. Заедно с това чрез живота на Исус християнството дарява на човечеството божествения идеал за съвършенство. Този идеал е удар срещу робството и експлоатацията, опора на достойнството, включително и това на жените. Той прониква в западното мислене, като понякога е поддържан от църквата, а друг път присъства като опозиция на официалната линия.

Третото наследство на нашата цивилизация е самият модерен дух. Цанов употребява думата „модерен" в нейния исторически смисъл, за да покаже периода на реконструкция, чието начало е поставено от Ренесанса и скъсването със схоластичната традиция. В него се корени и началото на модерната демокрация.

За ценностния аспект на реалността.
Споделяеми и несподеляеми ценности

Философската интерпретация на идеята за *ценностния ас-пект* на реалността, който се разкрива чрез човешката дейност, е вплетена в цялостната концепция на Радослав Цанов и присъства в една или друга степен в повечето от произведенията му. Когато акцентира върху драматичния принцип, той се позовава на Бердяев, според който историята е драма със свои действия и вътрешна логика, свои развръзки и катарзис. Намерението му е да потвърди значимостта на този принцип като една от основните перспективи към реалността при анализа на ценностните аспекти на човешкия опит. Истината, например, се осъществява чрез изясняване и отстраняване на грешките; в самото признаване и установяване на истината грешката става видима и бива дискредитирана. Справедливостта също не е неутрална, а се ражда в борба с определена несправедливост. Изборът на единия от двата полюса е свързан с оценка и предпочитание: ученият, който търси каузалните зависимости, но игнорира теологията, теологът, който пренебрегва науката, са в еднаква степен пленници на биполярната, драматична перспектива. Драматичният подход е водещ и в света на човешкия микрокосмос. Развитието на личността също е белязано от драматичност, то е процес със свои вътрешни напрежения и развитие. Многократно Радослав Цанов подчертава, че основна характеристика на ценността в хода на историческия процес е нейната биполярност, че моралната ценност има срещу себе си някакъв контрапункт. Тя никога не е неутрална; винаги има алтернатива, претендираща за нашия избор и предпочитание или предизвикваща съпротива срещу друга алтернативна ценност. Взаимодействието на противоречиви цели съставлява истинската драма на нашия живот. Човекът винаги е изправен пред конфликт. Той може да приеме формата на сблъсък на принципи, еднакво приемливи за него, които в конкретна ситуация влизат в противоречие помежду си, така че да е принуден да избере на кой от тях да остане верен. Или да се развие като стълкновение между установени обичаи и непреодолими желания и страсти, на които е подвластна душата му. Конфликтът може да приеме формата на нерешим проблем, трагичен избор на живот и смърт, който независимо от тежестта си, „показва силата на устремилия се към светлината човешки дух" (Tsanoff 1962, 180). Трудността в случая според него е свързана с реалната многопосочност на възможните морални избори, които са много по-комплексни и не се вписват нито в предложената от теологичната традиция алтернатива, нито в интуитивистката парадигма, отъждествяваща моралното съзнание с императивна ангажираност на моралния субект, нито в механистичния детерминизъм. Това означава, че на всеки етап от житейския път на човека неговият възглед за живота, неговата емоционална нагласа, неговата воля са ангажирани в „полето на различни избори, водещи нагоре или надолу по скалата на ценностите, към евентуално добро или зло, или по-скоро към по-добро и не толкова добро, към по-лошо или не толкова лошо" (Tsanoff 2021, 19-20). Важно е да останем верни на своя основен дълг, но не да го следваме сляпо и фанатично, пише Цанов, да видим ясно своята роля и това, което се изисква от нас. Драматичният характер на моралните ценности (особено видим в конфликта между алтруизъм и егоизъм) се обуславя и от „критичното взаимодействие на интелект и воля", в процеса на осъществяване на базисния характер на съзнанието в неговото движение от импулсивното и частичното към интегралното прозрение.

Радослав Цанов аргументира драмата на моралния избор и посредством разграничението, което прави между различните типове ценности: *споделяеми* и *несподеляеми*. Основен пример за вторите са икономическите ценности (за тях отново ще стане дума по-късно): материалните блага най-често са несподеляеми; при тях печалбата за един може да означава загуба за друг. В такъв контекст отношенията между индивидите приемат форма на съревнование. За разлика от тях обаче споделяемите ценности (интелектуални, религиозни, естетически) са пример за „висша форма на социалност и сътрудничество"; при тях споделянето не води до намаляване и опасност от изчерпване. В сила е принципът: „Колкото повече, толкова по-добре". Тяхна характерна особеност е, че пълната реализация на тези по презумпция споделяеми ценности става възможна именно чрез споделянето им. Истината, красотата, духовното усъвършенстване предполагат не конфликт и съревнование, а общуване, комуникация, обмен. Няма как да се усъвършенствам духовно в резултат на нечие духовно падение. Пълноценен и продуктивен морален живот в отношенията ни с другите е възможен само чрез търсене на по-висши ценности. Тук стигаме до друг, обоснован от Радослав Цанов извод: принципът на споделеността на ценностите постепенно трябва да се въведе в световен мащаб в международните отношения. Световен мир и сътрудничество се постигат, само когато хората и нациите съдействат активно за утвърждаването на споделяемите ценности, за повече свобода, човечност и прилични условия на живот за всички. Нека не забравяме, че ученият формулира тезата си през 60-те години на миналия век, в разгара на Студената война, когато доминиращият наратив и от едната, и от другата страна на „желязната завеса" предполага съвсем различен изказ. В своето последно произведение „Цивилизация и прогрес" хуманистът разгръща именно тази теза. В него преходът от сферата на морала и социалните отношения към един по-широк, политически контекст и превръщането на споделеността в *доминантен белег* в международните отношения е особено видим. На биполярната перспектива, или, ако приемем присъщата на тогавашния изказ формулировка „двуполюсен политически модел" ученият противопоставя подход, който той определя като „интеграция на базисните перспективи" (Tsanoff 1962,

294

159). Малко по-късно отново ще се върнем към този аспект от неговата творчество.

Идеята за тази интеграция обаче е част от един присъщ на Радослав Цанов подход, който той прилага и при анализа на науката и религията, човека и космоса. Той според него води до по-адекватна, интегрална визия за реалността, включваща всички заложени в нея безкрайни възможности. При „интеграцията" тя се разглежда като комплексна система от процеси, чиито аспекти не бива да бъдат смесвани или противопоставяни един на друг, а разграничавани и разглеждани в тяхната взаимна обвързаност.

Ценности и социален прогрес

Визията на Цанов за ценностите е в тясна връзка с неговата идея за *прогреса*. При съвременния човек вярата в прогреса се е превърнала в своеобразна „светска религия". Ученият-хуманитарист многократно прави исторически преглед на идеята за социален прогрес и нейния „секуларен аспект". Така например за класическата античност вярата в прогреса не е жизнено важна; в тази парадигма развитието се разглежда или като непрестанно снизхождане от някакъв златен век към все по-низши равнища на живот, или като цикличен процес на вечно възвръщане. В епохата на християнското Средновековие ударението е поставено върху първородния грях, провиденциалната предопределеност на човешкия живот и невъзможността за прогрес, постижим без Божия намеса, единствено със силите на самия човек. Типичната за епохата на Просвещението идея за прогреса пък разглежда човешката природа в процес на развитие и усъвършенстване чрез опита, а наличието на оптимален социално-икономически ред и подходящо образование като гаранция за непрестанно развитие на личността и обществото. Марксизмът лансира материалистическата интерпретация на историята и необходимостта от коренно преустройство на обществото по пътя на пролетарската революция като единствен път към социално-икономически прогрес.

Но оптимистичните теории за прогреса са поставени под въпрос от възхода на „тоталитаризма, експлоатацията и потисничеството в общества, които сме свикнали да разглеждаме като „просветени", пише Цанов (Tsanoff 2021, 28, 221, 254). Наивната вяра, че сами по себе си науката и образованието неминуемо водят към социален прогрес в значителна степен е разколебана след двете световни войни и бруталното унищожение на милиони хора в нашия, уж цивилизован свят. Най-напредничавите технологии и водещите научни открития, които служат на прогреса, са в състояние да предизвикат неописуеми бедствия, да се превърнат в оръдия за унищожение на света и човека. Сляпата вяра в жизнеспособността на нашата цивилизация е силно разклатена.

Изводът на автора-хуманист е, че прегледът на идеята за социалния прогрес в историята на идеите разкрива наличието на алтернативни, както положителни, така и отрицателни, перспективи. В нарастващата сложност на съвременния живот нищо не изглежда по-очевидно от прогресивното овладяване на природните ресурси; откриват се нови източници на препитание; нараства средната продължителност на човешкия живот; усъвършенстват се транспортът и комуникациите; почти се заличават бариерите на пространството и времето. Но дали реално сме успели да постигнем щастие, знание, справедливост и мир? „Индустриалната експанзия" води до замърсяване на околната среда, въздуха и земята, реките и океаните. Под въпрос е самото оцеляване на човека. Докато медицинската наука открива причините за болестите и тяхното лечение, нови щамове, породени от съвременния начин на живот, „разрушават телата и умовете и пълнят болниците и психиатричните институции много по-бързо" и с повече новозаболели, отколкото лекарите успяват да излекуват (Tsanoff 2021, 35). Ние повдигаме повече проблеми, отколкото можем да решим, а „найвпечатляващите проекти за расова и социална реформа са компрометирани и намират практическа реализация в незаконни бунтове, съпътствани от насилия, палежи и грабежи", които фанатичното патриотарство и религията превръщат в истински кръвопролития (Пак там). Как тогава да вярваме в прогреса и възхода към по-високи ценности, когато и най-добрите ни намерения се опорочават и корумпират, пита Цанов.

Според философа не можем да отхвърлим нито оптимистичните, нито песимистичните „разкази за човешкия прогрес", принизявайки ги до емоционални и необосновани реакции. Всеки от тях има своите основания и аргументи, които са толкова разнообразни, че може да се изгради правдоподобна теория дори и чрез частичен подбор на събития от световната история. Затова е нужна по-широка *ценностна перспектива*, такава, която да предполага, че историческият ход на напредъка към цивилизовано съществуване не е идентичен с кривата на прогреса. Да, в известен смисъл походът на цивилизацията може да бъде наречен поход на прогреса. Разширяващият се обхват от човешки дейности наистина осигурява високи постижения, които са били недостъпни за по-ранни исторически епохи. Но цивилизацията не е гаранция за възходящо развитие, напротив, ако не е съпътствана от достигане на по-високи ценностни нива, тя носи в себе си опасност от провал и унищожение. От тази гледна точка човек може да бъде оптимист във възгледите си за историята, но без да изпада в плен на безкритична възхвала, да бъде наясно както с по-широките възможности за развитие, така и със смъртните опасности, на които нашата цивилизация е носител. Не бива да се отъждествява времевата последователност със социалния напредък, защото напредъкът не е функция само на хронологията; по-ранното невинаги означава по-ниска степен на развитие, а най-новото невинаги е по-добро. Историческата крива не е в постоянен възход, а има периоди и на високи постижения, и на упадък.

Затова за Радослав Цанов прогресът не е функция само на напредъка на науката, но и на ролята на този напредък в отстояването на *определени ценности*. Той подчертава, че ходът на цивилизацията може да се разглежда като разширяващ се кръг от откриващи се пред човека хоризонти, в които е заложено „обещание" и за възход, и за падение. Затова и отговорността на избора в една или друга ситуация става все по-значима. Едва ли някой би могъл да оспори изключителната актуалност на този извод.

Самостойни и допълнителни ценности

Проблематиката на ценностите приема формата на завършена теоретична концепция в книгата „Цивилизация и прогрес", издадена през 1961 г. и преиздадена през 2021 г. Радослав Цанов започва с анализ на икономическите ценности. Те според него не са ценности в пълния смисъл на думата, а по-скоро „средства", осигуряващи реализацията на другите ценности, чрез които човешкият живот намира ефективен израз. Благосъстоянието на хората, материалното благополучие зависят до голяма степен от ефикасното използване на икономическите средства. В етичен план философът разграничава два вида ценности: първите от тях са *самостойни,* а вторите, *допълнителни,* допринасят за осъществяването на първите. Всъщност комплементарният (Цанов го нарича „инструментален") аспект е присъщ на всички ценности. Между тях винаги има връзка; всяка ценност позволява да реализираме останалите; така въздействието й се простира отвъд самата нея. Редица ценности обаче имат и своя собствена стойност, т.е. ние ги ценим заради тях самите. Всички ценности имат инструментален, а повечето от тях, и самостоен аспект. В това отношение икономическите ценности са изключение: те нямат собствена, а само допълваща, т.е. инструментална, стойност и ние ги ценим в качеството им на средства, на условия за реализиране на други ценности.

Объркването им с цели и превръщането на натрупването на материални блага в цел на човешката дейност води до „безумието на грубия материализъм на скъперника или плутократа". Разбира се, не бива да изпадаме и в другата крайност и, подобно на много традиционни религии, да допускаме „прослава на бедността като нещо свято", защото тези икономически ценности-средства са незаменимо условие за пълноценна реализация и на другите ценности, и на човешките способности (Tsanoff 2021, 249).

Радослав Цанов се разграничава и от обявяването на частната собственост за корен на социалната несправедливост. Като се позовава на Хегел, че придобиването, притежанието и ползването на вещи е стъпка в разцвета и осъществяването на човешката личност, ученият поддържа тезата, че собствеността има съществено значение за реализацията на човека. Следователно социалната справедливост и благосъстоянието изискват не премахването на частната собственост, а разширяването ѝ, така че възможно най-много хора да могат да ползват нейните предимства.

Икономическият напредък осигурява условия за разцвет на другите ценности; наред с това обаче може да предизвика появата на нови трудности. „Точно както все по-разпространяващата се комунистическа власт е световна заплаха за свободните институции, така и икономическите проблеми на демократичните общества вече не могат да се третират само в регионален план, а изискват международна перспектива" и съвместни усилия, подчертава Цанов (Tsanoff 2021, 249-250). Той разглежда комплексно навлизането на съвременната индустрия в живота на страните от Третия свят: то играе положителна роля за „антиколониалните революции, първо в Индия и Югоизточна Азия, а след това и в цяла Африка". Американският народ, посочва Цанов, симпатизира на опитите за национално освобождение на другите народи. Но позицията му е нюансирана: той приветства националната независимост като прогресивно явление, но подчертава, че правилният принцип и ефективната практика са две различни неща. Лидерите на ново-освободените държави са „амбициозни, понякога честни, но често безскрупулни“; те все още нямат умения за ефективно дългосрочно планиране и готовност за пестеливо разпределение; амбицията им невинаги е научно подплатена. Невежеството им ги прави неспособни да отговорят на политическите и икономическите изисквания, които техният нов статут изисква. Цанов дава няколко примера, единият от които е следният: през Втората световна война в Африка американската армия се нуждае от скоростно изграждане на съоръжения, обаче местните хора са свикнали с друг, не така натоварен режим на работа. Висшето командване прави опит да стимулира по-висока производителност на труда чрез значително повишение на заплатите, но подходът не дава нужния резултат, защото „африканските работници, намирайки джобовете си пълни с пари, веднага си вземат отпуск, за да ги изхарчат“ (Tsanoff 2021, 263).

Новите държави се нуждаят от съпричастността и напътствията на бившите си „господари“, от които са се отрекли и на които не вярват. Самото им издигане до нивото на независими национални икономики им предоставя непосредствени възможности за развитие, по-големи, макар и далечни перспективи за по-добро качество на живот. В същото време обаче тези икономики са нестабилни и заплашени от колапс. Това, което пречи на новосформираните свободни нации, е тяхната неспособност да поемат тежките си отговорности. Не по-малка пречка е и ограниченият капацитет на западните нации да им оказват помощ. Има опасност в своята отчаяна нужда местните управляващи да попаднат под влиянието на „комунистическите сили“. Цанов сравнява тяхната нова свобода с атомната енергия: „чудесно обещание, но и страшна опасност“.

Но не по-малко опасности дебнат и демократичните държави. Научно-техническите новости спестяват труд, но те са нещо

300

позитивно, само ако работникът не бъде изхвърлен от работа. Цанов застава зад думите на президента Кенеди, според който проблемът с автоматизацията е „основното предизвикателство през 60-те години на XX век" (Tsanoff 2021, 268). В миналото работниците са имали относителна свобода на избора: чрез дейността на профсъюзите, чрез стачни действия и промени в законодателството те са успявали да извоюват по-добри условия на труд. Тази опасност е особено валидна за „комунистическата система", в която е налице бюрократично сливане на икономическата и политическата власт с цел осигуряване на висока степен на отбрана.

Радослав Цанов дава своя оценка на Европейския общ пазар и Европейската асоциация за свободна търговия като „изключително важни" свидетелства за истински напредък в цивилизационно отношение: те са условие за ефективно икономическо сътрудничество и „единен политически фронт срещу общата опасност". В по-конкретен план той изразява позицията си по спора за свободната търговия и ролята на САЩ като основна сила в индустрията и международните отношения. В този дебат от една страна са привържениците на защитната тарифа, тези, които се противопоставят на промяната на традиционната тарифна политика и обосновават необходимостта от защита на американския труд от вносните чуждестранни стоки, произведени в страни с евтина работна ръка. Техни опоненти са защитниците на т.нар. „единен фронт на свободните нации", който може да спаси от комунистическо нахлуване плеядата от изостанали народи, които произвеждат повечето от материалите, от които се нуждаят високо развитите индустрии. Според Цанов тези слаборазвити нации трябва да бъдат подпомогнати чрез по-либерални търговски закони, за да напреднат икономически, да станат по-независими и по-надеждни членове на световното демократично общество. Така те ще съумеят да устоят на заплахата от политическа и социална доминация. И тук Цанов остава верен на следвания от него баланс: истинското решение на проблема не може да се осъществи само чрез промяна на историческата рамка. Основната, решаващата потребност е *морална.* Необходимо е винаги да се запазва личното достойнство на хората, хуманното отношение към техните нужди: да стане невъзможно толерирането на човешката деградация, нещо, без което всяка представа за исторически прогрес трябва да се разглежда като съмнителна.

От етически към социално-политически дискурс

Концепцията на Радослав Цанов за ценностите закономерно включва и размисли за свободата, войната и цивилизацията. Като цитира Тойнби, той разглежда войната като „непосредствена причина за разпадането на всяка цивилизация" и „основен двигател, водещ човека към социално и духовно самопоражение". Според него тя е отклонение, аберация, причинявана от хищническата жажда за власт, от една страна, и крайните форми на национализма, от друга. „Милитаризмът е самоубийствен", посочва той и се разграничава от опитите войната да бъде възхвалявана и представяна като позитивно явление. По този повод е и атаката му срещу пруския командир Хелмут фон Молтке, според който тезата за вечния мир е просто мечта, „при това мечта, която дори не може да се нарече красива", защото войната е неделима част от Божия ред във Вселената. Според Молтке във войната влизали в действие найблагородните импулси на човека: „смелост и себеотрицание, вярност към дълга и готовност за саможертва" (Tsanoff 2021, 223). Изводът на Цанов е, че човечеството все още не е научило своя горчив урок, не е съумяло да извлече поука от миналото си. Поривът към агресия слага край на всички усилия противоречията да бъдат решавани по пътя на преговорите; той тласка дори държавници, подкрепящи мира, да отстояват справедливостта и свободата чрез военни действия.

Според него Втората световна война е довела до три основни ре-зултата: угроза от икономически колапс на Западна Европа и Япо-ния; комунистическо подчинение на сателитите на Съветска Русия и Китай; необходимост от взаимопомощ на големите и малките на-роди по целия свят. Посочва, че американската помощ е допри-несла за възстановяването на икономическата структура на За-падна Европа и Япония, но други страни все още са арена на борба между демократичния ред и диктатурата.

Такава е позицията на Радослав Цанов за войната. Все пак той не пропуска да отбележи, че „мракът на настъпващата криза" не може да ни попречи да видим напредъка в мисленето. Парадок-сът в случая е, че за светлите и напредничави умове на човечест-вото периодите на война стават повод за апология на мира, хармо-нията и добросъседството. Той дава пример с Хуго Гроций, който формулира принципите на международното право именно в усло-вията на война, и с Кондорсе, написал своето историческо съчине-ние за прогреса на човешкия ум по време на Френската революция и терора. Цанов формулира два извода. Първият е, че като цяло, както в стремежите си, така и в своята активна позиция човечест-вото поддържа принципите на мира, справедливостта и свободата. Вторият, че деструктивните („агресивните") сили използват всеки повод, за да разпалват конфликти и да разширяват своите сфери на влияние и контрол чрез всички, присъщи на войната тактики. И тези сили съвсем не са само и единствено   комунистически, по-сочва Радослав Цанов.

След общите размисли за природата на войната роденият в България учен обръща поглед към конкретната политика на своята нова родина, САЩ, в качеството им на световна сила. „Нашето американско господство ни накара да вярваме, че задачата ни е да контролираме света и да защитаваме свободата там, където тя е заплашена. Но тази земна мисия води до изчерпване на нашите ре-

сурси и капацитет; тя внася напрежение и разделение в нашия на-
род". Това се вижда най-категорично в периоди на политики, до-
вели до тежки конфликти: и дава пример с войната във Виетнам.
Тук размислите на Цанов се отличават с особена проницателност.
„Изглежда, че сме в двойно затруднение, пише той. От една страна,
„нашата преданост на хуманисти към справедливостта и свободата
(...) ни принуждава да се противопоставяме на насилствената аг-
ресия чрез въоръжена съпротива; от друга, обаче, тя ни забранява
да използваме своята пълна разрушителна мощ, за да сразим вра-
говете си" (Tsanoff 2021, 225-226). Според Цанов ефективната и
оправдана стратегия тук е нещо средно между тази на Махатма
Ганди и тази на Чингис-хан.

Разсъжденията на Цанов за необходимостта от баланс между
прилагането на сила и търсенето на консенсус свидетелстват за ня-
колко неща. Първо, хуманистът Цанов недвусмислено разглежда
войната като отрицателно, носещо разрушения явление. Второ,
разсъжденията му са свидетелство за успешен преход от етичес-
ката към социално-политическата проблематика. Същевременно,
теорията му съхранява етическия си ресурс именно под формата
на този съзнателно търсен баланс. Трето, прави впечатление, че
той борави с терминология, коренно различна от тази, която отк-
риваме в документите и анализите от периода на Студената война
(и от двете страни на „желязната завеса"). Постигането на консен-
сус като съзнателно търсен резултат от международни преговори,
сдържането като резултат от баланс се появяват много по-късно на
световната сцена. Освен това, той прави опит да превърне амбива-
лентната позиция на избраната от него родина (САЩ) в качеството
й на стожер на демокрацията в предимство, осигуряващо хармония
между „стратегията на Махатма Ганди и тази на Чингиз Хан", в
равновесие между два полюса.

Вижданията на Цанов за световен ред, основан върху спра-
ведливост и мир, стават още по-ясни, когато говори за ролята на

ООН, която също разглежда в два аспекта, т.е. като организация, движена от два противоположни импулса. От векове наред мирът и справедливостта са цел на просветените хора; постигането им обаче е възпрепятствано от крайните форми на национализъм. ООН е световен международен форум. В своите основни принципи конференциите на ООН са израз на постоянните усилия на просветените държавници за постигане на единна платформа на признати международни правови стандарти. В тази насока роля играят всички нации, и големи, и малки, които са готови да отстояват правата си по пътя на честни преговори. Но често хуманните призиви за международно разбирателство са заглушени от опитите на „безпринципни деспоти да използват новата глобална тактика и въоръжение" така, че господството им да стане необратимо.

Цанов посочва споделеното общо наследство на човечеството и глобалното развитие на международните отношения като един от основните белези на съвременната цивилизация: те може да се превърнат във вдъхновение за „най-будната социална съвест" и воля за борба за безпрецедентно общочовешко благополучие. „Това, че човечеството споделя общо наследство, е концепция, която постепенно набира скорост и все още може да засенчи претенциите за национален суверенитет" (Tsanoff 2021, 218). В подобен израз виждаме кълновете на една визионерска концепция, носеща усещането и за необходимост от глобализиране на света, и за заплахите, които това глобализиране неминуемо ще предизвика. Цанов разглежда причините и стимулите за война, както и нейната роля като специфична заплаха за „нашата епоха на световна криза". Подбудите към война в съвременния живот са много. Някои от тях датират от древността: потъпканото национално достойнство, завистта, жаждата за отмъщение. Други са свързани със съвременната международна ситуация. Политическият мир може да се окаже нетраен, заради кипежа от популации, които не могат да бъдат овладени в рамките на съществуващите национални граници. Цанов цитира „Изследване на войната" на Куинси Райт, като споделя тезата за четири възможни ситуации в съвременния живот, които могат да предизвикат евентуални враждебни военни действия в международен план: 1) „свиването" на нашия свят в резултат на съвременните технологии; 2) „ускоряването" на историческия процес; 3) напредъка на военната индустрия; 4) възхода на демокрацията (Tsanoff 2021, 228). Науката и технологиите, усъвършенстването на комуникациите, преодоляването на разстоянията, обменът на стоки и идеи, многобройните сътрудничества са довели до силна взаимозависимост между отделните нации, нещо, което е създало условия за по-чести конфликти. „Ускоряването на историята" също е резултат от модерната технология, от по-безпроблемно общуване, обмен на идеи и възможност за тяхното ускорено прилагане.

Като се позовава на статистиките, Цанов обосновава извода, че никакви оптимистични твърдения не могат да опровергаят очакванията, че една съвременна война би имала ужасяващи последици. Напротив, ситуацията налага доста песимистични съждения, защото (и тук Цанов се позовава на Питирим Сорокин), двете световни войни са унищожили повече човешки животи и цивилизационни ресурси, отколкото тези през предходните векове (Tsanoff 2021, 218-221). Историята красноречиво свидетелства, че човекът не се е освободил от своята алчност и агресивност, от жаждата си за завоевания. Имаме ли тогава основание за надежда, че хората ще променят природата си и от меча ще изковат плуг? След като вече два пъти през този век се е налагало демократичните свободи да бъдат спасявани чрез несигурни примирия, сега той е изправен пред третото, най-тежко изпитание.

Може ли знанието да помогне за спасяване на човечеството? За Цанов знанието е безспорна ценност, безусловно добро. Но, верен на подхода си винаги да разглежда даден проблем от всички възможни аспекти, той поставя серия от въпроси: Можем ли да се доверим напълно на достигнатото и непрестанно натрупвано знание? Как знанието се обвързва с другите ценности? Какъв е неговият ефект върху индивидуалния човешки опит, от една страна, и социалното битие, от друга? Още повече, и тук Цанов цитира Еклесиаст (1:18): „Който трупа мъдрост, събира печал", коментар, който според него „изразява трагичната дилема на нашата епоха" (Tsanoff 2021, 309-310). Зависимостта между „научен прогрес" и „технически напредък" е двупосочна. „Чиста" (фундаментална) и приложна наука, „занаят" и „прозрение" са взаимно свързани. Решаването на даден проблем има влияние върху други теми, а всеки отговор отваря поле за цяла плеяда от нови въпроси. Цанов се позовава на Шопенхауер и заключава, че „колкото по-интелигентен е човекът, толкова по-остро осъзнава тъмнината, която го заобикаля" (Tsanoff 2021, 315). Знанието е динамично, в него е заложена диалектиката на възход и упадък. Историята на цивилизацията познава поразителни случаи на промяна на интелектуални центрове на дейност, а интелектуалното лидерство често приема непредвидими и странни обрати. Изследователят-хуманист отхвърля все по-налагащата се, както във философските разсъждения, така и в по-популярната обща реакция, тенденция етическите и естетическите преценки да бъдат свеждани до емоционални реакции, които не подлежат на валидиране и не могат да бъдат доказани или опровергани (Tsanoff 2021, 318).

Теорията за ценностите на Радослав Цанов е основно ядро и свързващ елемент между етическия и социално-политическия дискурс в неговото творчество. Избраната от него оригинална оптика, имаща за цел да впише моралните императиви в икономическите и политическите отношения, го отвежда много по-далече от първоначално заявената от него цел: „да бъдат разкрити нови аспекти на традиционните добродетели и пороци" и да се изгради нова ценностна скала. Неговата теория за ценностите е опит за внасяне на нов за тогавашната епоха нюанс в икономическите и политическите отношения, защото без „витален морален принцип", който да я поддържа, всяка икономическа или политическа реформа би изгубила своя позитивен заряд. Етическият ракурс е диалектически снет и органично вплетен в социално-политическия наратив. Поради това използваният от Цанов езиков регистър е нетипичен за езика в анализите на международните отношения през 60-те години на 20 век, а се доближава до този в съвременната епоха. Търсенето на баланс и консенсус, на взаимно изгодни и обогатяващи отношения е естествено продължение на тезата му за *приоритет* на споделяемите пред несподеляемите ценности.

С анализа си на амбивалентната роля на научно-техническите открития Цанов отново е изпреварващ. В този случай той се вписва в един дискурс, извеждащ на преден план ролята на *отговорността*. Не на последно място, роденият в България американски изследовател вижда комунистическата заплаха, без да остава „сляп" за тези, които са заложени в демократичните общества.

Литература

Tsanoff, R.-A. 1947. *Ethics*. New York & London: Harper and Brothers.
Tsanoff, R.-A. 1962. *Worlds to Know. A Philosophy of Cosmic Perspectives*. New York: Humanities Press
Tsanoff, R.-A. 2021. *Civilization and Progress*. Lexington: The University Press of Kentucky (Kindle Edition).

IV. Глава

ИСТОРИЯ НА НАУЧНИТЕ ИДЕИ

Йордан Аврамов

РАННОТО ЛОНДОНСКО КРАЛСКО ДРУЖЕСТВО И ОСМАНСКАТА ИМПЕРИЯ: ПО СВИДЕТЕЛСТВА ОТ КОРЕСПОНДЕНЦИЯТА НА ХЕНРИ ОЛДЕНБУРГ[1]

Лондонското кралско дружеството се създава през 1660 година и една от първите модерни научни академии. То е продукт на един много по-голям процес, който историците обикновено наричат „Научната революция в ранномодерна Европа". Счита се, че тази революция започва с публикуването на книгите на Коперник и Везалий в средата на шестнайсти век и завършва със синтеза на Нютон в края на следващото столетие. Това е време на открития и изобретения, на създаване на нови научни методи и на тотална промяна в общия възглед как да се изучава природата. А към края на този период настъпва и радикално нова институционализация на изследванията, плод на която и е създаването на Кралското дружество, Френската кралска академия и другите та-

---

[1] Този текст се оформи в контекста на моето участие в международния проект COST – People in Motion: Entangled Histories of Displacement Across the Mediterranean (1492-1923). В тази връзка искам да благодаря на Надежда Александрова, Тулай Артан, Росица Градева, Росита д'Амора, Джанкарло Казале, Хосе-Мария Перез-Фернандес, Луиза Симонути, Росио Сумилера и Джовани Тарантино, сред много други, за плодотворните разговори, които имахме по темата, а и по сродни теми. В по-непосредствен план, текстът произлиза от моите изследвания по кореспонденцията на Хенри Олденбург със Средиземноморието в Института по философия и социология към БАН. В тази връзка съм особено благодарен на доц. Пламен Дамянов и проф. Иванка Райнова за поканата да представя една първа версия на тази статия на конференцията по случай годишнината на акад. Поликаров, която се проведе през октомври 2021 година.

кива, появили се в последствие (Hall 1996). Що се касае до Дружеството по-специално, то е замислено като материализация на идеите на Франсис Бейкън за реформиране на производството на знание и се основава на идеологията на наблюдението, експеримента, а почти веднага заедно с това, като следствие от влиянието на Кеплер и Галилей, и на приложението на математиката към изследването на природните явления. Благодарение на факта, че негови членове са учени като Роберт Бойл, Роберт Хук и разбира се, Исак Нютон, то бързо набира слава още от началото на своето създаване (Hunter 1995). Но в тези първи негови години има и други хора, които допринасят за успеха и сред тях най-голямото име е Хенри Олденбург, първият секретар на Дружеството, който движи неговата кореспонденция и административни дела. Благодарение на него кореспондентната мрежа на Дружеството достига не само до близките научни центрове като Париж и Амстердам, но и до най-отдалечените краища на континента, а и отвъд него в задморските земи, до Америка и Азия. Целта на тази изключително интензивна кореспонденция е да свърже всички изследователи на природата, да организира проучванията, да осигури научна информация за членовете на Дружеството в Лондон и да разпространи такава за техните постижения като гарантира приоритетите им в различните открития, за които те претендират. В запазените до наши дни повече от 3000 писма от и до Олденбург има изобилни доказателства за всички тези аспекти от научния живот на Дружеството през неговите първи, формиращи, петнадесет години (Hall 2002).

Една от големите теми на тази кореспонденция е естествената история. Следвайки Бейкън, членовете на Дружеството започват амбициозна програма, която цели да събере информация за минералното царство, флората, фауната и народите на близки и далечни земи. Предполагало се е, че това може да се постигне със систематично наблюдение и експерименти, така че знанието натрупано в едни големи, но обозрими срокове, накрая да се окаже достатъчно, за да могат въз основа на него да се направят сигурни и окончателни теоретични обобщения за устройството на света. Тази надежда може сега да ни изглежда наивна по различни причини, но тя е била изключително силна мотивация в онези ранни години на Дружеството, когато за целта се създават специални въпросници по естествена история. Това са дълги списъци с въпроси, които или питат дали определени факти са верни, например: „Вярно ли е, че в Гвинея хората не страдат от чума?“ или призовават респондентите да описват наблюденията си по определени теми, например: „Какви са рибите в реките на тази страна?“ Тези документи, целящи да водят и структурират наблюденията на хората, които са далеч от Лондон, се отпечатват в списанието на Олденбург *Philosophical Transactions,* но и се разпращат в ръкопис по всички краища на кореспондентната мрежа на Олденбург (Caray 1997).   И тук веднага трябва да отбележим присъствието на Османската империя, защото опитите тя да бъде изследвана с такива средства са едни от най-изобилните, като може би отстъпват само на тези, насочени към Скандинавия. Това е така защото членовете на ранното Кралско дружество осъзнават, че обширната империя обхваща много и интересни природни хабитати, изучаването на които би обогатило знанията им по естествената история по уникален начин. Така се създава един основен въпросник, така наречените „Въпроси за Турция“, но също и много допълнителни към него, за които ще стане дума след малко. Кореспонденцията на Олденбург показва как тези инструменти за генериране на знание са използвани и свидетелства за специалните усилия, вложени в този проект. В тази статия ще се опитам да разкажа за основните епизоди в тази история, като отбележа главните действащи лица и техните приноси.

Преди всичко трябва да се отбележи, че Османската империя присъства в писмата на Олденбург на нивото на общите политически и други новини. Тя вече не е онази страшна опасност от изток от предишните векове, но все още е голямата и екзотична сила, която стои постоянно във вниманието и въображението на европейците, както на хората на бизнеса и политиката така и на интелектуалците. Ето защо новините за войната в Кандия, за еврейския Месия Шабатай Цви от Смирна или даже за опитите да се преведе Библията на турски изобилстват в кореспонденцията на Олденбург.[2] По-важно за нас е обаче това, че кореспондентите на Олденбург често се интересуват от природата на османските земи и от знанията на хората, които ги населяват. Нека приведа само един пример. През 1672 година хамбургският лекар Мартин Фьогел се опитва да напише текст за турските наркотици, но среща големи трудности при работа с оскъдните източници, които са му достъпни и това са проблеми не просто с разбирането какво опиатите представляват по същество, а даже такива, касаещи техните названия. За степента на неговото объркване сочи факта, че той изглежда е мислел, че бозата е в една категория субстанции с марихуаната и опиума. Опитвайки се да си изясни тези неща, Фьогел пише на Олденбург с молба за консултация с най-прочутите английските ориенталисти по онова време:

> Във вашата страна има много, които са запознати с турския, арабския и персийския езици, някои от които са и пребивавали сред турците. И ако не ви затруднява, нека да бъда информиран колкото може по-скоро какво знаят за този медикамент[3] вашите приятели Покок и Рико, а също

---

[2] За пример как Олденбург получава и разпространява новини за войната в Крит виж например (Hall and Hall 1965-86: iii, 478). Относно Цви, виж класическия труд на Шолем (Scholem 1973). Относно турската Библия: (Malcolm 2007).

[3] Тук става дума по-специално за опиата „маслак" (maslac), но по-долу в това писмо Фьогел пита и за други вещества от този сорт.

и други, които са живели по онези места, но за които аз не зная. Аз вече съм събрал доста материал по предмета, но искам да добавя свидетелствата на вашите сънародници. И разбира се ще цитирам тази източници както подобава." (Hall and Hall 1965-86: ix, 210).

Имената, споменати от Фьогел са на Едуард Покок, известен специалист по ориенталските езици в Оксфорд и Пол Рико, член на Дружеството живял дълги години в в Истанбул и Смирна, за когото ще стане дума по-нататък в този текст. Наистина Олденбург препраща питането на немския учен до специалистите в Оксфорд, но техните отговори, макар и да помагат до някаква степен, са по-скоро недостатъчни, защото както пише самият Покок, той добре си спомня турските думи за опиатите след пребиваването му в империята преди години, но вече е забравил какво представляват самите вещества (Hall and Hall 1965-86: ix, 239). Това показва острата нужда от хора на място, в самата империя, които да могат да изследват такива въпроси със собствените си сетива и разум и да добият ново знание, отвъд това, което вече циркулира сред интелектуалната общност в Европа. Самят Фьогел подсказва пътя към това, като съветва Олденбург да търси консултации по неговите питания и от английските търговци в Александрия (Hall and Hall 1965-86: ix, 210).

Тук Фьогел чука на отворена врата, защото към този момент Олденбург вече е реализирал подобна възможност: първите по-изобилни сведения за естествената история на империята вече са пристигнали точно от англичани, които оперират в нейните предели. Така например, през зимата на 1667 година Олденбург пише на английският консул в Алепо, Бенджамин Ланой, с молба да изпрати информация относно Персия и Турция като към това той естествено прибавя и съответните въпросници по естествената история (Hall and Hall 1965-86: iii, 340-341). Въпросникът за Персия е сравнително кратък и съдържа обичайните питания за

315

минералите, растенията, животните и занаятите на страната, но има и специфики, сред които особено се откроява желанието на членовете на Дружеството да получат рисунки на прочутите барелефи в античния Персеполис. Ето защо когато това писмо достига целта си, Ланой се свързва с един английски търговец в Исфахан на име Стивън Флауър, който обещава да проучи руините в древния персийски град. Флауър наистина организира и води експедиция на място, а след това изпраща обратно към Лондон (чрез посредничеството на Ланой) общо описание на археологическите останки и няколко преписа от епиграфските паметници там. Той също обявява, че е наел местен художник, който е снабден с „пари, кон и слуга" и който обещава да направи пълна серия от скици и цветни илюстрации в рамките на една година. (Hall and Hall 1965-86: iv, 510-513) Но Флауър иска да бъде финансиран за този проект и това е нещо, което Дружеството не може да си позволи към онзи момент. Това прекратява тази иначе обещаваща кореспонденция (Hall and Hall 1965-86: v, 199-201).

Много по-полезна се оказва информацията, която идва от самото Алепо, където Ланой дава въпросника за Турция и на своя лекар Томас Харпур, който пък изпраща пространен и ентусиазиран отговор до Лондон през август на 1667 година (Hall and Hall 1965-86: iii, 462-471). Неговото писмо дава отговор на въпросите един по един, но прибавя и собствени наблюдения, точно както се очаква от всеки съвестен респондент. Така Харпур обсъжда предмети като качеството на местния въздух и общото състояние на климата, описва реките, езерата, минералните води и планините на Сирия и Левант и по-нататък се докосва до теми, които варират от особени насекоми до земетресения и до това какво представлява епилаторът „русма". Поради своята професия той може да е особено обстоятелствен, когато описва местните болести и много от тях – от сифилиса до чумата – са предмет на неговото изложение. В тази връзка най-много място е отделено на така наречената „болест от Алепо", защото Харпур осъзнава, че от него се очаква да бъде експерт по темата:

> По-нататък остава да добавя за „болестта от Алепо", или „подутините" както я наричат европейците. *Mal d'Aleppo* е обичайна и свойствена за региона (от тук до Багдат) и поразява всяка възраст и пол сред чужденци и местни. Първоначално малък цирей се появява на кожата, твърд и червен, като връхчето му е по-малко от това на игла, но то се разраства, за да образува накрая шест корена. Това е процес, който достига своята кулминация за шест месеца и после постепенно затихва за нови шест такива. Така болестта продължава повече от година и арабите и казват „едногодишната болест". Този цирей не се повлиява от никакви лекарства, нито отначало, нито по време на нарастването му, нито когато отслабва. Лекарствата, даже болкоуспокояващите, по-скоро го дразнят сякаш е рак. Но ако всичко се остави в ръцете на природата болестта отминава без причинена болка или пък вреда. И болестта може да повтаря, а и да атакува различни части на тялото по едно и също време. Ако атакува лицето, както често се случва, тя оставя големи белези, които изчезват бавно и постепенно с времето. (Hall and Hall 1965-86: iii, 468).

По този начин писмото на Харпур с неговия широк обхват на теми и внимание към детайла е първата по-изобилна информация, която учените в Лондон получават от и за региона и когато тя е обсъдена на тяхно редовно заседание е решено да се състави нов въпросник за Харпур, който да третира теми възникващи от неговите отговори, но и допълнителни такива. Това е направено и сега анкетата се фокусира върху солеността на водата в Мъртво море, дали има вкаменелости в региона, как се кове дамаската стомана, как арабите тренират своите прочути коне, как са използвани гълъбите за куриери, дали има периодични нашествия от скакалци; подобни въпроси и много други. Тези питания са изпратени от Олденбург в писмо от 22 май 1668 година като там секретарят на Дружеството също така изразява надежда, че Харпур ще стане лоялен и постоянен кореспондент в полза на новосъздаващата се наука. Това си личи от специалната реторика, която Олденбург използва, за да привлече този толкова обещаващ нов кандидат-член на неговата епистоларна мрежа:

> Вие лесно ще разберете от това писмо какво ние искаме от вас и от други като вас. И това е да изследвате внимателно и прилежно всички неща на земята и под земята и в небесата; въздуха, метеорите, звездите; реките, моретата и езерата; животните, растенията и минералите. Нищо не бива да убягва на изследването и към каквото и да се насочите трябва вашите експерименти и наблюдения да се регистрират внимателно и точно, а след това, когато ви изглежда уместно, да се изпращат на Кралското дружество, което ще расте и просперира, по Божията воля, защото това е заложено в силните му основи и благодарение на това, че то черпи от труда на всякакви експерти от всички краища на света. (Hall and Hall 1965-86: iv, 422).

За съжаление надеждите на Олденбург по отношение на лекаря от Алепо не се осъществяват, най-вероятно защото писмото за Харпур никога не стига до него и това е края на тази кореспонденция, която започва силно, но свършва внезапно и бързо. Този епизод показва, че опитите да се достигне Османската империя често засягат само определени области от нея, а понякога и нейните погранични райони и страни (в случая Персия). Това е неизбежно за такава огромна територия и затова членовете на Дружеството изготвят специални въпросници за Египет, „Берберия" (части от северна Африка, където сега са Алжир и Мароко) и Етиопия, които са изпращани на различни ориенталисти и пътешественици из цяла Европа. Така известният немски ориенталист Йоб Лудолф получава въпросниците за Египет и Етиопия

още през 1663 година, когато се очаква, че някой от неговото об-
кръжение ще предприеме пътешествие в тези земи, но за съжале-
ние този проект не се реализира (Hall and Hall 1965-86: ii, 109).
Все пак следващия път късметът се усмихва на членовете на Дру-
жеството, които търсят знание за тези земи. Това става когато Ол-
денбург и неговите съратници успяват да получат много под-
робна информация за Етиопия от Йеронимо Лобо, йезуит от Ли-
сабон, който е живял дълги години преди това в тази страна.
Връзката с Лобо се осъществява от Роберт Саутуел, член на Дру-
жеството, който е дипломат в Португалия през втората половина
на шестдесетте години на седемнайсти век. Саутуел се запознава
с йезуита по онова време и при едно завръщане в Лондон през
1668 година донася със себе си кратък ръкопис, съчинен от пор-
тугалеца. Този текст се оценява като важен от английските учени,
които поръчват неговия превод на английски и един от тях, Питър
Уич, го извършва в кратки срокове, за да го представи на Дружес-
твото през август 1668. Ръкописът третира различни теми: Нил,
Червено море, палмовите дървета и т.н. и Дружеството решава
да го публикува. Така *A Short Relation of the River Nile* (London
1669) се отпечатва под егидата на Дружеството за по-малко от
година след като то придобива текста. В този момент Олденбург
разбира се бърза да капитализира върху вече постигнатото и
пише на Лобо с молба за по-нататъшни разяснения по пробле-
мите, дискутирани в книгата. (Hall and Hall 1965-86: iv, 316-317)
Отговорът не закъснява и в него Лобо подчертава значението на
Етиопия като страна с древна история, чиито тайни, особено про-
чутият проблем за изворите на Нил, са му били разкрити по време
на неговото дългогодишно пребиваване там:

> Това знание беше една от скритите тайни на природата, ся-
> каш заключено в съкровищница от чудеса, но бе дадено на
> мен и на моите сънародници да отключим тази съкровищ-
> ница, да проникнем в тайните на природата и да ги видим

с очите си, да ги пипнем с ръцете си и даже да ги газим с нозете си. (Hall A., M. Hall 1965-86: v, 58).

Това писмо пристига придружено от друг текст, този път книга напечатана на португалски, която е базирана на неговите мемоари, но написана от Балтазар Телес, сътрудник, който Лобо нарича „моето друго аз". Тя е озаглавена *Historia geral da Ethiopia* (Coimbra 1666) и третира познати неща от вече преведения ръкопис, но предлага и много повече материал върху социалните и религиозни дела на Абисиния и особено върху несполучливия опит на йезуитите да прокарат католическата религия сред местното население през двадесетте и тридесетте години на седемнайсти век.[4] Олденбург публикува кратка рецензия за тази книга във *Philosophical Transactions* където отбелязва, че все пак поради оскъдните копия от това заглавие за читателите на списанието би било по-добре да се насочат към публикувания английски вариант. Неговото внимание също е привлечено от една бележка на Лобо в края на писмото му, където се казва, че йезуита има много по-голям ръкопис относно пътуванията му отвъд Етиопия по целия свят (в 40000 левги, както той твърди). Ето защо в следващото си писмо секретарят на Дружеството изразява надежда, че тези мемоари ще бъдат публикувани и предлага това да стане на стандартния латински език. Думите, с които той се обръща към Лобо, много напомнят вече познатото ни писмо към Харпур:

Със сигурност има още много любопитни и редки творения на природата за изследване в Етиопия, в другите части на Африка и в далечна Индия; иска ни се да се направи всичко възможно те да се открият и проучат. Ние сме окрилени от надеждата, че вие и вашите другари в онези пътешествия по тия земи сте наблюдавали много от тези за-

---

[4] Йезуитският орден е изгонен от страната през 1633 година.

бележителни неща и че сте записали всичко точно и прилежно в надлежни мемоари, удобни за публична употреба. Вече толкова много сте казали за Нил, Червено море и абисинците, което донесе голямо удовлетворение. Без съмнение, ще можете да добавите към това още много за други неща за Африка, а и маса наблюдения от Източна Индия, които целият просветен свят очаква от вас и от други като вас. И така, усъвършенствайте се в задачата, която сте подхванал внимателно и сигурно, за да можете да обогатите естествената история така както сте започнали. (Hall and Hall 1965-86: v, 567).

Отделно, в писмо писано до Саутуел по същото време[5] Олденбург настоява така: „Вие трябва да ангажирате йезуита по такъв начин, че да получим от него по-нататъшните му наблюдения, направени по време на неговите пътешествия от 40000 левги, които, струва ми се, трябва да са изложени в поне четиридесет тома." (Hall and Hall 1965-86: v, 564). Въпреки осезаемата ирония, секретарят на Дружеството очевидно има сериозен апетит към скритите записки на Лобо, но за съжаление добрият късмет на членовете на дружеството свършва тук, защото няма данни, че повече информация е получена по това направление, а и Саутуел се прибира скоро след това в Лондон и връзката се прекъсва. Всъщност мемоарите на Лобо са публикувани за първи път много след неговата смърт и едва през следващото столетие. Въпросникът за Берберия пък се оказва в ръцете на лорд Хенри Хауърд, когато той заминава на дипломатическа мисия в Мароко през 1669 година. В този случай Дружеството иска да знае ред неща, които са интересни за тази част на Африка: въпросите са отново за минерали, растения и животни, но също за лекарства, парфюми и афродизиаци; от Хауърд се иска да потърси древногръцки и ислямски научни текстове (търсените автори варират от

---

[5] По това време Саутуел се е завърнал в Лисабон, за да продължи дипломатическата си мисия.

Ибн Халдун до Лео Африканус), които се предполага, че може да съществуват още в мароканските библиотеки и от него се очаква да извършва барометрични експерименти в Атласките планини и да достави препариран щраус. Лордът, който е член на Дружеството, не успява обаче да свърши много работа в този случай, отчасти от незаинтересованост, отчасти защото не може да пътува из страната, а е прикован в Танджер в очакване на мароканския император, който всъщност никога не идва. Все пак след завръщането си от тази неуспешна дипломатическа мисия Хауърд изнася доклад на сбирка на Дружеството през 1670 година, но тогава много от въпросите на въпросника остават без отговор. Информацията, която пристига от Африка е преди всичко за стоки и ресурси, полезни за търговията, но лордът няма какво да докладва относно научните книги или ръкописи, още по-малко за проведени експерименти, а отсъствието на препариран щраус се обяснява с това, че тези птици са защитени и се предлагат само като подаръци на кралете. (Levy Peck 2005: 144-147).

В този случай Олденбург и колегите му сигурно са имали усещането, че добър шанс да се осигури естествено-научна информация не е бил използван така както трябва, но трябва да се каже, че те все пак често се сблъскват с подобни разочарования. Може би най-фрапантният пример в това отношение е случаят със сър Джон Финч, член на Дружеството, който след дипломатическа кариера във Флоренция е назначен за посланик в Истанбул през ноември 1672 година. Когато Олденбург научава за това, той му изпраща писмо, което се състои почти изцяло от въпроси относно Османската империя. Това е много богат въпросник, който пита за всякакви неща: тук са познатите въпроси от кореспонденцията с Харпур: за епилатора „русма", дамаската стомана, изсушените мумии в пустините на Арабия и много други; тук са питания за архитектурата на древните храмове край Баалбек или пък за устройството на акведуктите, построени от Сюлейман Великолепни в Истанбул; тук се пита и за солената почва и води на Кипър, и за столетниците живеещи, както се предполагало, в Арабия Феликс, и за начините на отглеждането на „ангорските кози", и за мините в Унгария.[6] Има даже и послеслов, който инкорпорира догадките на Фьогел относно ориенталските опиати, а и отделна група въпроси касаеща естествено-научни теми на библейската история (например, къде точно евреите, водени от Моисей, са пресекли Червено море). Но най-голямата надежда на Олденбург е изразена в началото на писмото, където той дава такава инструкция на Финч: „Да се мотивират английските консули, вице-консули и търговци, които пребивават в турските провинции на Левант и Египет, да споделят всички наблюдения на природата и занаятите, които са направени или ще се направят от тях." (Hall and Hall 1965-86: ix, 338-341). Очевидно секретарят на Дружеството се е надявал, че от неговата нова властова позиция Финч би повлиял на другите англичани, пребиваващи в империята, да съдействат на Дружеството в неговият поход за придобиване на знание за региона. Като цяло, писмото на Олденбург е чудесен синопсис на това какво английските учени знаят или не знаят за естествената история на империята към онзи момент, а също и на онова, което те се надяват да научат за нея. Ето защо разочарованието трябва да е било голямо, когато Финч изглежда никога не обръща внимание на тези инструкции и в по-нататъшната кореспонденция няма писма от него до Олденбург.

Все пак именно членове на Дружеството са тези, които допринасят най-много за обогатяването на знанията за империята през ония години. В тази връзка трябва първо да се отбележи един опит, който започва обещаващо, но свършва преждевременно и трагично. Когато през есента на 1674 година Франсис Вернон се

---

[6] Някои от тези въпроси очевидно произлизат от по-раншната кореспонденция с Пол Рико и Едуард Браун, за която ще стане дума след малко.

отправя на пътешествие към Турция и Персия, Олденбург има всички основания да очаква най-доброто, защото Вернон е ценен негов сътрудник. През периода от края на шестдесетте и началото на седемдесетте години, той е неговият главен агент и информатор в Париж, човекът, който осигурява най-пресните и значими новини от френската научна сцена. Сега младият англичанин тръгва от Венеция и през Корфу и албанските земи достига Атина, където престоява два месеца. През цялото време той описва градовете и местностите, през които минава, а в прочутия гръцки град наистина се развихря защото го намира за втори след Рим по изобилие от древности. Тук той се старае да посети колкото може повече места и да направи описания на древногръцките старини, които включват скици и оразмерявания. Всичко това е свързано с трудности и рискове, защото такава дейност трябва да се пази в тайна от турските военни, които са подозрителни и брутални, ако забележат чужденец с такива намерения (Hall and Hall 1965-86: xii, 126). Отделно, това което Вернон вижда с очите си често се разминава с описаното в книгите и това му дава възможност да приложи критичното мислене, проповядвано и подкрепяно от Дружеството. Така например, когато разглежда останките от това, което той нарича „Театъра на Бакхус“ близо до южната стена на Партенона, той открива, че това, което е написано за него в *Athenes ancienne et nouvelle* (Paris 1675), наскоро публикувана книга за Атина, изобщо не отговаря на истината. Ето защо той предупреждава Олденбург:

> Господин дьо ла Гиетиер в онзи книга, която е написал за Атина, е сложил чертеж на театър, който нарича такъв на Бакхус, но това е просто негова фантазия и измислица, която няма нищо общо с оригинала, който той изобщо не е виждал, както мога да съдя по схемата на града, която е начертал. Давам ви този нишан, за да не се подвеждате по тази книга, която е далеч от истината, както може да се потвърди от всеки, който е видял истинския град, въпреки

че изглежда правдоподобна за хора, които не са го виждали. (Hall and Hall 1965-86: xii, 126).[7]

Данните за Атина, които Вернон събира с такава прилежност и внимание са изпратени на Олденбург в дългото писмо, което се цитира в този параграф и те се считат за ценни и досега, защото например дават представа за Партенона, преди той да бъде много повреден от барутна експлозия известно време по-късно. Но в доклада на Вернон има още много допълнителна информация за околностите на града и за другите гръцки провинции и места като Пелопонес, Беотия и остров Евбея, които той успява да посети. Навсякъде той следи нещата с остро око и даже с чувство за хумор. Например, когато описва географията на Беотия той казва така:

> Около Лебадия и из цяла Беотия равнините са много плодородни, сякаш да компенсират сухите хълмове наоколо. Но през зимата те се наводняват и се обръщат в езера, което прави въздуха много тежък и „дебел“, а такива са и главите на беотийците, ако може да се вярва на древните автори. Въпреки че Пиндар, този който издигна поезията до такива върхове и е обект на възхищение и подражание и в наше време, трябва да е раждан точно тук, както самият той твърди. А също и Амфион, който, казват, е бил такъв божествен музикант, че даже камъните се водели и подреждали според неговата музика и така той построил стените на Тива само свирейки. Така че не всичко, което е родено в лош въздух е бездарно.“ (Hall and Hall 1965-86: xii, 129).

Сякаш да балансира тази весела нотка, Вернон си позволява да спомене за кратко и своите злоключения на пътешественик в края

---

[7] Към момента на издаването си за френската книга се счита, че е написана от някой си Сьор дьо ла Гиетиер, многогодишен пътешественик по турските земи. Но впоследствие се оказва, че това е псевдоним на Жорж Гийе дьо Сейнт Жорж, автор, който никога не е напускал Франция.

на писмото – неговият спътник сър Джайлс Ийсткорт умира по пътя, а самият Вернон е ограбен по море и губи много от писмата до хора в империята, които носи със себе си (Hall and Hall 1965-86: xii, 130). Това сякаш е предупреждение за лошото, което предстои, защото това дълго писмо писано от Смирна през януари 1676 година, с всичките му информативни детайли (от описанието на Диоклециановия дворец в Сплит до географските ширини на Атина, Спарта и Коринт) остава последното, което Олденбург ще получи. Защото Вернон успява да стигне до Исфахан, но там е убит при някаква нелепа свада за джобно ножче и повече писма от него не са запазени. Неговият дневник е съхранен и върнат в Лондон, но естествено-научните му записки са загубени.

Последният член на Дружеството с когото Вернон се среща е не кой да е, а вече споменатият Пол Рико, английският консул в Смирна и прочутият автор на книгата *The Present State of the Ottoman Empire* (London 1668).[8] Той също е един от най-ранните кореспонденти, които изпращат информация от османските земи и един от малцината, за които имаме епистоларно свидетелство как предлага услугите си на кореспондент на Дружеството докато през февруари 1667 година когато е вероятно някъде в Италия на път да поеме поста на консул (Hall and Hall 1965-86: iii, 343-344). Малко по-късно неговият отговор на въпросника за Турция пристига в Лондон горе-долу по същото време както онзи на Харпур. Но докато лекарят от Алепо е само от няколко месеца в сирийския град, Рико, макар новодошъл в Смирна, има преди това седем години пребиваване в Истанбул като секретар на английския посланик, а и книгата му е вече написана и в процес на публикуване. Ето защо неговите отговори на анкетата са още по-подробни и информативни. Така например той дава доста информация за Ис-

---

[8] Върху Рико виж например Anderson 1989.

танбул, за това какви болести има там и предлага различни обяснения за техните причини, дискутира морските течения в Босфора, обсъжда земетресенията в този град и в Измир, съобщава с какви техники се обработват кожите за облекло и обувки, споменава изсушените мумии в пясъците на Арабия и ги сравнява с балсамираните такива в Египет, говори за това какви са Кавказките планини и за спекулациите, че има проток, който свързва Каспийско и Черно море. За разлика от Харпур той предоставя и етнографски наблюдения, както може да се види от следния цитат:

> Турците са толкова сурови по дух в техните семейства, че рядко позволяват свободно време или развлечения на своите слуги. И самите господари, които обичайно са със затворен и резервиран характер и склонни към мързел и гордост, не си позволяват убиване на свободното време, освен ако не е в разговори с техните съседи, с които често си ходят на гости, или пък когато се затварят в харемите на жените си, където те не дават да бъдат обезпокоявани по никакъв, макар и най-важен, повод. Кафето, което пият, не изглежда да има голям ефект върху онези, които го употребяват най-много, но понеже много турци умират с болки в стомаха, много лекари смятат, че това е точно от прекомерната употреба на тази напитка, която с времето се събира, ферментира и запича в техните вътрешности. Честото ходене на баня прави така, че и мъжете, и жените остаряват преждевременно. Бръсненето на главата действително освежава тези, които го предприемат и затова турците имат навик да тичат при бръснаря и при най-малкото главоболие или даже почувствана тежест в главата. (Hall and Hall 1965-86: iii, 606).

Рико очевидно е подвластен на предубежденията на своето време и склонен повече от Харпур да обсъжда причините зад явленията, а не само фактите, но неговият разказ е уверен и овладян; той има самочувствието на човек с опит и знания, който може даже да си позволи да съкращава, като отпраща читателя за по-подробни справки към своята книга. Накрая, той даже изпраща не просто думи, а също и предмети в Лондон: това е известно количество от епилатора русма, който винаги толкова интригува членовете на Дружеството, а също и пръчки с пъпки от една много плодовита местна лоза (Hall and Hall 1965-86: iii, 603-604). Като цяло, това писмо е може би най-подробният и полезен отговор на въпросника за Турция, който е получаван в Дружеството през ония години.[9]

Все пак кореспондентът, за когото може да се каже, че допринася може би най-много за това Дружеството да е информирано за империята и нейните покрайнини е младият Едуард Браун, лекар от Норич, който в края на 1668 година се установява във Виена с намерението да пътува из централна Европа, северна Италия и по-нататък, доста нестандартно, към Балканите. От Виена той предлага услугите си на кореспондент на Олденбург със следните думи:

> Макар да нямам честта да ви познавам лично, освен че често съм чувал да се споменава името ви с голяма почит в различни краища на Европа, че съм чел вашите трудове и че знам за големия напредък, който постигате във всяко знание чрез универсална кореспонденция, аз се осмелявам да се поставя в услуга на вас и на Кралското дружество в чужбина и да ви служа така както вие предложите, но особено ако все още нямате сведения за златоносните мини в Кремниц, Кемниц, и Новисолум[10] или пък за сребърните

---

[9] Остава мистерия защо кореспонденцията между Олденбург и Рико изглежда сякаш заглъхва по-нататък през годините. Това най-вероятно се дължи на нашата оптика, която не може да види изгубените писма между двамата. А такива безспорно има; например, едно от писмата, които Вернон губи (виж по-горе) е точно препоръчително писмо за него от Олденбург до Рико (Hall and Hall 1965-86: xii, 130).

[10] Това са миньорски селища в Западните Карпати, които се известни още на Йоханес Агрикола.

мини в Брунсуик или пък за каквито и да било други природни явления, които възбуждат любопитство в Германия, Бохемия или Австрия. Готов съм да осигуря точни отчети на моите наблюдения, така както поискате и в момента се надявам да достигна до Мория[11], защото ми е обещано, че ще мога да придружа следващия имперски куриер до султанския двор в Константинопол и после обратно до Виена. Ако моето кратко пребиваване в тези части на света може да е от полза, не се колебайте да ми кажете как мога да ви служа. (Hall and Hall 1965-86: v, 205-206).

Олденбург разбира се веднага откликва на това предложение и изпраща въпросници за мините и минералните води на Унгария, които преди това са били приготвени за един трансилванец от Клуж, който се е оказал разочарование като потенциален кореспондент.[12] Но Браун се превръща точно в обратното – категоричен успех, защото в последващите месеци той се заема със задачите на Дружеството с упоритост, вещина и ентусиазъм. Той успява да посети почти всички важни миньорски селища в Западните Карпати, а също и прочутата живачна мина в Идрия на север от Триест, да се спусне в шахтите и галериите, да интервюира миньорите за техните техники и методи, да направи скици и да си води бележки, да събере екземпляри от различните руди и минерали, да проучи минералните извори и бани, които среща по пътя си и да изпрати цялата тази информация в серия дълги и детайлни писма до Лондон. През цялото това време той оперира в една гранична на империята област, но в един момент пресича границата и слиза по течението на Дунав към Будапеща и Белград, а после и по на юг, за да достигне до Тесалия, където наблюдава церемониите на султанския двор, който през есента на 1669 година е изнесен там

---

[11] Това е Пелопонес.
[12] За тази история виж Gömöri 2014.

от Истанбул.[13] През това пътешествие той продължава с естественоисторическите си наблюдения: баните на Будапеща, кварцовите находища в Стара планина, географията на местностите, през които преминава, а също така и етнографските особености на хората, с които се среща, всичко това се регистрира в неговите писма до Кралското дружество. Тези писма се обсъждат подробно на сбирките на членовете и голяма част от тяхното съдържание е публикувано във *Philosophical Transactions*. Когато Браун се прибира в Англия, той издава книга с историята на своите пътешествия, A *Brief Account of Some Travels...* (London 1673), която е добре известна на османистите, включително и българските такива.[14] Това, което обаче често не се осъзнава, е че голяма част от съдържанието на книгата е инспирирано от изследователската програма на Дружеството и проиграно, често в по-богати детайли, в неговата кореспонденция. Всъщност, ако не смятаме книгите на Лобо, Браун разменя с Олденбург повече текст, със сигурност повече епистоларен текст, отколкото всички кореспонденти разгледани по-горе взети заедно. Това е една от най-успешните кампании по генериране и събиране на знание в историята па кореспондентната мрежа на Олденбург.

*

Време е за обобщение. Нека първо отбележим, че Хенри Олденбург изглежда никога не се сдобива с кореспондент, който да е установен трайно в империята и с когото той да поддържа много активна връзка. По една или друга причина подобни възможности като тези свързани с Финч и Рико не се реализират по такъв начин. Ето защо неговата кореспонденция с Османската

---

[13] Но не успява да продължи към столицата на империята, както е планирал първоначално.

[14] Относно това виж Kázmér 2004.

империя е така да се каже мозаична: с изключение на Лобо, него-
вите информатори са англичани, които са търговци, дипломати,
или пътешественици като най-полезните и активните от тях са
разбира се и членове на Дружеството, но почти всичките те са
хора в движение, които могат да се използват в един определен
период от време, като отворен прозорец на възможност. Въпреки
че тези източници се употребяват според случая, постоянното
внимание към региона позволява на Олденбург така да ги използ-
ва, че да получи информация от различни части на империята и
нейните покрайнини: Персия, Унгария, Етиопия, Египет, Бербе-
рия, Левант, Балканите. Коренът на този успех, или поне една от
неговите съществени причини, изглежда е в използването на въп-
росниците по естествена история, защото повечето кореспон-
денти се нуждаят от мотивация и указания какво да правят, които
да ги подтикнат към действие. Така тези документи се оказват
мощно средство за инспириране на наблюдението, те помагат да
го насочват, но и му оставят свобода да се развива в непредви-
дени посоки. Като инструменти за генериране на знание те са
също толкова полезни както телескопа или барометъра. А като
средство за произвеждане на писма са може би и още по-важни,
защото мотивират хора, които не са учени да работят в полза на
науката и да комуникират със специалистите за своите находки.
Благодарение на тези специални текстове и на усилията на Ол-
денбург, Кралското дружество започва своите изследвания по ес-
тествената история на региона и поставя основа, върху която те
ще се развиват по-нататък във времето.

Литература

Anderson, S. 1989. *An English Consul in Turkey: Paul Rycaut at Smyrna, 1667-1678.* Oxford: Clarendon Press.

Carey, D. 1997. Compiling Nature's History: Travellers and Travel Narratives in the Early Royal Society. // *Annals of Science*, No. 4, 269-292.

Gömöri, G. 2014. Henry Oldenburg and the Mines of Hungary. // Almázi, G. (ed.) *A Divided Hungary in Europe: Exchanges, Networks and Representations, 1541– 1699, Vol. 1: Study Tours and Intellectual- Religious Relationships.* Newcastle-upon-Tyne: Cambridge Scholars Publishing, 145– 156.

Hall, A. 1966. *The Scientific Revolution, 1500-1800: The Formation of Modern Scientific Attitude.* Boston: Beacon Press.

Hall, A., M. Hall. (eds). 1665-86. *The Correspondence of Henry Oldenburg.* in 13 vols. Madison, Wisconsin and London, England: University of Wisconsin Press, Taylor & Francis and Mansell.

Hall, M. 2002. *Henry Oldenburg: Shaping the Royal Society.* Oxford: Oxford University Press.

Hunter, M. 1995. *Establishing New Science: The Experience of the Early Royal Society.* Woodbridge: Boydell Press.

Kázmér, M. 2004. Dr. Edward Browne's visit in the mining towns of Lower Hungary in 1669. In: Kubassek, J. (ed.) *Natural Heritage of the Carpathian Basin.* Budapest: Hungarian Geographical Museum, 193-220.

Levy Peck, L. 2005. *Consuming Splendor: Society and Culture in Seventeenth-Century England.* Cambridge: Cambridge University Press.

Malcolm, N. 2007. Comenius, Boyle, Oldenburg, and the Translation of the Bible into Turkish. // *Church History and Religious Culture*, 87, 327-362.

Scholem, G. 1973. *Sabbatai Sevi: The Mystical Messiah.* Princeton: Princeton University Press.

Peter Bachmaier

AZARYA POLIKAROV UND DIE UMGESTALTUNG DER WISSENSCHAFT IN DER VOLKSREPUBLIK BULGARIEN

Die Wissenschaft spielte von Anfang an eine große Rolle beim „Aufbau des Sozialismus" in der Volksrepublik Bulgarien. Im Jahr 1949 wurde nach sowjetischem Vorbild das Gesetz über die Bulgarische Akademie der Wissenschaften (BAW) beschlossen, die unter der Leitung von Prof. Todor Pavlov stand. Die Wissenschaft wurde von der Bulgarischen Kommunistischen Partei und ihrem Ersten Sekretär Vălko Červenkov als Teil der „ideologischen Front" aufgefasst.

Auf dem Aprilplenum des ZK der BKP von 1956 wurde der Einfluss von Vălko Červenkov auf die Wissenschaft kritisiert. Todor Živkov warf ihm „die Unterdrückung der schöpferischen Kräfte, … die die Entwicklung der Wissenschaft und Philosophie behinderte", vor (Atlas Press 2002, 37-38). Nach dem Plenum gab es stürmische Versammlungen darüber in der Bulgarischen Akademie der Wissenschaften und an der Sofioter Universität. Am 14. März 1957 wurde das 1949 beschlossene Gesetz über die Bulgarische Akademie der Wissenschaften fast vollständig geändert (Migev 1993, 85).

Das ZK der BKP erörterte am 21. und 22. September 1962 die Rolle des wissenschaftlich-technischen Fortschritts. Man fühlte bereits die Erschöpfung des Modells der extensiven Entwicklung und verkündete, dass die Verwirklichung der wissenschaftlich-technischen Revolution ein Lebensproblem für die Wirtschaft sei. Es verstärkten sich die wissenschaftlichen Kontakte mit der Bundesrepublik Deutschland, Österreich, Frankreich und Italien.

Als im Jahr 1962 der Historiker Prof. Dimităr Kosev zum Rektor der Sofioter Universität gewählt wurde, zeigte das die veränderte Einstellung gegenüber den Geisteswissenschaften, die noch in den 50er Jahren ernsthaft unterschätzt worden waren. Die Resultate der neuen Forschungen der Historiker der Universität gelangten durch eine Reihe von wissenschaftlichen Konferenzen an die breite Öffentlichkeit. Im Jänner 1966 beschloss das Politbüro des ZK der BKP die Verordnung „Über die Verbesserung der Lehre und des Studiums der ideologischen Disziplinen an den Hochschulen". Eine besondere Rolle für die Umgestaltung der Wissenschaft spielte die Philosophie.

Am 9. März 1968 wählte die Jahreshauptversammlung der BAW neue leitende Organe der Akademie. Zum Präsidenten der BAW wurde Akademiemitglied Angel Balevski gewählt. In den Beschlüssen des Juliplenums 1968 wurde ein breites Programm für die Förderung der Gesellschaftswissenschaften entwickelt. Der neue Präsident Angel Balevski nannte die Akademie eine ideologische Einrichtung, in der wichtige Forschungsarbeiten und ein Angriff gegen die „ideologische Diversion des Imperialismus" geführt würden (Balevski 1970, 18).

Eine wichtige Rolle für die Hebung des Niveaus der bulgarischen Wissenschaft spielte die internationale wissenschaftliche Zusammenarbeit. In den 60er Jahren unterzeichnete die Akademie eine Reihe von wissenschaftlichen Abkommen mit Akademien westlicher Länder.

Im Jahr 1969 beging die Bulgarische Akademie der Wissenschaften ihr 100jähriges Bestandsjubiläum. Die BAW verfügte damals über 55 Institute, in denen 1300 Wissenschaftler arbeiteten. An der Festveranstaltung zum Jubiläum nahmen 69 ausländische Delegationen teil (Božkov 1969).

Die „Öffnung Bulgariens zur Welt" und der Aufschwung der bulgarischen Philosophie

Im Dezember 1973 fand in Moskau eine Beratung der Sekretäre der Zentralkomitees der kommunistischen Parteien des sowjetischen Blocks statt, die für die Ideologie und die außenpolitische Propaganda zuständig waren. Im Zusammenhang mit der Konferenz für Sicherheit und Zusammenarbeit in Europa (KSZE) und der Entspannung zwischen Ost und West wurde auf der Konferenz eine „kulturelle Offensive" der sozialistischen Länder beschlossen. Die VRB nahm an dieser Offensive teil, unterstellte das Komitee für Kulturbeziehungen mit dem Ausland (das bis dahin zum Außenministerium gehörte) jedoch dem Komitee für Kultur, das unter der Leitung von Ljudmila Živkova keinerlei politische Propaganda im Westen durchführte.

Die Philosophie nahm von den 60er Jahren an in Bulgarien einen großen Aufschwung, wie an der Errichtung zahlreicher Lehrstühle für Philosophie, an der Einführung des Philosophie-Unterrichts an Mittelschulen, der Gründung von philosophischen Zirkeln im Jugendverband und der Gründung der Gesellschaft „Georgi Kirkov" festgestellt werden kann.

Hegel wurde in den 60er Jahren mit seinen Hauptwerken von Genčo Dončev übersetzt, die von ihm jeweils mit einer Einleitung versehen wurden. In den 60er Jahren wurden eine Reihe von weiteren wichtigen Werken der deutschen Philosophie, v. a. Werke von Kant, Fichte, Schelling und Feuerbach ins Bulgarische übersetzt, sowie Untersuchungen über sie herausgegeben.

Im September 1968 nahm eine prominente bulgarische Delegation von 32 Wissenschaftlern unter der Leitung von Prof. Nikolaj Iribadžakov am XIV. Internationalen Kongress für Philosophie in Wien teil (Pavlov 1968, 109-119. Das gestiegene Prestige der bulgarischen Philosophie ermöglichte, den XV. Internationalen Kongress für Philosophie mit Hilfe des Präsidenten des Internationalen Instituts für Philosophie, Prof. Alfred Ayer, im September 1973 in Varna abzuhalten. An der Arbeit des Kongresses mit dem Titel „Wissenschaft, Technik, Mensch" unter dem Vorsitz von Sava Ganovski nahmen mehr als 3000 Personen aus 61 Ländern der Welt teil. Prof. Sava Ganovski wurde zum neuen Präsidenten der Internationalen Philosophischen Gesellschaft gewählt. Gleichzeitig wurde Akademiemitglied Todor Pavlov zum korrespondierenden Mitglied des Internationalen Instituts für Philosophie in Paris gewählt.

Die Aufnahme der Bulgarischen Philosophischen Gesellschaft in die Internationale Föderation der philosophischen Gesellschaften trug zur weiteren Öffnung der bulgarischen Philosophie bei und gab die Möglichkeit, eine Reihe von internationalen Konferenzen unter Teilnahme von westlichen Philosophen zu organisieren (Prodanov, Vladimirov 2008).

Die Erneuerung der bulgarischen Philosophie wurde durch die Hegel-Renaissance in der DDR, der Sowjetunion und in anderen Ländern gefördert. Im August 1974 fand in Moskau der XX. Internationale Hegelkongress statt, an dem 600 Delegierte aus 25 Ländern, Marxisten und Nichtmarxisten, teilnahmen. Unter den Philosophen aus Bulgarien waren Todor Pavlov, Sava Ganovski und Azarja Polikarov (Russev 1974).

Philosophische Fragen der Naturwissenschaften

Eine bedeutende Rolle in dieser Entwicklung der Wissenschaft und insbesondere der Philosophie spielte Prof. Azarja Polikarov (1921-2000), der an der Fakultät für Physik der Moskauer Universität studiert hatte, aber nach seiner Rückkehr nach Bulgarien ab 1952 Mitarbeiter des Instituts für Philosophie der Bulgarischen Akademie der Wissenschaften wurde und die Sektion „Philosophische Fragen der

Naturwissenschaften" am Institut leitete (1962-1967). Polikarov befaßte sich mit philosophischen Problemen der Physik und der Geschichte der Wissenschaft.

In seiner Monographie „Der dialektische Materialismus und die moderne Physik" (1950) machte er den Versuch, die Thesen der marxistischen Philosophie und insbesondere die Ideen von Friedrich Engels über die Formen der Bewegung der Materie im Weltall zu bewahren. Er entwickelte auch die Probleme über die Ursachen in der klassischen und modernen Physik. Er schlug die folgende Formulierung des Gesetzes der Kausalität vor: "Die Veränderungen erfolgen nach dem Gesetz von der Umwandlung und Erhaltung der Energie, und der weiteren Entwicklung der Prozesse oder einem anderen Variationsprinzip." Das Buch von Polikarov ist ein Beitrag zur Philosophie der modernen Physik (Băčvarov 1981, 526).

In seinem späteren Werk „Metodologija na naučnoto poznanie" (Die Methodologie der wissenschaftlichen Erkenntnis, 1972) kritisierte Polikarov die Theorie der Widerspiegelung von Todor Pavlov, wobei er die Widerspiegelung der unbelebten Materie als „Protowiderspiegelung" bezeichnete und den modernen Empirismus und Positivismus kritisierte. Dieses Werk wurde auch in der von der Universität Wien herausgegebenen „Zeitschrift für Philosophie" (Nr. 3/1973) positiv besprochen.

In seinen Arbeiten entwickelte Polikarov eine sogenannte divergente und eine konvergente Methode bei der Lösung der wissenschaftlichen Probleme und wandte sie auf verschiedene Wissenschaften an (Geschichte, Logik, Physik und Kosmologie sowie Philosophie und Wissenschaftsphilosophie). Unter den auf diese Weise erreichten Resultaten kann man anführen: die möglichen und rechtmäßigen Deutungen der Beziehungen $E = mc2$; die relevanten Auffassungen des Determinismus und der Kausalität in der Physik, die denkbaren Hypothesen über die Quasare sowie die Beziehungen zwischen der empirischen und der theoretischen Erkenntnis. Außerdem stellte Polikarov verschiedene Beziehungen zwischen der Philosophie und den Einzelwissenschaften in der Periode ihrer Entstehung fest, machte Vorschläge für ein Metaparadigma der wissenschaftlichen Entwicklung, die Typen der Klassifizierung der Wissenschaft wie auch die Klassifizierung der interdisziplinären Gebiete (siehe Băčvarov 1977).

Seine Hauptwerke waren: „Dialektičeski materializăm i săvremennata fizika" (Der dialektische Materialismus und die gegenwärtige Physik, 1950), „Materija i poznanie" (Materie und Erkenntnis, 1961), „Otnositelnost i kvanti" (Verhältnismäßigkeit und Quanten, 1963, russisch 1966), „Săvremenna fizika: svetogled i stil na mislene" (Zeitgenössische Physik: Weltanschauung und Denkstil, München 1966), „Metodologija na naučnoto poznanie" (Die Methodologie der wissenschaftlichen Erkenntnis, 2 Bde., 1972 und 1973), „Nauka i filosofija" (Wissenschaft und Philosophie, 1973), „Očerci po metodologija na naukata" (Skizzen zur Methodologie der Wissenschaft, 1981) und „Naukata i savremennijat svjat" (Die Wissenschaft und die gegenwärtige Welt, 1981) [siehe Georgiev 1986].

Polikarov wurde 1962 Professor am Institut für Philosophie der BAW, 1964 Doktor der Wissenschaften und Akademiemitglied. Er war auch Gastprofessor an der Universität Leipzig (1956-58) sowie der Humboldt-Universität in Berlin (1958-1960, 1962) und Mitarbeiter der Abteilung für Philosophie der UNESCO in Paris (1967-70). Durch seine leitenden Funktionen an der Akademie hatte er Einfluss auf die Wissenschaftspolitik des Staates. Azarja Polikarov war einer der bedeutendsten Wissenschaftler und Philosophen Bulgariens und verdient es, dass sein Andenken in Bulgarien und auch in Österreich und Deutschland bewahrt wird.

Literaturhinweise

Atlas Press (Hrsg.). 2002. *Aprilskijat plenum na CK na BKP 1956. Pălen stenografski protokol* [Das Aprilplenum des ZK der BKP. Vollständiges stenographisches Protokoll], Sofia: Atlas Press.

Băčvarov, M. et al. (Hrsg.). 1977. Polikarov, Azarja Prizenti, In: *Filosofski rečnik* (Philosophisches Wörterbuch), Sofia: Partizdat.

Băčvarov, M. et al. et al. (Hrsg.). 1981. Kratka istorija na bălgarskata filosofska misăl (Kurze Geschichte des bulgarischen philosophischen Denkens), Sofia: BAN.

Balevski, A. 1970. Naučnata dejnost na Bălgarskata akademija na naukite prez 1968 i 1969 g. [Die wissenschaftliche Tätigkeit der Bulgarischen Akademie der Wissenschaften 1968 und1969], In: Evgeni Kandilarov, *Integrirane na BAN v strukturite na izgraždaštata se nacionalna inovaciona sistema prez 60e godini na XX vek* (Die Integration der BAW in den Strukturen des auszubauenden Innovationssystems in den 60er Jahren des XX. Jahrhunderts), Sofia 1970.

Božkov, St. 1969. *Bălgarska akademija na naukite, kratăk očerk* (Die Bulgarische Akademie der Wissenschaften, kurzer Abriß), 1869-1969, Sofia: BAN.

Georgiev, V. et al. (Hrsg). 1986. Polikarov, Azarja Prizenti, In: *Enciklopedija „Bălgaria"*, tom 5, Sofia: BAN.

Migev, V. 1993. Nesăstojalata ce „Aprilska prolet" na Bălgarija [Der nicht stattgefundene „Aprilfrühling" Bulgariens] // *Istoričeski pregled*, kn. 4-5.

Pavlov, D. Marksizmăt i săvremennata buržoazna filosofija na XIV meždunaroden filosofski kongres văv Viena (Der Marxismus und die zeitgenössische bürgerliche Philosophie auf dem XIV. Internationalen Kongress für Philosophie in Wien) // *Filosofska misăl*, god, XXIV, 1968, kn. 11, str. 109-119.

Prodanov, V., Vladimirov, L. (Hrsg.), Šest desetiletija akademična filosofija [Sechs Jahrzehnte akademische Philosophie], Sofia 2008.

Russev, P. XX Meždunaroden Hegelov kongres v Moskva. // *Filosofska misăl*, 9/1974.

ENGLISH ABSTRACTS

Introduction

Yvanka B. Raynova

ON THE PHILOSOPHICAL CONTRIBUTION OF AZARYA POLIKAROV AND
THE DISCUSSIONS AROUND ITS RECEPTION

In her Editor's Introduction to the Collected Paper Volume Raynova presents the different assessments of Polikarov's philosophical contribution in Bulgaria and abroad, as well as his own self-assessment. Hence, she raises a broader question for discussion, namely of how to interpret more completely the legacy of an important thinker and its place in a particular philosophical tradition. In addition to hermeneutic and comparative procedures, Raynova emphasizes the importance of more detailed analyzes of the cultural context and the sociopolitical situation in which the author lived and worked.

Keywords: Azarya Polikarov, philosophical reception, philosophy of sciences, Marxist debates

I. Chapter
PHILOSOPHY AND METHODOLOGY OF SCIENTIFIC THEORIES

Dimiter Tzazov

AZARYA POLIKAROV'S POSITION IN THE CONTEXT OF THE DEBATES
BETWEEN DOGMATICS AND REVISIONISTS
IN THE EARLY 1960s

On the basis of Azarya Polikarov's speech in 1962 at the Scientific Conceal of the Institute of Philosophy in Sofia, an attempt is made to sketch some leading trends in the scientific and socio-psychological atmosphere at the Institute of Philosophy in the 1960s, outlining two conflicts: Azarya Polikarov versus Todor Stoychev (Communist Party secretary of the Institute), and the defense of the philosopher Bernard Muntyan by Azarya Polikarov.

Keywords: philosophy in Bulgaria, cult of personality, dogmatists, revisionists, ideology

Lilia Gurova

PROLIFERATION AND SYNTHESIS IN CONTEMPORARY PHILOSOPHY OF SCIENCE: THE DISCUSSIONS ON THE FACTIVITY OF UNDERSTANDING

The divergent-convergent approach developed by Polikarov presents the problem-solving process as consisting of two phases: a phase of divergence and a phase of convergence. The divergence phase ends with the generation of the fullest possible field of possible solutions. Proliferation is a process that serves this purpose. The convergence phase ends with the selection of the best solution. Sometimes, however, the best solution is not among those available in the field of possible solutions, but is achieved by synthesizing some of these solutions. For Polikarov, synthesis is always a conscious goal. This paper examines an example from recent philosophy of science related to the discussions on the factivity of understanding, which shows that a tendency towards synthesis can arise without it being consciously sought, as a by-product of the proliferation process.

Keywords: Azarya Polikarov, divergent-convergent approach, proliferation and synthesis, factivity of understanding, inferential view of understanding

Drozdstoy Stoyanov

RESURRECTION OF POLIKAROV: THE DIVERGENT-CONVERGENT METHOD IN SOLVING THE MIND-BRAIN PROBLEM

The psychophysical problem defines the hybrid structure of the shared field of neuroscience and psychopathology. In that field there collide nomothetic and ideographic notions and methods, which imply very often heterogeneous meaning. This paves the ground for the incoherence in the theories of mental life, which vary from extreme and deterministic forms of reductive materialism to incongruent tacit positions of interactionist dualism. By means of Polikarov's divergent-convergent method we were able to trace the co-evolution of neuroscience and the sciences about mental health, through divergent field of possible solutions in the discourse of the XIX century, to a reduced group of predominant project-solutions based on evidence from neuroscience. This group is comprised of identity theory of mind, applied to more basic mental phenomena, and supervenience theory of mind, applied to complex psychological functions.

Those project-decisions were tested empirically by use of innovative paradigm for functional magnetic-resonance imaging of the brain, where brain signal is registered simultaneously with the item responses to psychological diagnostic tools. The results support to a great extent the proposed project-solutions of the psychophysical problem in psychopathology. Our data on conceptual, empirical and meta-empirical level confirm the validity of the heuristic divergent-convergent method for problem solving, by Polikarov on trans-disciplinary level.

Keywords: divergent-convergent method, mind-brain problem, neuroscience, neuroimaging

Plamen Damyanov

THE ANALOGY AS A METHOD
OF BUILDING MODELS IN SCIENCE

Based on Azarya Polykarov's ideas in the field of methodology of science, the author presents analogy as one of the epistemological methods. The development of analogy is described as a heuristic method of knowledge from antiquity to present with a focus on the fields of natural sciences such as mathematics, mechanics, particle physics and cosmology. Henceforth sre analyzed the possibilities and the limitations of this method for building life-sized models in certain scientific fields, such as atomic physics, classical mechanics, hydrodynamics, quantum mechanics and space physics.

Keywords: methodology, analogy, hydrodynamics, atomic physics, scientific models, mechanics.

II. Chapter

THE COMPLEX RELATIONSHIP
BETWEEN PHILOSOPHY AND SCIENCE

Yvanka B. Raynova

THE PROBLEMATIC RELATIONSHIP BETWEEN PHILOSOPHY
AND SCIENCE IN PHENOMENOLOGY

Since the 19th century, following the rapid rise of the sciences and the changes in the understanding of scientificity, the status of philosophy has been called into question: philosophy has been forced to fight not only for recognition, but even for its right to exist. The denial of philosophy's scientificity and achievements by scientists and technocrats, and hence the destabilization of its place and position within society and academia, led to the "identity crisis" of philosophical knowledge. The different reactions of philosophers in this respect can be reduced, in the final analysis, to two opposing positions: the attempt to justify anew philosophy as a kind of science or the refusal of such a justification. There are also some attempts at intermediate solutions that mainly try to blunt, if not to eliminate, the opposition between philosophy and science. This paper offers a fleshing out of this general picture by presenting the various paradigmatic solutions proposed by Brentano, Husserl, Heidegger and Ricoeur. The thesis of Raynova is that the anti-scientism, which is considered to be inherent to the phenomenological schools, does not necessarily imply a negation of the sciences and scientificity. What the phenomenologists deny is scientific reductionism, i.e., the reduction of knowledge to the factual cognition, the naturalization of intentions, or the presentation of thinking as a pure consequence of biochemical processes. Henceforth, phenomenologists take different positions on the question of the relation between philosophy and the sciences and even arrive at opposing views.

Keywords: Brentano, Husserl, Heidegger, Ricoeur, phenomenology, scientificity, philosophical thinking

Gabriela Kasarova

THE RELATIONSHIP PHILOSOPHY–SCIENCE IN WITTGENSTEIN'S WORK: THE CRITICAL INTERPRETATION OF ALEXANDER KANEV

The aim of the article is to present the interpretation of the Bulgarian philosopher Alexander Kanev – one of the most serious researchers of Wittgenstein in Bulgaria – on the relationship between philosophy and science in Wittgenstein's philosophy. A particular emphasis is placed on the problem of the legitimization of philosophy in the context of the growing influence of the sciences. In this connection is posed the question if Wittgenstein's pessimistic vision of the future of philosophy is justified or not and demonstrated how Kanev manages to argue the need for philosophy today and in the future.

Keywords: Alexander Kanev, Ludwig Wittgenstein, philosophy, scientific knowledge, historicism, consensus, philosophical problem, language-game

Galina Dekova

ART HISTORY – A DISCIPLINE BETWEEN PHILOSOPHY AND SCIENCE

The article traces the development of art history as a discipline that operates on the border between the scientific and the subjective attitude to art. Today, with the term "art" we also indicate a field of syncretism and intersections with many levels of presence and realization in society. The theory of art has accumulated a huge amount of

343

source material and the need for systematization is becoming increasingly apparent. The main trends of the early twentieth century as formalism, the history of the spirit, methods such as iconology and iconography have received a new reading at the intersection with critical theory. Thus, the tone in this discipline, born of the German philosophical tradition, is already set mainly by authors from overseas. The situation is defined as post-postmodern and the attention is focused mainly on the crisis of art history as an independent scientific discipline, caused by a reluctance to understand the real contradictions embedded in it.

Keywords: art history, philosophy of art, methodology, style

III. Chapter

SCIENTIFIC KNOWLEDGE, VALUES AND RELIGION

Stefan Penov

CREATION AND/OR EVOLUTION:
PHILOSOPHICAL AND SCIENTIFIC ASPECTS,
OR APOLOGY OF THE PHILOSOPHICAL LOGOS

The main thesis of the author is that religion and science are the existential needs of the human spirit. But many see a contradiction between both. Where does it come from, and how can the original unity be restored? From the position of Hegel (Encyclopedia §1): "Philosophy and religion have as their subject the truth, and it is the truth in the highest sense of the word that God and He alone is truth." Further, both deal with the realm of the finite, nature and the human spirit, and their relationship to each other and to God as their truth. Science and religion have different fields of application, but they sort of illuminate the same objective reality from different points of view. Thus, they complement each other, they are not contradictory in themselves, but only in the scattered mind of the pragmatist, atheist thinkers, or the ignorance of the naive realist. And since man is created ontologically unified, he must find truth, peace and faith in the unity of his Self, which will lead him along the Path of Truth and Life. Religion and science can relate to each other as religious and secular, church and state, soul and body.

The questions of creation and evolution are much more complex, and here are at least ten basic concepts between creationism and the materialist realism. More important is not whether there are developments and degrees of perfection in the world, but the question is: How has been constructed their determination and what are the causal links and interactions? All these problems are unsolvable without mastering and using the dialectical logic that began with Plato, but was created by Hegel and successfully interpreted and applied by Whitehead.

Keywords: Hegel, Whitehead, religion, scientific knowledge, creationism, materialism, naïve realism

Tatiana Batuleva

ON THE INTERPRETATION OF VALUES
IN THE WORK OF RADOSLAV TSANOFF

Can scientific knowledge help us to save humanity? In her article, Batuleva shows that for Radoslav Tsanoff scientific knowledge is an undeniable value, an unconditional good, and yet we cannot fully trust it without a preliminary clarification of the question of how knowledge relates to other values, what is its effect on individual human experience on the one hand, and on the social existence on the other. Batuleva displays how Tsanoff's theory of values serves as a foundation and a link between the ethical, scientific and socio-political discourses. The original optics he has chosen, aims to inscribe moral imperatives in scientific, economic and political relations. This leads him to build a new scale of values, because without a "vital moral principle", any economic or political reform would lose its positive charge.

Keywords: Radoslav Tsanoff, value theory, ethics, scientific knowledge, economy, sociopolitical reforms

IV. Chapter
HISTORY OF SCIENTIFIC IDEAS

Iordan Avramov

THE EARLY ROYAL SOCIETY OF LONDON AND THE OTTOMAN EMPIRE:
THE EVIDENCE OF THE CORRESPONDENCE OF HENRY OLDENBURG

Right form its beginning in 1660 the Royal Society of London embarked on a program of research in natural history. It inevitably included the Ottoman empire and was mostly organized by the first secretary of the Society, Henry Oldenburg, who took care of the business in those first formative years of the scientific academy. His correspondents were able to provide information from various parts of the Empire, but also from neighboring countries and regions. In this process a special role played the

345

so-called questionnaires for natural history, which were designed by the Society's Fellows and shaped not simply the research but also the correspondence itself.

Keywords: Royal Society of London, Ottoman Empire in the seventeenth century, scientific communication, questionnaires for natural history

Peter Bachmaier

AZARYA POLIKAROV AND THE TRANSFORMATION OF SCIENCE IN THE PEOPLE'S REPUBLIC OF BULGARIA

Science was an important factor in the "construction of socialism" in Bulgaria, and Prof. Azarya Polikarov played a significant role in this respect. He developed the so-called divergent and convergent method in solving of scientific problems and applied it to different sciences (history, logic, physics and cosmology as well as philosophy and philosophy of science). Among the results obtained in this way are: the possible and legitimate interpretations of the relations $E = mc2$; the relevant conceptions of determinism and causality in physics, the conceivable hypotheses about quasars, and the relations between empirical and theoretical knowledge. In addition, Polikarov made proposals for a metaparadigm of scientific development, for a typology or classification of the sciences, as well as a classification of inter-disciplinary fields.

Keywords: Azarya Polikarov, convergent divergent method, solution of scientific problems, classification of sciences

AUTHORS AND PEER REVIEWERS

Authors

Avramov, Iordan, PhD – Institute of Philosophy and Sociology, Bulgarian Academy of Sciences, Email: iavramov@yahoo.com

Bachmaier, Peter, Prof. em., PhD – Austrian Institute of East and Southeast European Studies, Email: p.bachmaier@aon.at

Batuleva, Tatyana, Prof., PhD, DSc – Institute of Philosophy and Sociology, Bulgarian Academy of Sciences, Email: tanbat@abv.bg

Damyanov, Plamen, Assoc. Prof., PhD – Institute of Philosophy and Sociology, Bulgarian Academy of Sciences, Email: plamdambg@yahoo.de

Dekova, Galina, PhD – Institute of Philosophy and Sociology, Bulgarian Academy of Sciences, Email: galinadekova@gmail.com

Gurova, Lilia, Prof., PhD – New Bulgarian University, Email: lgurova@nbu.bg

Kasarova, Gabriela, M.A. – Institute of Philosophy and Sociology, Bulgarian Academy of Sciences, Email: gabriela.kasarova@abv.bg

Penov, Stefan, Prof., PhD, DSc – Institute of Philosophy and Sociology, Bulgarian Academy of Sciences, Email: dr.st.penov5776@gmail.com

Raynova, Yvanka B., Prof., PhD, Dr. Phil, DSc – Institute of Philosophy and Sociology, Bulgarian Academy of Sciences, Email: raynova@iaf.ac.at

Stoyanov, Drozdstoj, Prof., PhD, DSc – Medical University-Plovdiv, Email: Drozdstoy.Stoyanov@mu-plovdiv.bg

Tzatzov, Dimitar, Prof., PhD, DSc – Institute of Philosophy and Sociology, Bulgarian Academy of Sciences, Email: dtsatsov@abv.bg

Peer Reviewers

Vesselin Petrov, Prof., PhD, DSc – Institute of Philosophy and Sociology, Bulgarian Academy of Sciences

Ivan Kambourov, Prof., PhD. – Sofia University

Susanne Moser, Dr.Phil. – Vienna University / Institute for Axiological Research (Vienna), Austria

Иванка Райнова (Съст.)
От възможното към действителното.
Философски, исторически и методологически проблеми
на научното познание

Българска. Първо издание

Художествено оформление и предпечат: Axia Academic Publishers
Редактор: Татяна Батулева
Научни рецензенти: проф. дфн Веселин Петров, проф. д-р Иван Камбуров,
д-р Сузане Мозер
Печат: BoD Germany